都市情報学入門

都市情報学研究会 [編]

創 成 社

はしがき

　都市情報学は1995年岐阜県可児市に設立された名城大学都市情報学部で誕生した「まちづくり」に関する学問である。ただ，学部設立当初から都市情報学の定義を上手く説明できる者は誰も居なかったと記憶している。そして，学部創立10周年を迎えた2004年にようやく名城大学都市情報学部編『入門都市情報学』（日本評論社）が刊行され，都市情報学に関する一定の研究成果がまとめられた。その「はしがき」に述べられた当時の尾碕眞学部長の暫定的な都市情報学の定義を紹介すると，「都市の事象を対象とし，科学を総合し情報処理手法により高度な分析をおこない，その解決により都市目標の実現に寄与する，新しい都市創造の学問」とある。

　この定義は，その後に就任した歴代の学部長（木下栄蔵氏，大野栄治氏）の時代に更にサービスサイエンスという短い単語で表現されることになったが，本学部が2017年にナゴヤドーム前キャンパスに移転した後に開催された都市情報学部公開講座『都市情報学部のこれまでとこれから』の中で，端的に「都市情報学とは，都市問題のソリューション・ビジネスを指向する学問」と表現され，現在に至っている。

　このソリューション・ビジネスという用語は，社会人には馴染みの言葉であるが，念のために確認しておくと，問題解決の方法を提案する事業を意味するもので，唯一の正解もしくは永久不変の知識を提供することを意味していない。すなわちすべての都市は固有の歴史や地域性を有しており，様々な都市問題に対して全国一律に適用可能な政策を提案することは不可能だし，また不適切であることを強く意識した定義の仕方である。

　しかし，学部創立25周年を迎え，新たな四半世紀に踏み出し始めた今，都市情報学は更に進化し，既存の学問との違いを一層明確に示し始めたように私には思える。以下は私見であるが，それは次のような時代の流れからきている。

　都市情報学部には従来から社会科学系の2つの科目群と都市工学系の2つの科目群に加えて，情報系科目群が配置されてきた。本学部開設当初は，「まちづくり」における情報系科目群の役割が必ずしも明確ではなかった。先の尾碕氏の定義の中でも単に「情報処理手法により」と表現されていただけであった。多くの本学部構成員にとって，コンピュータ教育は時代の要請であることは十分に理解できることであったが，研究においてどんな役割を果たすのかについては多様な解釈があった。典型的な解釈は，「まちづくり」の研究において多くの統計データを利用する必要があることから統計処理の手法を研究開発するためとか，「まちづくり」が極めて現実的な政策課題であることから，単なる定性分析にとどまらずシミュレーションなどの定量分析をより重視する必要に迫られており，そのための研究開発をするためであるとかいうものであった。

　ところが，2010年代に入り人工知能（AI）の開発手法の1つである深層学習（Deep Learning）の研究成果が広まり始めると少なくとも私の認識は一変した。本論の第1章で詳しく取り上げるが，都市情報学が「ゆたかさ」や「安心できる」，「住みよさ」と言った人々の感覚までも研究対象としなければならない学問であるとすれば，それを科学たらしめるにはAIの活用は不可欠である。少なくとも現時点においては，人間の主観と都市のインフラや町の文化，人々の慣習などを結びつけるためには，AIにおける深層学習の分析が最も威力を発揮する方法と言えよう。この意味で，都市情報学部の誕生は時代を20年ほど先取りしたものであったのかもしれない。

　さて，本書はこうした都市情報学の将来的方向性を見据えた上で，創立25周年を経た現時点での到達点を示す1つの成果物である。休職者等一部を除く都市情報学部教員23名の視点から見た都市情報学の断片を1冊にまとめることで都市情報学の体系をおぼろげながら示すことができたと信じている。もちろん本書は学部初年度生向けの教科書という性質も兼ねていることから，学問的な証明を意図したものでもないし，都市情報学理論と呼べるような厳密な体系を示したものでもない。便宜上，第1部　都市と情報，第2部　地域とまちづくりとに分けたが，一見すると23章はバラバラなテーマと内容の寄せ集めで，読者にはまとまりを感じられないかもしれない。都市には様々な問題があり，そ

れらの諸問題は各々多方面から分析されねばならないので，物理学や経済学のような体系的な学問構成にはならない。

　しかし，全体を通して一読して頂ければ，議論や分析の背景にある共通の視点に気づくはずである。すなわち人間にとって，住人にとっての○○という視点である。この○○の部分が，健康医療，水質，情報格差，災害，エネルギー問題，景観，自治等多岐に渡るために煩雑に感じられるのであるが，私はむしろ，人間にとって，住人にとっての○○という共通の視点の存在が15年前の前著『入門都市情報学』からの進歩で，都市情報学とは人々が都市問題をどのように見るのかという認知・認識の問題である側面が強い学問と申し上げたい。

　最後に，学部の沿革について冒頭で触れたが，初代学部長（故）寺田学氏と2代目学部長牛嶋正氏の存在にも触れなければならない。工学部出身の寺田氏と経済学部出身の牛嶋氏とのコラボレーションがあって初めて都市情報学という学際的にして文理融合の学問が誕生したのである。お二人の功績を称え，畏敬の念と謝意を申し上げたい。また，創成社出版部の西田徹氏には企画から原稿の督促，編集まで大変お世話になった。同氏のご理解とご苦労なしにこの都市情報学部創立25周年記念出版は実現しなかったであろう。ここに深く感謝申し上げる。

2020年2月

都市情報学研究会を代表して

鎌田繁則

目　次

はしがき

第 **1** 部

都市と情報

・・・

第1章　主観的科学としての都市情報学

1．都市情報学と主観—客観問題

　都市情報学は「ゆたかで，安心できる，住みよいまちづくり」の方法を研究するために生まれた学問である。そして，この「ゆたかさ」や「安心できる」，「住みよさ」と言った言葉はすべて感覚的な表現である。つまり都市情報学は人々の主観的なイメージの生成を研究対象とした科学と言うことができる。

　もし経済学や都市工学のような既存の学問であったとしたならこうした問いかけにはならず，「効率的なまち」とか「安全なまち」，「便利なまち」と言った言葉で「まちづくり」を表現していたはずである。そして，これらはすべて客観的な指標にもとづいて計測することができるまちづくりの方法となっていたであろう。

　従来，サイエンスやテクノロジーはすべて客観的な証拠やデータにもとづいて確立されてきたものであり，人々の直感や思い込み，迷信，言い伝えなど非科学的とされる主観的な意見や判断，あるいは個人的見解と言ったものを問い質す役割を負ってきた。そうした学問の伝統を踏まえれば，都市情報学部の研究テーマは成立しえない空想科学と見なされるかもしれない。

　しかし，こうした疑念は主観的判断と客観的判断の意味を正確に理解していないことから生じる誤解である。と言うのは，哲学の分野では古くから主観−客観問題が提起されてきており，カント（Kant, Immanuel）とそれに続く一連の哲学者たちによって一応の決着を見ているからである[1]。その結論を一言で述べれば，「客観的判断は主観的判断の一部である」と言うことになる。

　この見解にもとづけば，図表1-1に示すように，すべての人々の主観的判断の共通部分（図中のDの部分）が客観的判断であり，残りの部分はすべて主観的判断と分類されることになる。これは「客観的判断とは，すべての人が同

図表 1-1　主観と客観

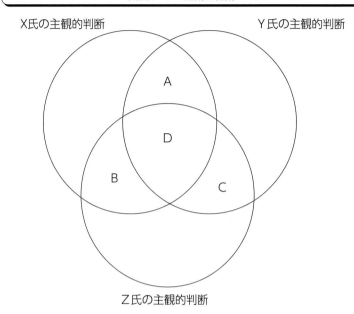

X氏の主観的判断　　　　　　　　　　　Y氏の主観的判断

A

D

B　　　　　C

Z氏の主観的判断

一の判断をすること」と言う客観の定義から明らかである。しかし，その残り
の主観部分がすべて個人的見解に過ぎないかと言えばそれも言い過ぎで，同じ
価値観や経験を共有した一部の人々の間では同一の判断をする部分（図中のA,
B, Cの3つの部分）も存在するはずで，我々はその部分を慣習とか語録，そし
てもっと広く言えばコツなどの言い方で法則化してきたのではないだろうか。
　そこで，本稿では一部の人々の間では同一の判断をする部分（A+D, B+D,
C+D）のことをサブグループ同一性と呼ぶことにし，その中ですべての人が同
じ判断をする部分（D）を狭義の客観的判断あるいは完全同一性と呼ぶことに
しよう。

2．住みよいまちとは

2.1　住みよさランキング

　近年，ビジネス雑誌や不動産会社などが「住みよさランキング」，「住みたい街ランキング」などを独自に集計して発表している。前者は，人口当たりの病院施設や介護施設の収容量，人口当たりの小売店舗面積，そして1住宅当たりの延べ床面積など，さまざまな客観指標で計測した統計資料を用いて偏差値換算し，その平均値を比較してランキングを決めているのに対して，後者は，単純にインターネット上などで人気投票を実施し，得票順にランキングを決めている[2]。両者のランキングは，従来の意味での客観的評価と主観的評価の両極端を代表するもので，2種類の尺度が併存していることは大変興味深い。しかし，当然のことながら，同じ年のランキングを比較してもまったく結果が異なることが普通である。

　さて，私は2種類の両極端な尺度のうちどちらが適切な尺度なのかを論じるつもりはない。むしろ「住みよさ」のような感覚的イメージ，あるいは主観的な評価をこのようにランキングすること自体が誤ったアプローチであると考える。なぜなら両尺度とも明らかに前提となっているのは，同質的な住民を仮定しているからである。同じ嗜好，同じ価値観を人々が有していると仮定しなければ，ランキングには何の意味もない。A氏とB氏が，例えば庭付きの一戸建て住宅に真反対の嗜好を持っているとすれば，二人の平均値（偏差値も平均値がベースになっている）をランキングしたところで，それは誰の嗜好を反映した尺度なのか分からないからである。従って，このようなランキングにもとづいて「住みよさとは何か」を論じることは，誰にとっても最善ではない「まち」のイメージを提供しているに過ぎないことは明らかであろう。

2.2　住めば都

　平家物語に語源があるとされる諺に「住めば都」がある。この諺はもちろん「どんな場所も長く住めば都のように快適である」と言う意味であるが，極め

て本質を突いている。なぜなら人の認識の仕組みについて研究する現象学では，例えばハイデカー（Heidegger, Martin）は，人は世界内存在であると述べている。世界内存在とは，自分の過去の経験において認識してきた存在物の関係性を前提とした世界の中に，自分の意識が存在していると言う意味である。そして，認識した存在物の関係性を彼は世界の世界性と呼び，人によって異なる関係性だと考えた。誤解を恐れずに単純化すれば，各人はそれぞれ違う関係性で構成される世界の中に存在していると言うことができる。

　自分の意識の存在証明を最初にした人物はデカルト（Descartes, Rene）であるが，彼は自分が認知するすべての存在物を否定したとしても，今考えている自分の意識だけは否定できないと言う省察によって，自身の存在を証明した。しかし，彼は自分がどこに存在しているかについては超越的に神の作った世界だと考えた。神の作った世界とは，完全な客観世界で，すべての人にとって共通の世界でもある。

　これに対して，現象学では世界の認識は経験的に得られたイメージ（観念）にもとづいていると考える。ハイデカーにとって，このイメージは道具関係として開示（認識）される。例えば，図表1-2において，今見えている何らかの物体は，みんなが「椅子」と呼んでいるものだが，自分にとっては食事の時に座るために存在しているもので，座って食べると快適である。また，今自分の前を歩いている毛むくじゃらの生き物（猫）は，自分の遊び相手で，一緒に遊ぶと自分の気分が良くなる関係の存在物である。等々，目の前にあるすべてのものは，自分にとってどんな使い方ができるかで関係づけられている。ハイデカーは，こうした道具関係で構築された世界の中に自分の意識が存在していると考えた。

　道具関係はそれぞれの人の人生経験によって変わってくるので，当然，各人が認識している世界もそれぞれ違う道具関係で構成されている。従って，ハイデカーの場合には，各人は神が作った客観的な世界の中に存在しているのではなく，一人ひとり異なる主観的な世界の中に存在していることになる。

　この世界内存在の概念を「まち」に当てはめることが可能である。「まち」とは，住民にとってすべての存在物，つまり人間関係や構造物，風景，動植物，

図表1-2　世界内存在

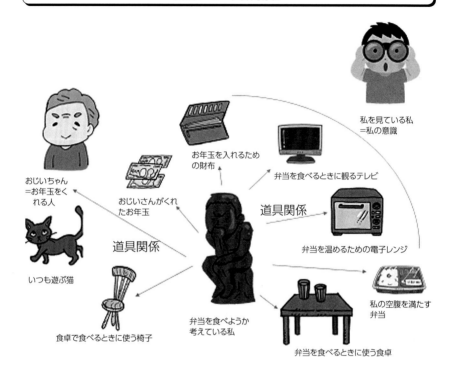

私を見ている私
=私の意識

おじいちゃん
=お年玉をく
れる人

お年玉を入れるため
の財布

弁当を食べるときに観るテレビ

おじいさんがくれ
たお年玉

道具関係

弁当を温めるための電子レンジ

いつも遊ぶ猫

道具関係

私の空腹を満たす
弁当

食卓で食べるときに使う椅子

弁当を食べようか
考えている私

弁当を食べるときに使う食卓

そして気候までもがすべて道具関係によって結びつけられた世界である。そして、この「まち」の認識は人によって異なる。

　これを概念的に図示したものが図表1-3である。ある人にとって、「この町は、自分が子どもの頃に学んだ学校のある場所であり、そこへ行くためには桜並木の道を通らなければならず、春には桜の花びらが通学路一面を覆うが、初夏には毛虫が発生し、私も刺されたことがあり、皮膚が腫れて酷い目に遭った場所」等々の関係性で説明できる世界である。他の物語としては、「この町は、海に面しており、夏になると友達とよく泳ぎに行った場所があり、遠くに白い帆を張ったヨットが見え、よく晴れた日は大変清々しい気持ちになれる場所」と言う関係性もあり、そうした様々な関係性の複合によって世界が構成されて

図表1-3　私の「まち」の道具関係

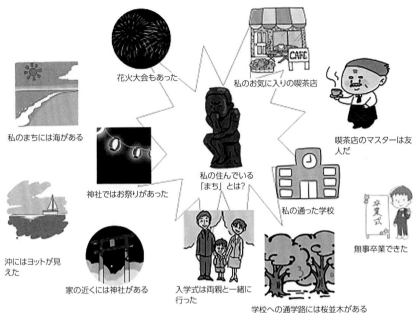

花火大会もあった

私のお気に入りの喫茶店

私のまちには海がある

喫茶店のマスターは友人だ

神社ではお祭りがあった

私の住んでいる「まち」とは?

私の通った学校

沖にはヨットが見えた

無事卒業できた

家の近くには神社がある

入学式は両親と一緒に行った

学校への通学路には桜並木がある

いる。

2.3　住みよいまちの必要条件

　誰しもこうした物語で語ることができる関係性によって自分の住む町を捉えているのであり，決して自分が見たことも聞いたこともない，どこか別の世界にある「まち」を理想として語ることなどできない。別の言い方をすれば，すべての人にとって客観的に「住みよいまち」がどこかに存在するのではなく，私たちが論じることができるのは「私にとって住みよいまち」とは何かと言うことだけである。

　そこで，まずこうした従来の意味での主観的な視点から「私にとっての住みよいまち」の必要条件を導出することにしよう。もしある個人の「まち」の認識が道具関係によって構築されているとすれば，自分がその町に住むと言う配

慮的な気遣いにおいて近い（つまり有用な）道具が存在するか否か，あるいは
様々な道具の近さ（有用さ）が「まちのすみよさ」を決めると考えることがで
きる。

　しかし，どんな道具が有用なのかは人によって異なるので，より一般的な意
味での必要条件を導出するとすれば，道具関係を構築できることが「住みよい
まち」の条件となる。これには，1）道具関係を構築するための時間と，2）
道具となり得る何か（存在物）が存在することの2つが条件となるであろう。

　道具関係は経験によって構築されるので，どんな町に住むにせよ，ある程度
長い時間居住できることが必要であろう。例えば，親が毎年のように転勤する
家の子どもは，道具関係を構築する時間が足りず，その町に「住みよさ」を認
識することは難しいであろう。これは先に引用した平家物語の「住めば都」と
同じ意味である。

　また，例え長く住んだとしても無人島や砂漠の中で孤立していたのではやは
り道具関係を構築する道具がそもそも見当たらない。畑を耕す何か，衣服の代
わりになる何か，雨露をしのぐ小屋を手に入れたとしても，それだけでは「住
みよさ」を構築する関係性には不十分である。経済学ではしばしば純粋な交換
経済の説明にロビンソン・クルーソー（Robinson Crusoe）の逸話が用いられる
が，作者ダニエル・デフォー（Daniel Defoe）がこの物語に描いた主人公は，決
して一人暮らしの島で他の島の住人と物々交換しながら快適に暮らしたのでは
なく，一人暮らしの絶望や恐怖と日々戦いながら生き抜いて，最後に救出され
て安堵したのである。

　「住みよいまち」の道具関係には，他者のとの関係構築が不可欠である。こ
の意味で，「私にとっての住みよいまち」には他者が存在しなければならず，
他者がこの町に住み続けるためには，この町は他者にとっても「住みよいま
ち」でなければならない。もちろんすべての人にとって「住みよいまち」であ
ればこの条件は満たされる訳であるが，これはすべての人が同質的でもない限
りあり得ない話である。

　これでは話は堂々巡りとなる。そこで，残された道として，一部の人々の間
では「住みよいまち」と言う視点で「まちづくり」を考えることにしたい。実

際，多くの町には固有の資源や歴史，文化，風習などがあり，いわゆる地域性
がある。この地域性にもとづいた「まちづくり」の方法，我々が図表 1 - 1 で
サブグループ同一性と呼んだ一部の人々の間の同質性にもとづいた方法を以下
に提案したい。

3．AI とまちづくり～深層学習による有意な道具関係の発見

　前節で論じた通り，「住みよいまち」は各人の道具関係の中で認識されるも
のであった。そして，「まち」が複数の人間の居住の場所であることを前提に
すると，「住みよいまち」とは複数の人間の道具関係に共通部分があり，その
共通部分が多いほど互いの住民にとって「住みやすい」と感じられるのではな
いかと言う仮説が予想される。つまり我々は住民のどの道具関係が「住みやす
い」と言う感覚と結びついていて，その道具関係の共通項が何であるかを知る
ことができれば，ある町の「住みやすさ」の原因あるいは理由を特定できるこ
とになる。

　AI における深層学習と言う手法はこれに可能にする。深層学習の原理や技
術的な説明は門外漢の私が行うよりは各自適切な専門書を参照してもらいたい
が，大雑把に言えば，求めたい結果に起因する原因を階層的に見つけ出す手法
と言えよう。これは統計分析における並列的な相関分析とは異なり，求めたい
結果を導くための階層的な経路を発見することに他ならない。

　深層学習で鍛えられた AI が最初に世間で注目されたのは，チェスや囲碁，
将棋などのボードゲームで AI が世界最強のプロ棋士を破った時であった。
ボードゲームでは競技者が交互に手番を持ち，自分の差し手を選ぶ作業を繰り
返して行く中で，最終的に勝者が決定する。どの一手が勝因であったとは必ず
しも言えず，初手から投了までの経路，どの経路がより勝ちやすいのかを見つ
けることが重要であった。

　これを「住みよいまち」に応用するとすれば，例えば，ある町の住民に，
「住みよさ」の評価と同時に子どもの頃から現在に至るまでの人生経験を語っ
てもらい，その中に出てくる名詞（地名や出来事，人間関係など）を AI が時系列

的に読み取り，評価すれば，その町の「住みよさ」をもたらす道具関係の経路
が発見できるはずである。

4. まちづくりの方法

4.1 ロジカル思考とデザイン思考

　従来の客観科学において，人々を説得する方法は論理性であった。ロジカル
思考は人々に生まれながら共通に備わっている論理的思考方法に訴えかけて真
偽や善悪の判断を求める方法である[3]。これに対して，20世紀後半から急速に
着目されるようになったデザイン思考は，人々の共感（エンパシー）に訴えか
けて人々の支持を得る方法であり，共感を求める手段としては物語（ストー
リー）が使われる。我々は，物語と聞くと子供向けで非理性的な印象を持つこ
とが多いが，物語は論理と同じく人間だけがコミュニケーションの手段として
用いるもので，動物は物語を語ったり表現したりしない。

　デザイン思考を扱った書籍については既に数多く刊行されている。中でもア
メリカの著名デザイン開発会社 IDEO（アイディオ）の CEO（最高経営責任者）
であるティム・ブラウン（Brown, Tim）の著書『デザイン思考が世界を変え
る』は，デザイン思考の理論と呼ぶべき内容を，豊富な実例を紹介しながら描
いている。

　それによると，デザイン思考は与えられた制約の中でイノベーションを生み
出すアイディアを見つけ出すことであると言える。これは単に夢想的で自由奔
放なアイディアを語ることとは違い，制約条件を厳密に検討することにより成
功する実現可能なアイディアを見つける思考方法である。

　制約条件には，1）技術的実現性（フィーザビリティ），2）経済的実現性
（ヴァイアビリティ），そして3）有用性（デザイアラビリティ）がある。技術的実
現性とは，現在またはそう遠くない将来に技術的に実現可能なアイディアであ
ると言う条件である。技術的に実現不可能なアイディアでは絵に描いた餅に過
ぎない。経済的実現性とは，持続可能なビジネスモデルの一部となり得るアイ
ディアであると言う条件である。長期に渡って採算が採れなければ，その場し

のぎのアイディアと言えよう。そして，有用性は，人々にとって合理的で役に立つアイディアであると言う条件である。日本企業の製品開発でしばしば批判されることであるが，ほぼ永久に使うことのない機能を沢山盛り込んだ商品を開発し，顧客に押し売りすることがあるが，ターゲットを絞り込めていない証拠である。一般にこれら3つの制約条件は両立しないことがあり，デザイン思考はこれらの制約のバランスを考えてアイディアを絞っていく作業である。

　さて以上のことを，図表1-1を使って説明し直してみよう。ロジカル思考はすべての人が同じ判断をする狭義の客観的判断をもとづいた思考方法であるので，完全同一性部分（D）に相当する。そして，この範囲でアイディアを出すとすれば，各個人の主観の中のごく一部分だけに働きかける提案しかできない。例えば，自動車会社が望ましい自動車の提案をするとき，ロジカル思考で訴えれば，低馬力のエンジンよりも高馬力，狭い居住空間よりも広い空間，高い価格よりも安い価格，等々の論点で宣伝文句が考えられることになるであろう。顧客は様々な車種の間でこれらの性能を比較して選択することになるが，異なるエンジン出力の車と異なる居住性の車の優劣を「アプリオリに総合判断する」ことはできない。そこで，経済学では価格を指標として，色々な性能の差をコストパフォーマンスの差に置き換えて総合判断をすると言う学問を構築してきた。

　これに対して，デザイン思考は物語を使って共感を得るのであるが，同じ経験や体験を持った人々の間でしか同じ判断が成立しない可能性が高い。図表1-1のX氏とY氏の間のサブグループ同一性部分（A+D），X氏とZ氏のサブグループ同一性部分（B+D），Y氏とZ氏のサブグループ同一性部分（C+D）がこれに当たる。重要なのは，いずれのサブグループ同一性にも完全同一性部分（D）が含まれることである。これが上記のデザイン思考における制約条件に相当する。この意味で，デザイン思考はロジカル思考を含んだ概念と言える。

　ただデザイン思考とロジカル思考の違いはターゲットを絞っていることである。X氏とY氏だけか，X氏とZ氏だけか，あるいはY氏とZ氏だけであるかである。例えば，X氏とY氏は共に子育てを終えた高齢者であるかもしれない。そうであれば，サブグループ同一性部分（A+D）では居住性の優先度は

低いかもしれない。この意味で X 氏と Y 氏は同じ嗜好をもつ可能性がある。

　自動車の例に戻れば，完全同一性部分（D）にもとづいた判断だけではコストパフォーマンスだけが決定要因になるが，むかし青春時代を過ごし，子育ての時期を乗り越え，そして今，再び自分のために多くの時間を使えるようになった X 氏と Y 氏には共感できる老後のカーライフがあるかもしれない。居住性の制約を弱めた分だけ，共感できるカーライフのための性能を引き上げることができる。単なる軽自動車や小型ハッチバック車がベストコストパフォーマンスなのではなく，小型キャビネットバンや小型オフロード車がベストパフォーマンスになるかもしれない。これがデザイン思考である。

4.2　町の数だけ物語がある

　これを「まちづくり」に当てはめれば，すべての町には各々異なる歴史があり，そこで生まれ育った人々は，比較的大きなサブグループ同一性の部分を共有していると考えられる。また，経済学には有名な地方分権モデルがあり，人々は自分の嗜好に合った自治体に移動する「足による投票」が生じていると説明される。いずれにせよその町に長く住み続けている住民は，「住みよいまち」に関してもサブグループ同一性の部分を共有していると考える方が自然である。

　しかし，現実の「まちづくり」において困難なのは，自分たちのサブグループ同一性が何であるのかについて気づいてないことが多いことである。これを科学的に導き出す方法は前節で述べた AI の活用であろう。いずれ色々な町で自分たちの町の「住みやすさ」を決定している道具関係を解き明かすことができるであろう。

　ただそうであったとしても道具関係は過去の経験であり，これから「より住みやすいまち」を考える場合に答えを提供してくれるとは限らない。「今より住みよいまち」を発見するためには，どうしてもデザイン思考によるイノベーションが不可欠になる。そのためには変えることができない制約条件が何であるのかを検討することが第一であり，次にターゲットを明確にすることである。既存の住民だけをターゲットにすれば良いのか，それとも消滅しそうな限界集

落であれば，新しい住民の呼び込みもターゲットにする必要があるのかと言う点である。もし後者であるのならば，どんな人をターゲットにするのかも明確にしなければならない。

　デザイン思考には唯一絶対の解答はない。アイディアを出しては試行錯誤し，作り直すと言う作業を繰り返すしかない。当然，すべての町に共通の特効薬はないのである。まさに町の数だけ違うやり方があるのであり，都市情報学と言う学問が提供できる知見も問題解決のフレームワークであって特定の解そのものでないことは留意しておく必要がある。

学習課題

1．あなたは誰にとっても「住みよい」と感じる「まち」の条件を一律に決められると思うか，その理由を説明した上で答えなさい。そして，もしそうした条件があるのなら，それは何なのか答えなさい。（ヒント：主観的判断，世界内存在，道具関係）

2．デザイン思考とはどんな思考方法なのか説明しなさい。（ヒント：ロジカル思考，制約条件，共感）

3．世界の都市の中には景観規制を定めている所が少なくない。電柱の撤去や商業広告の禁止という一般的なものだけではなく，建造物の色や形態の指定と言った個別的具体的な規制もある。こうした規制が正当化される理由を説明しなさい。（ヒント：景観法，サブグループ同一性，デザイン思考，物語）

【注】

1）主観－客観問題を哲学の問いで述べれば，「なぜ人はアプリオリな総合判断ができるのか」となる。総合判断とは，「この海は青い」とか「このリンゴは甘い」と言うような主語と述語が異なる属性の集合で記述される事柄について真偽の判断をすることを言う。「海」は水の様態の名称で，「川」とか「湖」，「池」などと同じ属性の集合の要素であるのに対して，「青」は色の集合に属する要素であるために，我々は論理的にその真偽を判断することはできず，各個人の経験にもとづいて判断することになり，故に人によって異なる判断をする。しかし，「男は女ではない」とか「独身者は未婚者である」と言う記述では，

主語と述語は同じ属性の集合に含まれる要素であるので，論理的に判断することができ，故にすべての人が同じ判断をする。これを分析判断と呼び，分析判断は客観的判断とみなされる。

　しかし，カントは総合判断の中にもアプリオリ，つまり経験にもとづかないで判断することができる場合があると主張した。例えば，「この2つの四角形は合同である」とか「2本の平行な直線は永遠に伸ばしても交わらない」とかの幾何学的な記述である。我々は，紙に書かれた2つの四角形を実際に作って並べて比べる経験をしなくても判断できるし，2本の直線を永遠に伸ばすと言う経験ができなくても，すべての人は同じ判断をすることができる。カントはこの理由をすべての人に同じ空間認識能力（3次元で物事を捉える能力）が備わっているからであると考えた。これに対して，味覚や寒暖，重さなどの場合には，空間認識能力のような共通の認識フォーマットが我々に備わっていないので，経験的に判断することになる。

　つまり人間は経験的（故に主観的）にしか物事を認識できないが，幾何学や論理学の思考フォーマットはすべての人に共通に備わっているので同じ答えを導き出すことができ，客観的判断とみなすのだが，実は主観と客観の違いは外界にはなく，人々が同じ認識能力を使うことができる場合は客観的判断，そうでない場合は主観的判断となるに過ぎない。

2）前者の例としては東洋経済新報社が毎年順位づけている「住みよさランキング」が有名であり，後者の例としてはリクルート社 SUMO の「住みたい街ランキング」などがある。

3）脚注1で説明したように，カントは幾何学や論理学の思考フォーマットがすべての人に共通に備わっていると考えた。ロジカル思考による人々への説得はこの機能を使っていると考えられる。

参考文献・資料

1 エドムント・フッサール著，細谷恒夫・木田元訳『ヨーロッパ諸学の危機と超越論的現象学』中央公論新社，1995年。

2 竹田青嗣『ハイデガー入門』講談社選書メチエ60，1995年。

3 竹田青嗣『完全解読カント「純粋理性批判」』講談社選書メチエ462，2010年。

4 ティム・ブラウン著，千葉敏生訳『デザイン思考が世界を変える―イノベーションを導く新しい考え方』早川書房，2014年。

5 中山元『自由の哲学者カント　カント哲学入門「連続講義」』光文社，2013年。

6 村上靖彦『レヴィナス　壊れものとしての人間』河出ブックス，2012年。

第**2**章 医療の効率化と患者安全を支援する病院情報システム

1．医業経営における医療の効率化と患者安全の考え方

　一般に経営とは，価値ある商品やサービスを提供することで利益を追求するとともに，消費者，従業員，株主，取引先，地域社会などの利害関係者と信頼関係を築き，環境問題や社会貢献活動に取り組むための活動であり，社員や消費者に対して，理念・考え方を共有し，独自の戦略・計画を持ち，それに向かって実行することである。

　民間企業には，株式会社・有限会社・合同会社・合資会社などの形態があるが，医療機関の開設には，開設地の都道府県知事または保健所を設置する市区長の許可が必要であり，医療法では株式会社などの営利を目的に参入することは一部の特区に限って高度な医療の提供を目的とする医療機関以外では認められていない。

　厚生労働省が公表する「医療施設動態調査（2019年5月末）」の種類別にみた施設数及び病床数によると，全国の医療施設数は179,442施設で，その内訳は「病院」が8,300施設，「一般診療所」が102,631施設，「歯科診療所」は68,511施設である[1]。1996年から2019年度までの医療機関数の推移をみると，病院，有床診療所は僅かながら減少傾向にある一方，無床診療所，歯科診療所が僅かながら増加傾向にある。

　さらに，病院や診療所などの医療施設を開設する主体も様々であり，国が主体となる独立行政法人国立病院機構，独立行政法人地域医療機能推進機構，国立大学法人などの病院のほか，公的医療機関が主体となる都道府県立病院，市町村立病院，地方独立行政法人病院，日本赤十字病院，済生会病院，JA厚生連病院，社会保険関係団体が主体となる社会保険病院，厚生年金病院，共済病

院などがあり，その他の開設主体として私立学校法人，公益法人，医療法人，社会福祉法人などの病院がある[2]。

　医療法（第1条の5）では，医療機関を入院ベッド数で区分され，20床以上のベッド（入院施設）を持つ医療機関を「病院」，19床以下のベッド（入院施設）を持つ，またはベッド（入院施設）を持たない医療機関を「診療所」と大別され，診療所は一般に「○○医院」，「○○クリニック」などの呼称が多い[3]。

　医業経営は医療法，医師法などの規制で，医療機関間での競争原理が働き難く，他産業の経営と比較すると効率化できない部分が多い。さらに近年では，医療費上昇による国の財政難を理由に，医療費抑制策が進められ，医療スタッフの勤労意識・職業意識が変化する中，採算を無視した設備投資や医療事故の発生など医療機関の運営上の問題により，経営が悪化することもある。そのため，病院の医業経営において，医療の質向上を維持することが求められ，臨床指標（Clinical Indicator）における患者満足度，職員満足度，インシデント・アクシデント発生率，褥瘡発生率，治療成績の公表とともに，業務の省力化・効率化と患者安全の実践を検討しなければならない。

　医療に求められることは，医業経営における業務の効率化とともに，医事，会計漏れの防止，診療業務の効率化などが挙げられる。次に，医療の質の向上もあり，勘や経験だけの医療から脱却し，根拠に基づく医療（EBM：Evidence-Based Medicine）を実践しようとする考え方である。最後に医療安全の実現であり，診療ガイドラインの整備とともに，インフォームド・コンセント（Informed Consent）[※1]を保ちつつ，医療で実施されるモノと情報との3点認証を実現することである。

　さらに，これらを統合するためには，情報化・情報共有が不可欠であり，その実現のため病院情報システムを導入し，それを診療現場で利活用することが必要で，医療情報の標準化（医学用語・コード，バーコード，ネットワーク）や長期的医療の評価（診療情報ビッグデータの分析）も忘れてはならない。

※1　インフォームド・コンセント（Informed Consent）とは，医師が患者に診療の目的や内容を十分に説明し，患者の同意を得ること。

　近年では，医療制度改革や診療報酬請求の対応として，診断群分類包括評価方式 DPC（Diagnosis Procedure Combination）やクリニカルパス（Clinical Pathways）[※2]を導入する病院も多くなり，医療の標準化による効率化と継続的質向上に役立っている[4]。

　先駆的病院では，1995年から医療の質向上に伴う医療安全の担保や患者満足度の向上を図るととも幾つかの医療費加算の施設基準の要件を満たすため，日本医療機能評価機構（JCQHC：Japan Council for Quality Health Care）による「病院機能評価」を受審する病院が増え，2019年11月には病院全体の約3割となる2,169施設が取得した[5]。近年では，アメリカの90％以上の病院が認定を取得している国際医療施設認定合同機構（JCI：Joint Commission International）の「JCI認証」を「病院機能評価」に代えて受審する病院が現われ，2019年11月には29施設の病院が取得している[6]。

　厚生労働省の「平成26年度受療行動調査」から外来患者の満足度を調べてみると，「診察までの待ち時間」に不満を持つ患者が3割近く存在していることがわかる（図表2-1）[7]。診察までの待ち時間の内訳を考えてみると，新患登録時の診察券発行や保険証確認による外来受付窓口での待ち時間，カルテ当日準備や検査結果待ちなど「3時間待ちの3分診療」と言われる診察待ち時間，医事窓口で各種伝票集中入力に伴う会計待ち時間，疑義照会，調剤時間，薬袋作成，鑑査業務に伴う薬待ち時間などがある。

　近年では後述する病院情報システムの導入により，外来患者の待ち時間の解消法として，再来患者のための自動受付機の設置により，外来受付窓口での待ち時間解消，予約制導入による診察待ち時間短縮，オーダリングシステムや自動精算機導入による会計待ち時間の短縮，医薬分業による調剤薬局活用による薬待ち時間の解消などが図られるようになった。

※2　クリニカルパスとは医療スタッフが特定の疾患，手術，検査毎に，共同で実践する治療・検査・看病・処置・指導などを時間軸に沿ってまとめた治療計画書のことである。

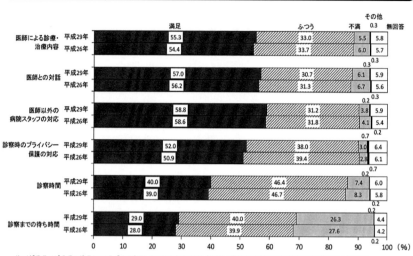

図表2-1 受動行動調査から見た外来患者の満足度

注：1)「満足」は「非常に満足している」「やや満足している」の合計であり，「不満」は「非常に不満である」「やや不満である」の合計である。
　　2)「診察までの待ち時間」及び「診察時間」は「医師による診察を受けていない」者を除いた数値である。

出所：厚生労働省「平成26年受療行動調査の概況」。

2．病院情報システム発展の歴史的背景とその役割

　病院の診療部門には，外来，病棟の他に，薬剤部，検査部，放射線部，手術部，理学療法部門などの中央診療部門が存在する。特に，中央診療部門では外来や病棟の医師から指示（オーダ）された検査・治療などの診療業務を遂行するため，看護師の他に部門によって薬剤師，臨床検査技師，診療放射線技師，臨床工学技士，理学療法士などが配置されている。

　従来，病院の診療指示には各種伝票が使われ，医療事務会計のために医療事務職員が配置されていた。しかし，多くの伝票処理を限られた時間内に処理することは難しく，患者の会計待ち時間が長くかかるだけでなく，会計ミスがあっても気付くすべがなかった。また，薬剤部においては処方せんが届いてから調剤がおこなわれるため，薬待ち時間も長くなり，患者の院内滞在時間が増えていた。

図表2-2　病院情報システムの進化を可能にした法整備・規制緩和

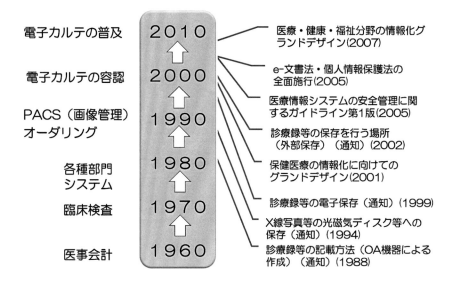

電子カルテの普及	2010	医療・健康・福祉分野の情報化グランドデザイン(2007)
電子カルテの容認	2000	e-文書法・個人情報保護法の全面施行(2005)
PACS（画像管理）オーダリング	1990	医療情報システムの安全管理に関するガイドライン第1版(2005) / 診療録等の保存を行う場所（外部保存）（通知）(2002)
各種部門システム	1980	保健医療の情報化に向けてのグランドデザイン(2001)
臨床検査	1970	診療録等の電子保存（通知）(1999) / X線写真等の光磁気ディスク等への保存（通知）(1994)
医事会計	1960	診療録等の記載方法（OA機器による作成）（通知）(1988)

　このような病院の都合での不効率さは，患者の病院に対する満足度の低下に繋がることから，コンピュータを駆使して会計の待ち時間や薬の待ち時間を短縮する試みがなされた。

　これを一挙に解決する手法として導入されてきたのが病院情報システム（HIS：Hospital Information System）である。

　病院情報システムには，医事会計システム，臨床検査システム，放射線部・薬剤部・手術部などの各種部オンシステム，オーダリングシステム，PACS（Picture Archiving and Communication System: 画像管理）システム，電子カルテシステムなどがあり，MS-DOS，Windows などの OS Operating System の開発，Ethernet，TCP/IP，無線 LAN，バーコード／２次元シンボルなどの ICT 技術の進歩なしに発展はなかった。また，PACS（画像管理）システムや電子カルテシステムの導入には ICT 技術のみではなく，それを後押しする「診療録等の電子保存等（厚生労働省通知）」や「民間事業者等が行う書面の保存等における情報通信の技術利用に関する法律とその整備法」（e 文書法）などの法整備に

図表2-3　部門システムと部門間システムにおける情報の流れ

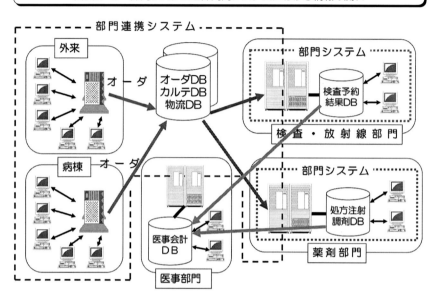

大きく影響している（図表2-2）[8][9]。

　病院情報システムは，事務部門や中央診療部門の業務の効率化や迅速化を目的とした「部門システム」と，部門間の情報伝達によって業務が進行する「部門連携システム」のサブシステムに大別される。

　部門システムのサブシステムには，医事会計システム，検査部門システム，放射線部門システム，薬剤部門システム，手術部門システム，材料部門システムなどがあり，部門連携システムには，オーダリングシステム，予約システム，物流管理システム，電子カルテシステムなどがある。

　部門連携システムは，外来・病棟で発生する診療情報を各部門に指示・依頼するシステムであるとともに，各部門でその結果得られた情報をフィードバックする情報で構成される（図表2-3）。

2.1　医事会計システム

　病院で最も早くコンピュータが業務に使われたのは1960年代から始まった

「医事会計システム」である。

　医事会計は外来患者や入院患者が増加する程，処方せん，各種検査伝票，放射線撮影伝票などの伝票が増えるため，各部門から医事課に集まってくる伝票の各項目コード番号を転記入力するに十分な医事課職員が必要になった。これにより，従来では医療事務の専門的知識を有する専任職員が担っていたが，一般事務職員でも請求額の計算や診療報酬明細書（レセプト）の発行が医事会計システムの導入で可能になった。

2.2　臨床検査システム

　次に，病院でコンピュータ化が進んだのは1970年代から始まった「臨床検査システム」であり，複数の検査項目を一度に測定できる各種自動分析装置が開発されたことで多くの病院に導入されるようになった。その後，各種自動分析装置の出力データを統合する臨床検査システムが登場した。

　検体検査部門では，従来では検査指示伝票と検体を1セットに外来・病棟から検査部に搬送していたが，検査指示伝票と検体の並び順にミスが生じると，検体の入れ違えで他の患者のデータ参照をすることになり，しばしばヒヤリ・ハット事例の原因となっていた。これを解決する方法として，患者の血液や尿などの検体に個別受付番号と患者IDおよび検査項目を紐付けしたバーコード表示を貼付することで，検体だけの搬送で済み，それを検査部の自動分析装置で測定することで，患者IDに合致した検査報告書が発行できるようになった。

2.3　各種オーダリングシステム

　ここまでのシステムは伝票中心のシステム運用であり，効率化・省力化には貢献したが，医事課における各種伝票のデータ転記作業が発生するため，医事会計での患者の待ち時間解消に繋がらないばかりか，転記入力にミスが発生すると医事会計の精度向上に限界を来した。

　また，薬剤部では病棟・外来の医師が手書きで作成した処方せん・注射処方せんをもとに薬剤師が調剤する際，医薬品棚から医薬品をピッキングする際，目視確認のため，誤薬もしばしば発生していた。放射線部では医師からの撮影

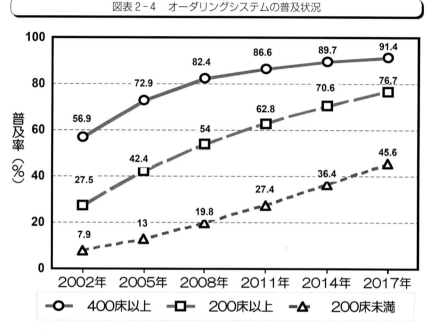

図表2-4 オーダリングシステムの普及状況

出所：厚生労働省「医療施設調査」（2002～2017を独自に再集計）。

指示伝票のモダリティ別に仕分けし，患者を複数ある撮影室に振り分け，撮影
に使用した造影剤やカテーテル類の使用実施とともに，X線フィルムを制作し，
病棟・外来に搬出していた。手術部では1週間の手術予定を手術予定依頼伝票
として受付，それを手術部で集中入力して翌週の週間スケジュールを作成し，
その各手術を介助する看護師の勤務割を試行錯誤しながらおこなっていた。

　これらの問題を解決する方法として登場したのが1990年代のオーダリングシ
ステム（ordering system）であり，病棟・外来の診療現場で医師がコンピュー
タ端末から入力した情報を検査部，放射線部，薬剤部などに指示依頼するとと
もに，指示依頼によって実施された内容は医事課に医事会計データとして伝達
されることになった。

　また，診療現場の医師・看護師・各種技師が指示・依頼の結果をコンピュー
タ端末画面で参照することで，情報の共有が図れ，業務の作業効率とともに医

療の質が向上することにも貢献した。

　各種オーダリングシステムの普及状況を見ると，2017年には400床以上の病院での普及率は 9 割を超えている（図表 2 - 4 ）。

　しかし，最大の欠点は診療行為の発生に伴って，医師にカルテ書きと電子カルテシステムの一部となるオーダ入力の両方に作業負担を強いることであり，電子カルテシステムの法的緩和がなされるまでこの状態が続いた。

2.3.1　処方注射オーダシステム

　薬剤部では，膨大な医薬品を管理し，毎日多くの処方や注射の調剤を迅速かつ正確に処理することが求められる。薬剤部調剤室の業務は，病棟・外来の医師から処方オーダリングや注射オーダリングによる依頼に際して，最低限のエラーチェックが可能なオーダリング画面で正確な処方・注射処方がおこなえることで，比較的単純な処方監査を実現することができるようになった。また，オーダされた処方せんを薬剤部のプリンタで印刷し，調剤業務に用いることで，従来の手書き処方に比べて薬剤や単位量の読み取り間違いを減らすことができるようになった。処方情報は調剤後，医事課へ伝達され，医事会計に反映される。

　近年では外来患者の処方オーダは院外処方せん発行となり，調剤薬局での調剤に変遷してきた。

　注射オーダは入院患者を中心に利用され，病棟の医師が注射処方した注射処方情報を薬剤部へ伝達し，調剤した医薬品は監査した上で病棟に払い出され，注射実施後に医事課へ伝達され，医事会計に反映させる。

　なお，注射オーダは患者の状態によって変更や中止することも多く，未使用の場合は，薬剤部へ返品される。病棟への医薬品の供給は，患者ごとに処方した一本渡しと，病棟ごとに定数配置した緊急薬を補充する場合がある。

　厚生労働省は，調剤業務における医療事故防止などの目的に，厚生労働省医薬食品局安全対策課長通知「医療用医薬品へのバーコード表示の実施について」で，医療用医薬品へのバーコード表示の実施要項を示し，製造販売業者に対して適正に新バーコード表示をおこなうよう求めた。対象となった医薬品は，医療用医薬品であり，内用薬，注射薬，外用薬と特定生物由来製品及び生物由

来製品（特定生物由来製品を除く）であり，調剤包装単位，販売包装単位，元梱包装単位の3つの包装形態に分け，医療用医薬品の種類に応じ，商品コード，有効期限，製造番号または製造記号及び数量などの表示仕様が規定された[10]。

　これにより，薬剤部での調剤業務において，処方・注射処方オーダされた医薬品情報と薬品棚の医薬品自体とをバーコードで照合することができるようになり，誤薬防止の改善に繋がった。

2.3.2　検査オーダリングシステム

　検体検査，生理検査，病理組織検査，内視鏡検査などの依頼に利用するオーダシステムのことであり，検査予約の必要な検査もある。従来，検体検査部門では，採血管のラベルと，検査指示票を発行し検査部に送っていたが，検査指示票と検体の並び順にミスが生じるため，検査オーダシステムによって採血管に患者ID，検査項目と紐付けされたバーコードシールを貼付することで，患者と検査項目の不整合を回避できるようになった。

　検査部門で検査が正常に実施されると，検査部のサーバに検査結果が蓄積（施設によっては，紙媒体で印刷）されるだけでなく，医事会計システムに実施情報が送信される。

2.3.3　放射線オーダシステム

　放射線部門が放射線撮影依頼に基づき円滑に運用するためには，迅速で正確な撮影業務，検査予約，レポート作成，物品管理，検査室・放射線装置の管理が求められる。

　放射線撮影や放射線治療などの指示依頼が対象となるオーダシステムで，撮影室の確保と撮影方法の指示が主な目的であり，放射線撮影の受付，部屋割り，使用材料を管理する放射線情報システム（RIS：Radiological Information System）がある。

　放射線撮影の結果は，放射線部の専門医が読影（画像を丹念に観察し所見を読み，その上で診断すること）する場合もあるが，専門医不在の中小病院ではX線フィルムを作成し他施設の専門医に読影を依頼することとなるが，大病院では撮影

した画像をX線フィルムに転写するのではなく，画像情報をデータのまま保存
し，その端末を診察室に読影診断や電子カルテ保存目的に使用する医用画像情
報システム（PACS：Picture Archiving and Communication System）を導入すると
ころが増えてきた。

2.3.4　材料オーダシステム

　特定機能病院及び一部の民間病院では，2003年4月から診断群分類包括評価
方式（DPC）の導入に伴い，診療報酬請求も出高払い制から包括払い制へ移行
したことにより，クリニカルパスを積極的に導入し，医療材料のスリム化とと
もに，入院在院日数の短縮が病院経営向上のために不可欠な条件となった。

　DPCにおいて，医療材料のスリム化を実現することは病院経営に直結する
ものであるが，医療材料物流管理システムを導入すれば解決するというもので
はなく，まず，医療材料物流管理の基本的事項を解決すべきである。具体的に
は，病院における医療材料の使用は，医療の特殊性から少量多品種の傾向にあ
るため，院内在庫量の継続的なチェックを通しながら，在庫金額から在庫回転
率（＝出庫金額／在庫金額），在庫回転期間（＝在庫金額／月平均出庫金額）を算定
し，ABC分析（「重点分析」とも呼ばれ，在庫管理などで原材料，製品等の資金的重
要度を分析する手法）などの手法で適正な最小限の安全在庫数量を決定して運用
することである。

　しかし，病院では，診療現場の管理スタッフの「勘」や「経験」に頼って医
療材料の発注量を決定するケースが多く，年々在庫の種類及び数量は増加する
傾向にある。

　その主な原因として，①在庫切れによる診療業務の停滞を恐れての余剰在庫，
②新規医療材料の「勘」に頼った使用予測，③病院事務における医療材料の発
注作業の遅延や見落とし，④発注から納品日までのリードタイムの不明確さな
どが考えられる。そして，不良在庫の増加は，保管場所の拡大を招くとともに，
デッドストック・期限切れ在庫に代表されるように在庫の陳腐化による見切り
損失を発生させることになる。

　しかし，診療現場で働く医療スタッフは，ともすると医療材料の在庫管理に

対する関心が薄く，新たに必要となった医療材料をオーダした結果，多くの余剰在庫を抱え，病院経営を悪化させることが少なくない。

　医療材料物流管理システム導入の効果を最大限に生かすためには，①購入品目の限定，②発注方式の検討，③材料供給方式の検討に関して，病院で最も適切な運用を検討する必要がある[11]。

2.3.5　電子カルテシステム

　従来，診療録の保存形態は紙媒体による保存が医師法24条で規定されていたが，1999年4月22日に厚生省（現厚生労働省）から「診療録等の電子媒体による保存について」（健政発第517号）が各都道府県知事宛に通知され，電子媒体による保存情報の「真正性」，「見読性」，「保存性」の3基準を満たせば，紙媒体の原本保存が不要になった[12]。

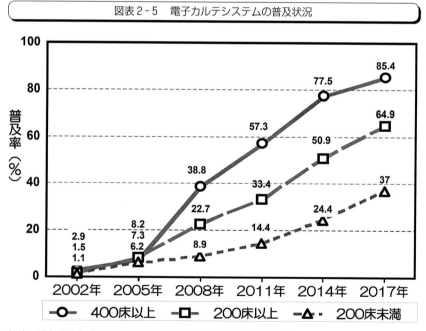

図表2-5　電子カルテシステムの普及状況

出所：厚生労働省「医療施設調査」（2002〜2017を独自に再集計）。

　電子カルテシステムは，本来，医師が紙媒体の診療録に記録していた情報を電子的に電子カルテデータベースに記録保存するもので，紙媒体のカルテ運用方法と比較すると，カルテの保管スペースを削減できること，オーダリングシステムなどとの連携が迅速で容易なこと，コンピュータネットワークで医療スタッフ間の情報共有が容易になること，そして，診療情報が逐次更新できるため，診療業務の改善を目的とした病院機能の分析や改善が客観的におこなえることが，電子カルテシステムのメリットである。

　電子カルテシステムの開発は医師の労務作業が軽減できるため飛躍的に拡大すると考えられていたが，電子カルテシステムの普及率は，導入コストおよびその維持費が高額となるため，2005年10月時点までは病院全体で10%未満の普及率に留まった。この進捗状況から，政府は2006年に「IT新改革戦略」で新たな普及目標を設定したことで，2017年には400床以上の病院では8割，200床以上400床未満では約6割の普及率に上昇した（図表2-5）。近年では，設備経費がそれほど発生しないクラウドシステムを開発する複数ベンダも現れたことで，中規模病院でもカルテシステムの導入が検討されるようになった。

3．医療資材のモノと情報の紐づけに必要となる標準バーコード

　病院では診療において様々な医療資材が使われる。医療資材は医薬品関連と医療機器関係に大別できる。さらに，医薬品関連には外用薬（塗り薬），注射薬（アンプル，バイアル），補液（点滴用）麻酔ガス，血液製剤があり，医療機器関係には，医療機器（ME機器，放射線機器），医療材料（ディスポ材料，インプラント），医療器材（手術用鋼製器具）に分類される。

　ここで重要なことは，これらの医療資材の入手から使用に至るまでの病院業務において，いつ（When），どこで（Where），だれが（Who），なにを（What），なぜ（Why），どのように（How）という5W1Hを医療スタッフが情報共有し，記録することであり，医療費請求漏れ防止は勿論，使用履歴管理，患者安全にまで役立つ。

　既に説明したオーダリングシステムでは，患者に対する医薬品や医療材料などの予約情報がオーダとして保存されるが，正しく当該患者に実施されたかどうかはオーダリングシステムだけではわからないため，電子カルテシステムの導入とともに，3点認証を可能とする医療資材物流管理システムの導入が必要である。

　ここでその切り札となるのが，医療資材の製品名やシリアルIDの識別に役立つ医療資材本体直接バーコードの利活用である。

　医療資材にバーコードを貼付する歴史は既に我が国で30年前に始まったが，その多くの目的は高額で医療費の請求ができる特定保険医療材料の請求漏れを防止するためのものであり，患者に使用した後で医療材料の滅菌パックに表示したバーコードを読み取る運用である。特に，手術部では手術術式によって多種多様な特定保険医療材料が使用されるため，医事請求漏れ・請求過剰を防ぐには不可欠な運用となっている。

　また，一方で医療資材の不適正使用，製品ロットの不良，保守点検不足などで様々な使用上のリスクが発生する。医療資材の使われ方から大別すると，主に単回使用となる医薬品や医療材料，長期間再使用して使われ保守点検や機能点検が必要となる医療機器（多くのME機器，放射線機器など），洗浄・滅菌などの工程を経て再利用される鋼製器具（手術用メス，鉗子など）などとなり，滅菌状態，使用期限，動作保証など確認作業が実施される必要があり，そこで製品識別に役立つのがバーコード表示となる。

　しかし，患者安全の立場から考えると，特定保険医療材料のみならず，患者に使用される全ての医薬品や医療機器，医療材料，医療器材にバーコードを本体表示し，患者に使用する直前にオーダされた内容とモノとの突合することで5W1Hの中の「誰が」（オーダした医師または実施する看護師），「誰に」（患者），「何を」（医療資材），「どうした」（使った）をバーコードでチェックすることで誤薬，誤投与，誤使用を防止することができる。この場合，「誰が」にはオーダした医師IDまたは実施者のネームプレートの個人IDバーコードを，「誰に」には入院患者の場合，患者リストバンドの患者IDバーコード，「何を」には医療資材の本体バーコードとなり，バーコード読取機能付き携帯端末で読

図表２-６　オーダリングと実施確認３点認証を加味した電子カルテシステムの概念

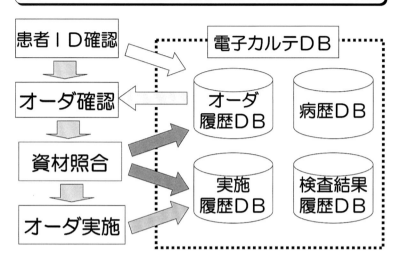

み取ることで電子カルテ上のオーダ情報との３点認証が可能となる（図表２-６）。これにより，目視確認だけでは不可能であった同姓同名の患者への医療資材の取違いや製品名や形状の類似した医療資材の誤使用を未然に防止することができる。

　バーコード表示は本来であれば，医療資材の製造販売業者がソースマーキングとして製品本体にバーコードと表示することがトレーサビリティ確保の面から望ましいが，今まで製造販売業者にはそこまでの考えや資金投資のインセンティブがなかったため，病院独自でインホスピタルマーキングとしてバーコードを付けざるを得なかった。

４．医療資材本体直接バーコード表示の国際的動向

　米国食品医薬品局（FDA：Food and Drug Administration）は，医薬品や医療機器の偽造品が流通していることから，メーカ自ら製品証明のために正確な追跡管理が必要であることや医療過誤に対してメーカ側の訴訟費用・賠償金が増加していること，利用者である病院からのバーコード表示の強い要請があること

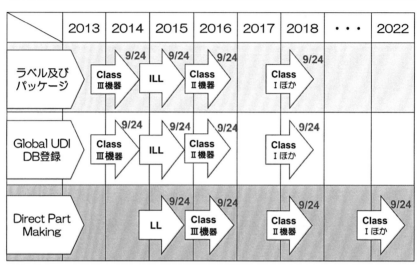

図表2-7　米国の医療機器 UDI 規制施行スケジュール

（注）ILL：埋込機器，生命維持装置，延命装置，LL：生命維持装置，延命装置。

などから，2013年9月に「医療機器ユニークデバイス識別規則」を公示した[13]。
そして，2014年9月には生命維持装置，延命装置を含むクラスⅢ機器，その後
クラスⅡ，クラスⅠ機器と順次施行され，2022年9月にはクラス未分類を含む
全ての医療機器へのユニークデバイス識別の施行が米国国内の製造業者に義務
付けられた（図表2-7）。

　ユニークデバイス識別は，UDI（Unique Device Identification）と略称され，医
療機器製品の単品毎に製品識別が流通および医療現場で確認できるようバー
コード表示を義務付けるという解釈であり，米国で製造される医療資材だけで
なく，輸入される医療資材まで適応されている。

　この UDI で推奨している商品コードは GTIN（Global Trade Item Number）で，
国際的な流通標準化機関の GS1（本部：ベルギー）により標準化された国際標準
の商品識別コードの総称のことである。

　コード体系は，現在わが国の一般流通において広く使われている JAN/EAN
コード13桁の先頭に荷姿を示す0〜9までの数値を追加した14桁となる。また，

図表2-8　UDI（ユニークデバイス識別）システムの利活用

標準バーコードGS1-128

(01) 04912345678900　(17) 080625　(21) 12345678
商品コード
4912345678900　DI　有効期限
08年06月25日　シリアル番号
12345678　PI

(00) 0000 (00) ABCDE
(01) 12345678901234　GS1 Databar

GS1 DataMatrix

データベース（GUDID）

PSI（生販在）統合管理
・製造管理
・販売管理
・在庫管理
SCM（供給連鎖管理）

貸出管理
所在管理
保守点検
・点検実施管理
・修理状況分析

市販後安全管理関係
・偽物管理
・回収管理
・医療過誤防止
・不具合報告

バーコード仕様は商品コード（GTIN），有効期限，ロット／シリアル番号から構成される標準バーコードは GS1-128 で，それ以外バーコード表示面積が限定される医薬品や鋼製器具には2次元シンボル GS1 Databar やマトリックス型2次元シンボル GS1 DataMatrix が推奨されている（図表2-8）。

　そして，これらのバーコードと製品情報が登録されたデータベース（GUDID：Global UDI Database）は，製造販売業者における PSI（Production Sales Inventory：生販在）統合管理，SCM（Supply Chain Management：供給連鎖管理），病院における貸出管理，在庫管理，保守点検，FDA における市販後安全管理に利活用される。また，欧州連合（EU）においても2017年5月に UDI 規則が成立し，2020年から米国とほぼ同様の製品識別 UDI バーコード表示の義務化が始まった[14]。

　わが国では，米国や欧州連合の UDI 規則よりも早い時期に，厚生労働省が医療用医薬品および医療機器へのバーコード表示と（一財）医療情報システム開発センター（MEDIS-DC）の医薬品マスターおよび医療機器データベースへの登録を求めたが，製造販売業者へ表示・登録義務ではなく，表示・登録推奨

であったため，全ての医療資材にバーコードが貼付されるまでには到らなかった。

　医療用医薬品については，厚生労働省安全対策課が2006年に「医療用医薬品へのバーコード表示の実施について」（薬食安発第0915001号）を製薬会社に通知し，医療事故防止等のため，特定生物由来製品，生物由来製品及び注薬のアンプルやバイアル等の調剤包装単位に GS1 Databar の2次元シンボルを，販売包装単位および元梱包包装単位に GS1−128のバーコードを表示することを求めた[15]。その後2013年以降には，医療用医薬品のバーコード表示は，内服薬のPTP 包装シートや外用剤にも GS1 Databar が表示されるようになった。

　一方，医療機器については，同省経済課が2009年に「医療機器等へのバーコード表示について」（医政経発第0328001号）を医療機器等の製造販売業者に通知し，医療機器の中箱・外箱など流通の効率化に関わる包装形態での GS1−128表示を求めたが，医療機器本体直接表示には言及されなかった[16]。

　2019年9月現在で，医療用医薬品には本体バーコードがほぼ全てに貼付されるようになったが，医療機器の本体バーコード表示率は5割程度に留まっているため，病院独自コードで付番して医療機器，医療材料に独自バーコードを貼付する運用で，院内物流に活用する病院がほとんどであった。

　そのため，わが国の医療機器業界の物流を見ると，製造販売業者では標準バーコードを用いた受発注がなされているが，販売業者では標準バーコードだけでなく，SPD（Supply Processing Distribution：院内物流管理システム）独自バーコードが併用して使われている。一方，病院では前述したように病院独自バーコードのため，製造販売業者，販売業者，病院間の物流にはバーコードの整合性がなく，極めて不効率な物流となっている。これでは単に医療機器物流の合理化・省力化の改善に役立たないだけでなく，医療資材の不具合が発生し，製品のトレーサビリティ（追跡調査）確保に役立たないことになる。

5．今後の病院情報システムへの期待

　医業経営において病院情報システムは，患者待ち時間の減少，インフォームド・コンセントの充実など患者サービスの向上に加えて，各種伝票レス，電子

図表2-9　厚生労働行政におけるバーコード標準化のロードマップの必要性

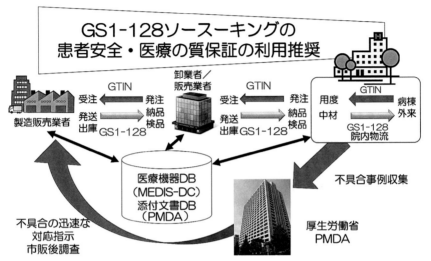

出所：一般社団法人日本医療機器学会「医療機器の物流合理化とトレーサビリティ管理に関する調査報告書」, 2019年。

カルテなどペーパレス化による診療情報の情報共有と精度向上，特定保険医療材料の医事請求漏れ防止など，様々な方面で病院機能の充実に寄与してきた。

しかし，患者安全の強化を考えると，未だ医療スタッフによる目視確認・ダブルチェックなどマンパワーによるがところが多く，働き方改革が強く求められている今日，人間による目視確認をバックアップする３点認証に代表されるICT 導入が不可欠である。

現在，全世界で医薬品・医療機器の本体直接バーコード表示が進展している中，わが国でも米国や欧州連合と同様な UDI 規制を厚生労働省が中心になって推進すべきであり，そのために医療機関への UDI 利活用の説得とともにインセンティブが必要であろう（図表2-9）[17]。

（学習課題）

1. 病院情報システムは当初どのような課題解決のために導入されてきたのか。病院経営，患者サービス，医療安全の観点から述べよ。
2. 製造販売業者から供給される医薬品や医療機器にはバーコードが貼付されているが，医療安全のために病院ではどのような活用が必要なのか。

（参考文献）

1）厚生労働省：「医療施設動態調査」，種類別にみた施設数及び病床数，2019年9月
2）厚生労働省：「医療施設動態調査」，開設者別にみた施設数及び病床数，2019年9月
3）電子政府の総合窓口：「医療法」
4）厚生労働省：DPC制度の概要と基本的な考え方（診調組 D-3-1）
5）公益財団法人 日本医療機能評価機構：「病院機能評価」
6）Joint Commission International：JCI
7）厚生労働省：「平成29年受療行動調査（概数）の概況」，項目別にみた満足度（外来），2018年
8）厚生労働省：「診療録等の電子媒体による保存について」（健政発第517号，医薬発第587号，保発第82号通知），1999年
9）内閣府：「民間事業者等が行う書面の保存等における情報通信の技術利用に関する法律とその整備法」（e-文書法）民間事業者等が行う書面の保存等における情報通信の技術の利用に関する法律の施行に伴う関係法律の整備等に関する法律（法律第150号），2005年
10）厚生労働省安全対策課：「医療用医薬品へのバーコード表示の実施について」（薬食安発第0915001号），2006年
11）酒井順哉：「患者安全と病院経営に貢献する医療材料物流管理システム（電子カルテ時代での期待と課題を探る）」『月刊　新医療』第34巻第11号，2007年，pp.92-96
12）参考文献8）と同じ
13）FDA：Unique Device Identification System（UDI System）
14）日本貿易振興機構（ジェトロ）：欧州医療機器規則
15）参考文献10）と同じ
16）厚生労働省経済課：「医療機器等へのバーコード表示について」（医政経発第0328001号），2009年
17）一般社団法人日本医療機器学会：「医療機器の物流合理化とトレーサビリティ管理に関する調査報告書」，2019年

第 **3** 章　都市水利用における情報処理技術と人工知能

1．はじめに

　本章では，都市水利用システムの計画・管理において，情報処理技術，なかでも人工知能（AI, Artificial Intelligence）が何の目的でどのように利用されているかについて説明する。

　水は豊かな都市生活の実現と快適な都市環境の維持には欠かせない存在である。その水を利用するためのシステムは，水源，上水道，下水道など多数のサブシステムから構成される。各サブシステムは異なる複数の目的およびその目的に対応した時間・空間スケールで運用される。その運用・管理を適切に行うために，情報処理技術が広く利用されている。

　ダム貯水池を中心とする水源サブシステムを例にその運用について具体的に見てみよう。水量の安定確保，水害防止・軽減および河川環境の維持が水源サブシステムの主な運用目的となる。水量の安定確保を目的とする場合は通常年単位での調節運用と渇水期の運用がある。これらの運用においては，その時間スケールに対応した雨量，河川流量，ダム貯水量，各種水需要量等の予測が欠かせない。一方，水害防止・軽減という運用目的においては，数日または数時間単位の降雨量，河川流量とダム貯水量等の水文情報を踏まえた施設の運用管理が行われる。また，河川環境維持目的関連の運用管理においては，水質事故時はもとより，平常時でも一回だけの断流が河川の生態系に取り返しの付かないダメージを与えてしまう危険性があるために，よりきめ細かい流況，水質情報をもとにしたリアルタイムの運用が求められる。これでわかるように，水利用システムの運用管理は多大な情報を踏まえた複雑な意思決定問題であり，多目的な運用管理を的確に行うためには降雨量，河川流量，ダム貯水量，都市水

需要量など大量な情報を収集し，適切に処理する（将来の変化を正確に予測する）ことによりその意思決定を支援することが求められている。

　本章では，比較的単純な二つの事例を通して水利用における情報処理を説明していく。

　まず，時代とともに水利用における情報処理技術の進化を見るために，都市の上水道システムを運用する際に欠かせない都市水需要の短期予測問題を取り上げる。水源地より取水した水が法律に基づいて定められた飲用水質基準に適合するように浄水処理されてから各家庭・利用者へ配水されるが，無駄なく効率よくしかも必要な水量（需要量）を確実に供給するためには，通常24時間のリードタイムを持って翌日の需要量を予測し，必要な水量を浄水処理して用意しておく。本章では，需要量情報の処理において歴史的に使用した代表的な情報処理技術を，回帰分析から最新の人工知能技術まで含めて紹介する。

　二番目の事例として，河川環境評価に人工知能を応用した研究を紹介する。河川環境は，河川の水量，水質等はもとより，河川流域の地質・地理条件，水辺空間，流域経済，流域住民の選好，地域文化なども深くかかわっており，影響要因が多様であるため総合的評価が極めて困難である。人工知能技術が要因間の複雑な関連性を学習・再現する能力に優れているために，河川環境の総合評価に新しい可能性をもたらした。

2．人工知能とニューラルネットワークモデル

　ここでは，人工知能モデルの基本形であるニューラルネットワークモデルを用いて人工知能の仕組を紹介する。

2.1　ニューラルネットワークモデルの基本構造

　ニューラルネットワークとは，神経生理学で観察される神経細胞（ニューロン）の特性を理想化した仮想ニューロン（ユニットともいう）を網目状に結合したものである。ユニットは，神経細胞のように，ある程度の強さの信号（ある程度の情報量）を前方のユニットから受け取ると，後方のユニットに信号（処理

図表 3-1　階層型ニューラルネットワークモデルの構造

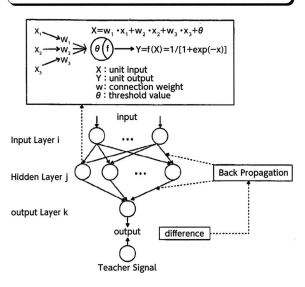

された情報）を送ることになっている。ユニットの結合形態により，ネットワークを階層型ネットワークと相互結合型ネットワークに分けることができる。そのうち，知識を自動的に獲得する（「学習」するという）能力を持ち，判別や予測等の問題に適しているのは階層型ネットワークである。階層型ネットワーク（Layered Network）とは，図表 3-1 に示すようにユニットが複数の階層（第一層を入力層，最終層を出力層，第一層と最終層以外の層を中間層または隠れ層と呼ぶ）をなすように並び，入力層から出力層へ向かう方向の結合のみがある。

　次に，階層型ニューラルネットワークにおける情報処理方法（入力から出力を導き出す計算アルゴリズム）を説明する。説明を簡単にするため，ニューラルネットワークの構造を一つの出力ユニットをもつ 3 層構造とし，入力層と中間層のユニット数をそれぞれ n, m とする。入力ユニットへの入力信号が $\{I_i, i=1, 2, \cdots, n\}$ であるときに，中間層と出力層の各ユニットからの出力値は次のように計算される。

中間層：　$y_j = f(x_j)$, j = 1，2，…，m　　　　（1）

$$x_j = \sum_{i=1}^{n} w_{ij}I_i + \theta_i,\ j = 1，2，…，m\quad（2）$$

出力層：　o = $f(z)$　　　　　　　　　　　　（3）

$$z = \sum_{j=1}^{m} w_j y_j + \theta\qquad\qquad（4）$$

　ここに，$f(\cdot)$ は入出力関数（入力を出力に変える変換方式を表す），w_{ij} は入力層のユニット i と中間層のユニット j との結合係数（ユニット間の結合の強さ，またはユニット j にとってのユニット i からの情報の価値，重みを表す係数），θ_j は中間層ユニット j のしきい値（出力信号が生成されるための入力信号のレベル），w_j は中間層ユニット j と出力層ユニットとの結合係数，θ は出力層ユニットのしきい値である。入出力関数 $f(\cdot)$ としてはさまざまな関数形が考えられているが，なかでもシグモイド（Sigmoid）関数

$$f(x) = \frac{1}{1+e^{-x}}\qquad\qquad（5）$$

がもっともよく使われる。

　理論的には，上記のネットワークモデルによって，中間層のユニットを必要なだけたくさん使えば，ユニット間の結合係数および各ユニットのしきい値を適切に設定することによって，入力層と出力層間の入力・出力関係を表す任意の連続関数を任意の精度で近似することができる[1]。

2.2　ニューラルネットワークモデルの学習

　ニューラルネットワークモデルの学習を行うために，まずモデルの構成（ネットワークの層数および各層のユニット数）を決定する必要がある。最適なモデル構成を決めるための方法論はまだ確立されておらず，通常試行錯誤により行う。具体的には，まず，モデルの構成を設定してこの後に説明するモデルの学習を行う。学習のスピードと学習済みモデルによる入力出力関係の再現性等を

評価して，いずれも満足できる結果になっていればそのモデルの構成を採用するが，満足できる評価結果が得られなかった場合には，モデルの構成を変更して再度学習・評価を行い，満足できる評価結果が出るまでこのプロセスを繰り返す。本節では，説明を簡略化するため，構造的に最も簡単な 3 層構造のネットワークを用いる。また，入力層は，入力変数に対応した数のユニットを，出力層は一つだけの出力結果に対応する一つのユニットを持つこととする。中間層のユニット数の初期値については，経験的には，入力変数の 3 倍程度の数があれば十分満足できる入力出力関係の再現精度を達成することができるとされているが，ここでは，前述したとおり学習のスピードも見ながら試行錯誤により決定することとする。

　ニューラルネットワークモデルの構成が決まると，次に，ユニット間の結合係数および各ユニットのしきい値を適切なものに設定する必要がある。ニューラルネットワークモデルでは，「学習」を通してこれらの値を決めるようにしている。ここで言う「学習」とは，ネットワークが入力出力関係を表すいくつかのサンプル事例（教師データ）を示されるうちに，結合係数およびしきい値を適切なものに調節していく自己組織化の過程のことである。ニューラルネットワークによる情報処理を入力から出力へのパターン変換と見なせば，モデルの学習は，変換の例を提示されることによって望ましい変換を真似するようになることであるともいえる。

　以下では，入力出力関係を再現できるようにするためのニューラルネットワークモデルの具体的な学習方法（学習アルゴリズム）について説明する。

　ニューラルネットワークモデルの学習方法として，多くのものが提案されているが，ここでは，最も一般的な学習アルゴリズムである誤差逆伝播法（Error Back Propagation）を紹介する[2),3)]。

　次のように，T 個の教師データが与えられているとする。

$$\{I_1^{(t)}, \cdots, I_n^{(t)}, O^{(t)}\}, \quad t = 1, 2 \cdots T \quad (6)$$

ここに，$\{I_1^{(t)}, \cdots I_n^{(t)}\}$ は n 個の入力変数に対応した t 番目の教師データの入力部分であり，$\{O^{(t)}\}$ はその入力部分とセットになっている出力である。

　まず，ユニット間の結合係数および各ユニットのしきい値の初期値

$$w_{ij}^{[k]}, \ w_j^{[k]}, \ \theta_j^{[k]}, \ \theta^{[k]}, \ k = 0 \qquad (7)$$

を任意の値に設定する。例えば，(−1.0　1.0) における一様乱数をその初期値とすることもできる。ここに，上付き添え字 ［k］ はモデル学習の回数を表し，［k＝0］ は初期状態（未学習の状態）を意味する。これらの値を用いて式（1），式（2），式（3）および式（4）により教師データの入力データ部分 $\{I_1^{(t)},$ $\cdots I_n^{(t)}\}$ に対応する出力を計算し，

$$\{U^{(t)}\}, \ t = 1, \ 2, \ \cdots T \qquad (8)$$

と記す。これを教師データの出力部分 $\{O^{(t)}\}$ と比較し，次のような誤差関数を定義する。

$$R^{[k]} = \sum_{t=1}^{t} (O^{(t)} - U^{(t)})^2 \qquad (9)$$

明らかに，誤差関数 R は結合係数およびしきい値の関数である。誤差逆伝播法では，誤差関数 R が最小になるように結合係数およびしきい値の初期値を逐次修正していき，修正量を決定するのに非線形計画法（NLP, Nonlinear Programming）の一つである最急降下法を用いる。最急降下法（Gradient Descent）に関する詳細な説明を省略するが，それによる最終結果を以下に示す。

$$w_j^{[k+1]} = w_j^{[k]} - \eta \cdot \sum_{t=1}^{T} (\delta^{(t)} \cdot Y_j^{(t)}) \qquad (10)$$

$$\theta^{[k+1]} = \theta^{[k]} - \eta \cdot \sum_{t=1}^{T} \delta^{(t)} \qquad (11)$$

$$w_{ij}^{[k+1]} = w_{ij}^{[k]} - \eta \cdot \sum_{t=1}^{T} (\delta^{(t)} \cdot W_j^{(k)} \cdot r_j^{(k)} \cdot I_j^{(t)}) \qquad (12)$$

$$\theta_j^{[k+1]} = \theta_j^{[k]} - \eta \cdot \sum_{t=1}^{T} (\delta^{(t)} \cdot W_j^{(k)} \cdot r_j^{(k)}) \qquad (13)$$

ただし，［k］：学習回数，
　　η：一回の学習による結合係数およびしきい値の修正量の大きさを決める

パラメーターで小さな正の定数,

$$\delta^{(t)} = (O^{(t)} - U^{(t)})\ O(1 - O^{(t)}) \tag{14}$$

$$r_j^{(t)} = Y_j^{(t)}(1 - Y_j^{(t)}) \tag{15}$$

このような学習アルゴリズムに基づいて学習を繰り返していき，教師データとの誤差が許容誤差に達したときにモデルの学習を終了し，ニューラルネットワークモデルが最終的に完成する。

3. 日単位水需要量の予測問題

上水道システムでは，必要な水量を確実に供給することがまず求められる。水源から取水してきた水は時間を掛けて処理されて始めて飲用可能になる。したがって，水を確実かつ経済的に供給するためには，前もって，一日の必要水量（水需要量）を知っておく必要がある。日単位の水需要量がわかってはじめて水道の取水施設，浄水施設，給水・配水施設の適切な運用が可能になる。つまり，水道システムの運用管理には日単位で水需要を予測するため情報処理技術が要求されている。これは電力供給システムの運用とほぼ共通している。生鮮食品スーパーの入荷管理にも似ているが，水や電気では"品切れ"が基本的に許されない意味では，制約条件がより厳しい。

まず，日単位での水需要予測にはどんな情報が必要かという問いについては従来の研究[4), 5), 6)]からその答えがほぼわかっている。日水需要量に最も大きな影響を及ばしている要因として日最高気温，雲量，天気（降水量），前日の給水量および日特性（平日か休祭日か）が挙げられている。これらの要因に関連する情報をどう処理し，その結果から正確な日水需要量をどう導き出すかで情報処理技術の真価が問われる。その際，これらの情報の特性が大きく異なっていること，そして各種情報の意味が他の要因との関連で決まることに特に注意する必要がある。たとえば，日特性として同じ休日でも，単独の休日と三連休とでは水使用量への影響が違う。また，同じ最高気温の日でも，晴れと曇りとでは水使用量に対する影響の度合いが大きく異なる。

上記の要因と水需要量との関係をできるだけ正確に把握しようと，従来から

多くの予測手法が提案されている。たとえば，重回帰モデル[7]，多元 ARIMA モデル[8],[9] および Kalman-Filtering モデル[10] が広く使われている代表的な予測モデルである。これらいずれも入力変数（上述した日最高気温等の影響要因）と出力変数（日水需要量）との間の線形関係を前提としたものであるが，春先気温が16℃から19℃に3度上昇したときの水需要量に対する影響と，初夏28℃から31℃に同じく3度上昇したときの影響が大きく異なることを想像すればわかるように，入出力間の線形関係の仮定は正確には成り立たない。入出力間の非線形関係を取り扱うことはできる GMDA モデルも提案されたが，関数形を事前に与えなければならないこと，モデルの同定と選択が煩雑であるため計算上の理由により結局2次関数形を採用せざるを得ない場合が多いことなどが問題点であると指摘されている。これらの手法の限界を克服する可能性を期待して，ニューラルネットワークモデルによる水需要予測（情報処理）手法を試みられたわけである[11],[12]。

　ニューラルネットワークモデルの学習に，ある都市における1982年4月1日から1990年3月までの気象データおよび水使用量（配水量）の実績データを教師データとして用いた。この古いデータを用いたのは，比較対象になった重回帰モデル等の同定に使用されたためである。このデータによる学習済みのニューラルネットワークモデルを用いて，1990年4月から1991年3月までの日水需要量を予測してみた。以下では，その予測結果とその間の水使用量の実測値とを比較して，予測精度およびニューラルネットワークモデルの可能性や限界等について考察してみる。

　図表3-2には実測値に対する予測値の相対誤差の分布状況を示した。予測値と実測値との相関係数が0.877，予測値の相対誤差の年平均が2.12%，予測値の相対誤差が5%以下である日数が一年間に339日（92.9%）であった。なお，予測値の相対誤差が10%以上の日は5日あったが，その発生状況について調べた結果（図表3-3を参照），いずれもニューラルネットワークモデルの入力として考慮していない原因によることがわかった。この結果から，連続降雨，連休，台風来襲，大雨，正月などの情報を入力情報に加えれば，より精度の高い需要量予測が可能になることが示唆された。

図表3-2　一年間にわたる日水需要量予測の相対誤差の分布

相対誤差の範囲（%）	日数	構成比（%）
[0.0, 3.0)	278	76.2
[3.0, 5.0)	61	16.7
[5.0, 8.0)	19	5.2
[8.0, 10.)	2	0.5
[10., ∞)	5	1.4
合計	365	100

図表3-3　10%以上の予測誤差の発生状況

発生日	予測水量 （m³/day）	実績水量 （m³/day）	相対誤差 （%）	発生状況
5月5日	354.5	320.0	10.8	連休最終日，晴れ，前日まで雨続き
9月17日	364.9	319.5	14.2	台風来襲
10月5日	362.9	315.0	15.2	大雨（105.5mm／日）
10月7日	361.4	404.4	-10.6	連続5日雨後の晴れ
1月2日	358.5	315.0	13.8	正月，晴れ

　つぎに，上記の予測結果は精度的に見て充分満足できるものなのか，ニューラルネットワークモデルによる予測結果と従来の予測方法によるものとを比較してみることにする。比較対象となる予測方法として，従来から最もよく使用されている重回帰モデル，多元 ARIMA モデル，および Kalman-Filtering モデルを取り上げた。これらのモデルを比較するための評価指標としては次の三つを用いた。

　1）実績値に対する予測値の相対誤差の平均値（MRE, Mean Relative Error）

　2）予測値と実績値との相関係数（CC, Correlation Coefficient）

　3）平方二乗平均誤差（予測誤差の二乗平均の平方根）対需要量標準偏差の比（RRMSE, Relative Root Mean Square Error）。ちなみに，完全予測の場合に

RRMSE＝0，平均値を予測値とする場合（つまり，水需要量変動をもたらす情報がまったく生かされていない予測の場合）にRRMSE＝1である。

　図表3-4には，各モデルによる予測結果をもとに計算した上記三指標の値を示した。この結果から，ニューラルネットワークモデルでは年間を通してかなり精度のよい水需要予測結果が得られたことがわかる。

図表3-4　水需要量予測方法の相互比較

比較対象となる予測方法	相互比較するための評価指標		
	MRE（%）	CC	RRMSE
重回帰分析	2.90	0.764	0.659
多元ARIMAモデル	2.80	0.794	0.623
Kalman-Filtering モデル	2.69	0.808	0.599
ニューラルネットワークモデル	2.12	0.877	0.483

4．河川環境評価問題

　水利用における人工知能の二つ目の適用事例として，河川環境評価問題を取り上げる。具体的には，生物（ここではゲンジボタル）にとっての生息適性を河川環境総合評価の指標に据え，ニューラルネットワークモデルを用いてゲンジボタルの生息適性の定量評価を試みる。教師データとしては72の都市河川における河川水質（溶存酸素，DO），都市排水流入状況，護岸整備状況，河床条件（底質状況），周辺照明とゲンジボタルの生息状況を用いた。ゲンジボタルの生息に大きく影響する要因はこのほかにもたくさんある[13),14),15),16)]が，すべての河川において同様な計測基準で入手できるデータとなるとその数がかなり限定されてくる。入手可能かつ信頼しうるデータの有無，ゲンジボタルの生息への影響の度合いと河川環境整備との密接な関連性を勘案して上述した要因を採用することに至った。

　上述の教師データにより学習済みのニューラルネットワークモデルを用いて，

写真 1　評価対象都市河川の地点別河川景観と評価結果

(a)　最上流地点（生息適性 0.999）

(b)　上流地点（生息適性 0.874）

(c)　中流地点（生息適性 0.471）

(d)　下流地点（生息適性 0.003）

　河川環境が変化に富み，河川環境データも入手できた愛知県のある都市河川を対象に，ゲンジボタルにとっての生息適性について評価を試みた。具体的には，河川環境の変化を踏まえて源流から下流に向かって 4 つの河川断面（源流に近いほうから順次，最上流地点，上流地点，中流地点と下流地点）について評価した。各地点の河川環境に対する直感的理解を助ける意味で，地点別の景観を写真 1 に示し，併せてゲンジボタル生息適性の評価結果も示した。なお，生息適性1.0はゲンジボタルにとっての最も理想的な河川環境を意味し，生息適性0.0は絶対生息不可能な河川環境を意味する。なお，各断面における河川環境要因の現況を図表 3 - 5 にまとめて示した。溶存酸素は，流れが比較的早いため，いずれの地点においても過飽和状態にありかなり良好である。人工的要因である照明の明るさと下水の流入が，下流地点になると住宅地の中を流れているため急激に悪化していった。そして，護岸の形態も住宅地周辺になると自然的なものから人工的護岸に変わり，それにともない，河床低質も砂利などから泥質へと変化した。

図表3-5　評価対象地点における河川環境要因の現況

地点	ＤＯ	照明	下水の流入	底質	護岸の状況
最上流	15.38	全くない	見られない	自然のもの	ほぼ自然的
上　流	15.34	すこし見られる	見られない	自然のもの	約半分が護岸
中　流	15.28	すこし見られる	数箇所見られる	自然のもの	大半が護岸
下　流	15.20	非常に多い	見られる	人工河床で泥質多い	ほぼ全て護岸

　この評価結果からわかるように，対象河川の上流区間はほぼホタルの生息に適しているが，中流・下流区間ではホタルの生息が困難である。中流では護岸の形態が，下流区間では水質以外のすべての環境要因がホタルの生息を阻害していると推測される。この評価結果は，ゲンジボタルの生息実態と概ね一致しており，その合理性には問題なく，ニューラルネットワークモデルの有効性が明確に示されたと考えている。

　上述の分析結果からは，評価対象河川をホタルが生息できる川にするためには，中流・下流区間を中心に河川環境要因を改善する必要性が明白となった。以下では，どの環境要因の改善が最も効率的にホタルの生息適性の向上に寄与するかの視点に立ち，各要因の順位付けを試みる。

　ホタルの生息適性に対する環境要因改善対策の効率性を，次の式（16）により計算される，ホタルの生息適性に対する環境要因の感度として定義した。つまり，感度の高い環境要因を改善すればホタルの生息適性が大きく改善できる。逆に，感度の低い環境要因をいくら努力して改善を図っても結果的にホタルの生息適性の向上にはあまり寄与しないことから，対策の効率性が悪いと判断される。

$$S_i = \frac{\partial O(X_1, \cdots, X_n)}{\partial X_i} \qquad (16)$$

ただし，S_iはホタルの生息適性に対するi番目の環境要因x_iの感度を表わす。$O(\cdot)$はホタルの生息適性でニューラルネットワークモデルの出力層から算定される。

　式（16）で定義された感度を，各河川環境要因の現在レベルにおいて，全評価地点について算出した結果を図表3-6に示した。なお，表中に整数0で示された数字は，有効数字の範囲内において感度が0と評価されたものを意味する。

図表3-6　地点別の各河川環境要因に関する感度分析の結果

地点別	DO	照明	下水の流入	底質	護岸の状況
最上流	0.0003	0.0016	0.0042	0.0002	0.0016
上流	0.0749	0.4608	0.0585	0.1195	4.4079
中流	0.0010	0.0002	0	0.0002	0.0011
下流	0	0	0	0	0

　同表により，最上流においては，どの環境要因もホタルの生息適性に大きな感度を有しておらず，大きな改善効果が期待できないことになっているが，これは現況の環境要因がすでに良好なレベルにあり，改善を要しないことと解釈される。次に，上流域では，護岸が最も高い感度を有しており，それに続いて照明と低質の感度が高い。現況評価からは上流地点は比較的良い状況にあることがすでにわかっており，各要因にさらに改善を加えていけばより高い生息適性が期待できることがこれで明らかになった。中・下流地点では，どの河川環境要因も大きな感度を有しておらず，現況の環境要因がホタルの生息できるレベルに程遠いと解釈されよう。つまり，中・下流地点の現在の河川環境レベルは，全般的にホタルの生息に適しておらず，個別の指標をいくら改善しても河川のホタル生息適性は向上しないことを意味し，多要因の同時改善を図れるような総合的河川環境改善対策の必要性が示唆されている。

　以上からわかるように，人工知能モデルは河川環境を定量評価するだけでなく，環境対策の評価にも有効であり，環境評価分野におけるその潜在的可能性が明確に示された。

5. おわりに

　本章では，都市水利用分野を例に，水需要予測と水環境評価における人工知能の応用事例を通して情報処理技術の活用方法と可能性についてみてきた。ここでは，情報処理技術を応用する際の注意事項についてあらためて考えてみたい。

　まず，解決しようとする問題について深く理解する必要がある。水需要予測で言うと，水需要予測が給排水施設の最適運用のために必要であり，日単位での予測が要求されていること，日水需要が気象状況や日特性などいくつかの要因によりほぼ決まり，需要量とこれらの要因との関係はかなり複雑であり，いまだ充分解明できていないことなどが問題の理解に相当する。問題に対する正確な理解なしに，どんな立派な情報処理技術を用いても問題を正しく解決することは不可能である。問題の理解や要因間の構造分析においては，人工知能が強力な分析技法として期待されている。

　次に，問題解決するための情報処理技術の選択になるが，通常，ある問題に対し複数の解決方法が考えられる。選択に際し，問題の特性や解決手法の特性について慎重に吟味する必要がある。たとえば，ニューラルネットワークモデルは原因と結果を捉えるための有効な情報処理方法であるが，「超過学習」により誤差（間違った情報）を取り込んで間違った結論を導き出すこともある。これにどう対処し，その結果についてどう判断するかは情報処理技術を用いる人間の知恵が問われるところである。

　最後に，人工知能は教師／データがあっての知能であることを忘れてはならない。つまり，人工知能技術により導き出された判断はすべて教師データに照らし合わせて下された，教師データとの適合性に関する是非／真偽判断であり，善悪に関する価値判断ではない。従来からのすべての情報処理技術もそうであったが，人工知能技術がその強力さと分かりにくさゆえに，誤用・悪用されたときには，より大きな問題を引き起こす危険性があることも常に認識しておく必要があり，善悪や道徳などの価値判断が絡む問題においては人工知能を安

易に応用してはならない。

　以上，具体例を通して，都市問題の解決における情報処理技術の可能性と限界について考えてみた。新しい情報処理技術を駆使することにより，より安全でより快適な都市生活が実現可能であることがわかり，都市問題が益々複雑化するなか，その限界にチャレンジしていく努力が一層求められる。

学習課題

1．ニューラルネットワークモデルの一つのユニットにおける入力／出力関係は非線形重回帰モデルと非常に類似しているといわれている。両者の共通点と相異について調べよう。
2．本章における人工知能の応用事例に倣って，人工知能モデルで解決してみたい問題を考え，そのために必要な教師データの内容，データの集め方およびデータを収集する際の注意事項等について研究調査計画を立ててみよう。

【注】

1）麻生英樹『ニューラルネットワーク情報処理』産業図書，1988年。
2）Rumelhart, David E. Hinton, Geoffrey E., Williams, Ronald J., "Learning representations by back-propagating errors"., *Nature* 323 (6088), 1986, pp.533-536.
3）名城大学都市情報学部編『入門都市情報学』日本評論社，2004年，pp. 160-172。
4）角井基「重回帰分析法によるパソコンでの給水量予測」『水道協会雑誌』VOL.54, No.3，1985年，pp.2-6。
5）小泉明・稲員とよの・千田孝一・川口士郎「多元 ARIMA モデルによる水使用量の短期予測」『水道協会雑誌』VOL.57, No.12, 1988年，pp.13-20。
6）今田俊彦・張昇平・山田良作「多元 ARIMA モデルを用いた短期的水需要予測の事例分析」『NSC 研究年報』Vol.18, No.1，1992年。
7）注4）と同じ。
8）注5）と同じ。
9）注6）と同じ。
10）村尾正信・難波健史「カルマンフィルタを用いた配水量予測」第35回全国水道研究発表会，1984年，pp.305-307。

11）注3）と同じ。

12）渡辺晴彦・張昇平・山田良作「ニューラルネットによる日水需要量の予測」『NSC 研究年報』Vol.18, No. 1 , 1992年，pp.199–208。

13）古川義仁『ホタル百科事典』東京ゲンジボタル研究所，2001年。

14）村田康宏「ホタル生息のための水質条件について」土木学会第60回年次学術講演会，2005年。

15）日本陸水学会東海支部会『身近な水の環境化学』朝倉書店，2014年。

16）後藤益滋・関根雅彦・金尾充浩・羽原正剛・高杉昌司・浮田正夫「蛍が生息する河川を創造するためのカワニナ生息条件の研究」『河川技術論文』第10巻，2004年。

第**4**章　経済における情報の役割

1．はじめに

　経済学における情報とは，文字，音声，電気信号などの媒体を通じて伝播していく，経済主体にとって有益な知識である。小説，音楽や映画のようにそれを手に入れること自体が喜びとなる知識と，財やサービスの質や取引相手の行動など経済主体が適切な判断や意思決定を行うのに役立つ知識の2つがある。本章で取り上げるのは後者の方である。

　身近な情報，たとえば天気予報は，傘を持っていくかどうかなどの判断に役立つ情報である。また，スーパーの広告などは，そこへ行くかどうかの判断を行うのに役立つ情報である。さらに，人々は，商品の価格をみて，その商品の購入の有無を決めている。経済においては，価格そのものが，重要な情報なのである。

　適切な判断や意思決定に役立つ知識としての情報のひとつとして，統計データを思い浮かべることができる。政府という経済主体にとっても統計データなどの情報は重要である。たとえば，人口推移，失業率，賃金，GDP（国内総生産），物価水準などの情報は，政府が景気判断を行ったり，政策を策定するうえで重要な指標となる。国や地方自治体が税金を使って，このような統計データなどの情報を収集するのは，前述のような理由があるからである。

　さらに，市場経済においても，情報の役割は重要である。消費者や企業などの経済主体の間で保有する情報が同じで，競争市場で課税や規制等がないならば，資源配分に無駄がない効率的な状況が実現されることがわかっている。

　しかし，現実の経済においては，消費者や企業などの経済主体の間で保有する情報は同じであるとは限らない．この場合には，市場メカニズムがうまく機能しない。本章では，市場経済において，売り手と買い手が保有する情報が

同じでない状態，つまり情報の非対称性が存在する場合に，市場で起こる現象
や問題点について考える。

2．逆選択

　取り引きする相手のタイプや財やサービスの品質が分からない場合など，取
引成立の前に売り手と買い手の間に情報の非対称性がある場合に起こる逆選択
（adverse selection）を考える。
　逆選択とは，市場から品質の良い優良品が排除され，品質の劣った粗悪品ば
かりになることである。逆選択を，ジョージ・アカロフ（G. Akelof; 1940-）の有
名な「レモン市場（Market for Lemon）」で考えよう。レモンとは，果物のレモ
ンのほかに，「できそこない」，「欠陥品」，特に「欠陥車」と言う意味を持って
いる。アカロフが考えたのはアメリカにおける中古車市場である。同じ車種で
も，中古車になると走行条件や運転の状態によっては車の状態に差が出てくる
であろう。しかし，素人にとっては外見からそれをうかがい知るのは必ずしも
容易ではなく，状態の良い中古車の取引が行われなくなり，取引されるのは粗
悪な中古車ばかりになってしまう。
　話を簡単にするために，中古車には良質の車と粗悪な車の2種類があるとし
よう。また，中古車の売り手と買い手がたくさんいるとしよう。売り手はその
中古車が良質か粗悪品かを知っているとする。図表4-1は，良質の中古車の
供給曲線 S_GS_G と粗悪な中古車の供給曲線 S_BS_B が描かれている。
　2つのタイプの消費者が存在する場合を考える。第1のタイプは中古車とい
えども良質の車を買いたいと思っている消費者，第2のタイプは品質が多少悪
くても気にしないで，安い中古車を買いたいと思っている消費者であるとする。
もし，買い手が中古車の質を見分けられるならば，それぞれの市場で品質に応
じた価格が実現する。
　図表4-1にあるように，これらの消費者が車の品質を見分けられるならば，
需要曲線は例えば良質の中古車の需要曲線 D_GD_G と粗悪な中古車の需要曲線
D_BD_B が描ける。それぞれ均衡が実現し，良質の中古車の市場では均衡価格 P^*

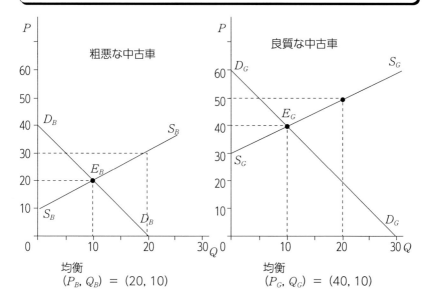

図表 4 − 1　品質を区別できる場合の中古車市場

粗悪な中古車

良質な中古車

均衡
$(P_B, Q_B) = (20, 10)$

均衡
$(P_G, Q_G) = (40, 10)$

は40，均衡の取引量 Q^* は10，粗悪な中古車の市場では均衡価格 P^* は20，均衡の取引量 Q^* は10となる。品質の差がはっきりしている場合には，その品質に対応した価格で，取り引きされる。例では，質の良い中古車は均衡価格 P^* が40，粗悪な中古車は均衡価格 Q^* が20となる。

　つぎに，買い手がその中古車の良し悪しを知らない（分からない）場合を考えよう。品質の差が分からないので，買い手にとって良質と粗悪な中古車が混在し，同じ価格で取り引きせざるを得ない。

　図表 4 − 2 には，質の良い中古車と粗悪な中古車が混在している供給曲線 SS が描かれている。30未満の価格ではすべて粗悪な中古車であるが，30以上の価格では質の良い中古車と粗悪な中古車が混在した状況である。良質の中古車がほしい消費者と粗悪でも安い中古車がほしい消費者は，一つの市場で購入することになるので需要曲線も一本となる。2 つのタイプを合わせた需要曲線は，需要曲線 DD となる。均衡価格 P^* が30，均衡の取引量 Q^* が20となる。均衡価格 P^* が30であるので，取り引きされるのは粗悪な中古車ばかりである。良

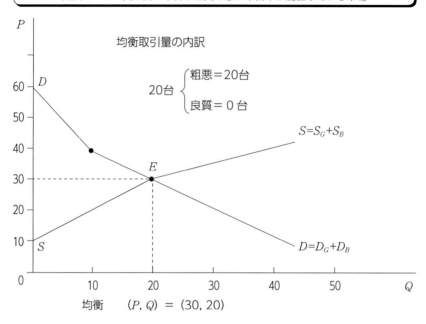

図表4－2　質の良い中古車と質の悪い中古車が混在している市場

質の中古車は市場に出回らないという状況が発生する。

　なお，実際購入してみて，粗悪品であることが購入者にも分かってくることがあるだろう。すると，良質の中古車を欲しくても，粗悪品がかなり混ざっていて，事前に区別できないことに気づき，良質の中古車がほしい消費者の多くは粗悪品を恐れて中古車市場から退出する。このとき需要曲線が左にシフトする。均衡価格はますます低下し，最終的には粗悪な中古車だけとなり，その均衡価格 P^* は20，均衡の取引量 Q^* は10となる。そして，良質の中古車は市場から姿を消してしまう。

　一方，購入後に質の善し悪しが区別できないこともあるかもしれない。このときは，質については区別できないので，結局安いものを購入し続けることになる。たとえば，ワインは，ものすごい種類があり，味も千差万別で，グルメの人でなければ，味の善し悪しはなかなか区別がつかない。すべての人がワインの味を区別できないならば，味の良い高級ワインは全く売れなくなり，市場

から姿を消してしまう。しかし，世の中には，グルメの人が一定割合存在するので，味の良い高額な高級ワインは存続し続ける。

2.1　保険市場における逆選択

　逆選択が発生しやすい市場として，生命保険，医療保険，自動車保険や火災保険などの保険市場がある。保険会社が保険の売り手で，加入者が保険の買い手である。

　保険の場合，保険会社にとって加入者の質（健康状態や運転の慎重さ）が分からないという取引成立前の情報の非対称性がある。加入者の健康状態の善し悪しや運転の慎重さなどについて，保険会社が区別できずに，もし仕方なく加入希望者に平均的な保険料を提示した場合，健康状態の良い人にとってはその平均的な保険料は高く感じるだろう。つまり，健康に自信のある人にとっては，医療保険には加入してもその保険をめったに使わないのに，高い保険料を取られるなら，医療保険から脱退してしまう。同様に，慎重な運転の人は高い保険料では自動車保険から脱退してしまう。一方で事故や病気の確率の高い人には，相対的に安い保険料になるので，事故や病気の確率の高い人だけが積極的に加入する。

　この結果，保険加入者の平均的な事故や病気の発生率は高くなるので，保険料をさらに引き上げなければ保険会社の経営は成り立たなくなる，しかし，保険料をさらに上げると，事故や病気の発生率の低い人の加入はさらに減少する。この悪循環が続くと，最終的には保険自体が成立しなくなってしまう。

2.2　逆選択の実例

逆選択が実際に発生した例として，アメリカの「オバマケア」が挙げられる。
　アメリカにおける公的な医療保険は，日本の強制加入の社会保険方式の医療と異なり，高齢者と障害者向けのメディケアや低所得者向けのメディケイドなどを除いて，加入者は限られて，公的保険でカバーされているのは全国民の3割程度といわれていた。通常は，企業が医療保険を従業員に提供するのが一般的であるが，失業した場合などは各個人が民間の医療保険に加入するか，無保

険となる。

　アメリカではオバマ大統領のころ，医療保険への未加入者が，約5,000万人いるといわれ，大きな社会問題となっていた。これに対して，当時のオバマ大統領は，無保険者をなくし，皆保険制度の構築を目指してし，2013年に通称「オバマケア」（医療費負担適正化法）を成立させた。ただし，この新しい制度は，公的な皆保険制度をとる日本のシステムとは異なり，特定対象者への公的医療保険と民間医療保険への加入を義務づけることで，皆保険を実現していこうとするものであった。

　2014年以降，「オバマケア」の制度に基づいて新たに約1,000万人が医療保険に加入したと言われている。なお，一定の条件を満たす保険に加入していない場合は，ホームレスなどを除いて罰金が課せられる。また，低所得者には保険加入を可能にするために政府から補助金が支給される。

　この制度については，さまざまな問題点も発生している。そのひとつが逆選択だといわれている。すなわち，健康に不安がある人のオバマケアへの加入が進んだ一方で，健康に自信のある人の加入は，罰金[1]があるにもかかわらず，なかなか進まないという逆選択が発生したのである。この結果，保険会社の収支が悪化し，保険料の高騰につながっている。

2.3　逆選択を起こさないための工夫

　中古車や保険の例で見たように，逆選択が起きる可能性がある状況でも，つねに逆選択が発生しているわけではない。これは逆選択を回避する様々な工夫がなされているからである。

　一つは，契約成立前の情報の非対称性があることを前提として，日本の医療制度のように公的な保険として強制加入させることである。国民健康保険の場合，一定の所得を下回る場合には保険料の減免制度が存在するが，それ以外で保険料を支払わない場合には，財産や債権が差し押さえられる。そのほか，例えば，一定の価格以下での販売を禁止（価格規制）したり，車検制度を義務づけたりする方法もある。

　二つ目は，情報の非対称性を何らかの方法を用いて解消もしくは軽減するこ

とである。その方法の第 1 がスクリーニング（振り分け，screening）である。これは情報を持っていない側が，情報を持っている側から情報を引き出すことである。

たとえば，中古車の例では，購入者が売り手から一定期間や一定距離等の保証を求めることである。売り手について考えると，質の良い中古車であれば故障や不具合が少ないので保証に対応できる。一方，粗悪な中古車であれば故障や不具合が多いので修理のコストが膨らんでしまい，採算として保証に対応できない可能性が高い。一定条件を満たした保証を求めることで，中古車の質について区別できる。スクリーニングの一種である自己選択という方法も有効である。自動車保険などで，保険金の上限，対人，対物，車両保険ごとに保険料を変えて，加入者に選択させ，その選択を通して加入者が感じている事故の危険性について，情報を推測しようとするものである。

第 2 は，シグナリング（情報発信，signaling）である。情報を持つ側がその行動を通して，情報を持たない側に一定の条件を満たした情報を提示することである。たとえば，中古車の例では，質の良い中古車の供給者しかできないような保証等を付けることである。品質について，一定程度の自信がなければ，修理代が膨大なものになってしまうだろう。また，不具合がある場合に返品に応じる制度もシグナリングといえる。

その他にも，名声やブランドなどの評判（reputation）もシグナリングの一種であるといえる。たとえば，米沢牛，松阪牛や神戸牛などのブランドは，商標登録によって関連がない人が名乗るのを防ぎ，信用や信頼のある高級牛肉の証となっている。

3．モラルハザード（道徳的危険）

取引成立の後に，取引相手の行動を監視できないなどの情報の非対称性がある場合に起こるモラルハザード（moral hazard）を考える。

モラルハザードとは，危険回避のための手段や仕組みが，かえって人々の注意散漫や怠慢を招き，危険や事故の発生確率が高まるなどで規律が失われるこ

とである。例えば，保険をかけたことで，リスク回避の誘因（インセンティブ）が低まり，かえって事故のリスクが高くなることを指している。これは，もともとは保険用語で，「モラルが低下した」「道徳心の欠如」という意味ではないので注意が必要である。

　なお，もっと一般的な意味でのモラル・ハザードは，相手の行動を監視できないという情報の非対称性のもとで，依頼人の利益のために仕事を委任されているにもかかわらず，代理人が自分の利益を優先した行動を取ることを指す。つまり，代理人の行動規範にゆるみが生じてしまうといっていい良いだろう。このとき，多くの場合で，代理人の行動が依頼人に不利益をもたらす。

　医療保険の場合を例に挙げて考える。図表4-3は医療市場の需要曲線 DD と供給曲線 SS が描かれている。簡単化のために，医療の供給曲線 SS は，価格が国の規制によって決められているので水平に近いとする。

図表4-3　医療市場におけるモラルハザード

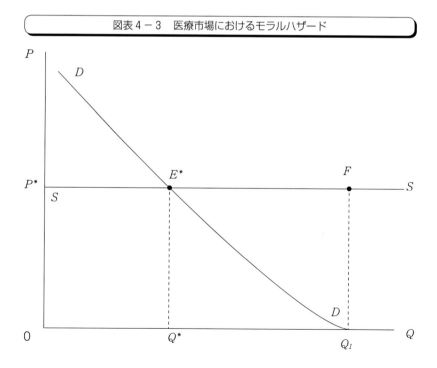

　医療保険に加入していなければ，病気になったとき治療費が全額自己負担となりその負担が大きいので，健康に気を付けた生活を心がけるし，ちょっとした風邪ぐらいであれば治療を受けない。その結果，均衡は点Eとなり，均衡の取引量 Q^* が実現する。

　相手の行動を監視できないという情報の非対称性のために，保険会社は，加入者がどの程度健康に気を付けた生活をしているのかを知ることは，ほとんど不可能であるし，また実際そうだとしておこう。

　もし，保険への加入で，加入者が病気になったときの治療費や損失が全て保険金でまかなわれるなら，加入者はまったく自己負担がないので，軽い風邪でも治療を受けるようになり，最終的に Q_1 まで医療が需要される。この結果，$\Delta E^* Q^* Q_1$ だけ消費者余剰が増えるが，Q_1 まで医療が需要されときの費用は□ EFQ_1Q^* となるので，トータルとして $\Delta E^* FQ_1$ のマイナスの社会的余剰が生じる。

　保険で治療費の全額がまかなわれることで安心し，その結果として事故や病気を回避する誘因がなくなる。そのため，健康に気を付けた生活を送ろうとせず，健康管理の意識が低下し，病気の発生確率が高まったり，軽い風邪ですぐに治るような場合でも治療を受けるようになる。それに伴い，資源配分の非効率性が生じる。このようなことは，医療保険のみならず，自動車保険や火災保険でもモラルハザードの発生の可能性がある。

　保険以外にも，さまざまな分野で情報の非対称性のためにモラルハザードが発生する可能性がある。例えば，金融業の分野では，投資家や預金者の財産を預かり，運用している。企業が預かった資金の運用について，投資家や預金者はすべてを監視できない。企業の経営者が業務怠慢で運用努力を怠ったり，投資家や預金者に提示した以上にリスクを取る可能性もある。

3.1　モラルハザードを起こさないための工夫

　モラルハザードを防ぐには，第1にそれほどコストがかからないなら，監視（モニタリング，monitoring）を行うことが挙げられる。たとえば，企業でいえば，株主の代わりに，社外取締役が経営を行う社長などの取締役を監視している。

取締役たちが企業の業績や利益と関係がない業務をおこなっていないか，社長の個人的な名声のために利益が見込めない事業を行っていないかなどを監視している。また，経営者が覆面調査員を支店のレストランなどに送り込んで，料理の質や接客態度などを監視している。また，タクシーのような場合には，エンジンの回転記録や走行記録，業務日誌で監視する場合もある。さらに，銀行，証券等の金融業における情報開示などを義務づける規制は，預金者や投資家が直接監視できないことによるモラルハザードを防ぎ，彼らを守るためのものである。

　第2に，リスクを避けることが有利になる仕組み，つまり仕事の成果がはっきり分かる場合には，その成果に賞罰を与えるインセンティブ契約を結ぶことで，モラルハザードをある程度防ぐことができる。例えば出来高給などのように業績に応じた報酬を出すことや，無事故なら保険料を割引するなど，動機付けを行うことが考えられる。ただし，インセンティブ契約をうまく行うのは，一般的には意外と難しい。例えば，サラリーマンが，固定給と能力給のどちらかを選べる場合を考えよう。

図表4-4　インセンティブ契約の難しさ

	固定給	能力給
ケース1	30	$20 + \alpha$　$\alpha = 0 \sim 20$
ケース2	30	$28 + \alpha$　$\alpha = 0 \sim 20$

　ケース1では，能力の高い人は能力給を選ぶかもしれない。ただし，能力給を選ぶと，彼の能力が原因ではなく不景気で業績が挙げられない場合も，サラリーマンがその損失を大きく被ってしまう。そのため，能力が高くてもリスクを避けたい人は固定給を選ぶ。

　ケース2では，能力の高い人は能力給を選ぶ。不景気で業績が挙げられない場合も，その損失をほとんど被らなくて済み，業績を上げた分だけ給与が得られるからだ。その点で，従業員のやる気を引き出すことができる。

　ただし，別の問題も生じる。ケース2は実質的に賃金の引き上げである。こ
れは企業のコスト増加となり，企業の利益の減少，ひいては株主に損害をあた
えてしまう。つまり，動機付け（インセンティブ）から得られる便益とリスク負
担の費用のバランスをうまく取るのが難しい。

3.2　時間非整合性問題とモラルハザード

　一般的なモラルハザードは，依頼人の利益を顧みず，代理人が自分の利益を
優先した行動を取るという行動規範にゆるみが生じてしまうことである。この
モラルハザードという現象を時間非整合性問題という観点から考える。時間非
整合性問題（Time Inconsistency Problem）とは，事前に長期的に見て利益にな
るルールを作るが，それが事後的な短期的利益と相反してしまうため，本来の
長期的なルールを破ってしまうことである。

　学生にとって身近な定期試験を題材に考える。先生は，自宅で試験勉強をま
じめに行ったかなどの学生の行動を事実上監視できないし，学生の努力の量を
正確には見分けることができない。その意味で，情報の非対称性が存在してい
る。

　また，先生は学生に勉強してもらって授業の内容を理解してもらうのが（長
期的な）目的である。ただし，理解度を試験で確認しないで単位を出すことを
学期の始めで表明して，かつ実際に単位を出すならば，学生は勉強しなくても
単位が取れると思って，一定の学力があるまじめな学生すらも勉強をさぼって
しまう。勉強することは時間も努力も必要とされることなので，学生にとって
はさぼるインセンティブ（誘因）が生じる。これでは，勉強して授業の内容を
理解してもらうという目的を達成できなくなってしまう。したがって，勉強し
たか授業内容を理解しているかを確認するために，先生が期末試験を行ない，
テストの点数が低い学生は不合格にすることを事前に表明すれば，一定の学力
があるまじめな学生は，単位を取るために勉強するし，かつ単位を取ることが
できる。図表4-5において（学生の利得，先生の利得）＝（3，5）となる。

　期末試験が終わって，事後的にテストの点数が低い学生が出てきたときを考
えよう。事前に点数が低い学生は不合格にすると先生は表明しているが，事後

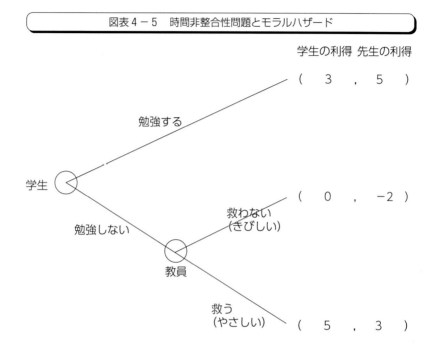

図表4−5　時間非整合性問題とモラルハザード

的には点数が低い学生を救済するのが，学生も先生もその利得が大きい。図表4−5において，救済する場合には（学生の利得，先生の利得）＝（5，3）で，救済しない場合は（学生の利得，先生の利得）＝（0，−2）である。

　点数が低い学生は不合格という事前のルールが，事後的にくつがえされることが起こりえる。このことを時間的にさかのぼって予想したり，もしくは前年の先生の対応を先輩から聞いて，戦略的に行動する学生も出てくるかもしれない。甘い先生の行動が，学生をさぼる方向に助長するという皮肉な結果につながっており，時間的非整合性がある場合にはモラルハザードが起きかねないのである。特に，事後的にルールをくつがえすことが，事前のルールを守っていれば救済の必要のない学生まで，救済することになるのが問題である。なお，この状況を改善する方法は，事前に決めたルールを腹をくくって覆さないことである。

【学習課題】

１．ある企業で，能力がある人もない人も同じ給与だと，何が起こるか考察しなさい。

２．ある病院で，手術中での死亡が一定数以上の場合，医師に減給処分が課されるというインセンティブ契約が結ばれたとしよう。このあと，医師がどのように行動するか，何が起こるか考察しなさい。

３．身の回りにある時間非整合性問題を考えさない。（ヒント：朝令暮改，自立しない青年と甘い親）

【注】

１）2018年の罰金額は大人一人当たり695ドル，子供（18歳未満）が347.5ドルとなっており，家族の合計で2,085ドルが上限，または世帯の所得の2.5％のどちらか多い方となっている。なお，2019年からは罰金が廃止され，加入しなくてもペナルティーを科されなくなった。

【参考文献・資料】

１　赤木博文『財政学の基礎』多賀出版，2016年。

２　赤木博文『コンパクトミクロ経済学　第2版』新世社，2017年。

３　佐藤主光『財政学』日本放送出版協会，2011年。

第 **5** 章　都市情報と数理情報

1.　都市情報学と数理情報

　都市情報学という言葉は，1985年の梶原拓による「都市情報学」なる著述にある。彼は社会の高度情報化に伴い，1）今後ほとんどの国民が都市生活を営むという意味で『都市列島』に変移すること，2）これまで都市の立体化・再開発は3次元的発展を遂げてきたが，今後人やモノに"なるべく早く"ということが求められ，3次元的要素に時間軸が加わるという意味で『4次元都市』に変容すること，3）人やモノが情報によって変容するのと同様に，都市も"インテリジェンスシティ"に進化するという意味で『都市進化』を遂げること，4）都市空間はこれまで道路空間であったが，道路空間に光ファイバーケーブルを敷設してネットワークによる情報の流れを都市機能として担わせるという意味で『新しい都市空間機能』が加わることを述べている。さらに今後の課題として，高度情報通信基盤が整備され，様々なシステムがオンラインで形成された都市の構築が問題であると提起している。そこで"都市と情報の関わりを考えてゆく上で，総合的に情報の問題を都市のサイドから評価していくことが肝要であり，これを都市情報学と言ってはどうか"と述べ，これが都市情報学の起源の1つである。都市情報学とは情報化社会におけるネットワーク整備などの都市問題からスタートしたといえる。

　未来の都市像を議論するにあたり，様々なアプローチが考えられる。本章ではコンピュータおよびネットワークによる新たな価値創造を行う情報的なアプローチ，および事象を客観的に表現し論理的に思考する，分析や予測に有用な確率的なアプローチについて述べる。さらに，初等・中等教育との関係性に留意しながら，それぞれのアプローチにおける教育的パラダイムについて述べる。

2．情報的なアプローチ

2.1　Web アプリケーション

　Web 上で提供されるサービスを実現するプログラムを Web アプリケーションという。楽天や amazon に代表されるネットショッピングや Facebook や Twitter などの SNS もこの Web アプリケーションによって実現されている。

　アーキテクチャとしての Web アプリケーションを鑑みると，1950年代にコンピュータシステムが登場してから，1970年ぐらいまでメインフレームとよばれるベンダー製大型コンピュータによるシステム（中央集権型アーキテクチャ）が構築された。このシステムは中央コンピュータにすべての負荷が集中するため，極めて高い処理能力が要求されることや，停止すると全体が機能しなくなること，またベンダー独自のハードウェアや通信プロトコルを用いていたため，他のシステムとの互換性や運用性に問題があった。1980〜90年代はコンピュータのダウンサイジングが進み，サーバマシンはデータベースを稼働させ，クライアントマシンはアプリケーションを動作させ，処理を分散させるシステム（クライアント・サーバシステム）に移行した。このシステムではクライアントマシンにもアプリケーションソフトをインストールする必要があり，保守性に問題があること，クライアントマシンのスペックやインストールされた他のアプリケーションなどの影響によって不具合が生じるといった問題点を抱えていた。1990年代後半から一気に普及したのが第 3 世代のアーキテクチャといえる Web アプリケーションである。Web アプリケーションは OS にバンドルされた Web ブラウザを用い，TCP/IP を標準サポートすることによって安定した運用を実現し，ネットワークの普及によって爆発的に広まった。Web アプリケーションは，①いつでもどこでもアクセスでき，時間・地理的な制約を受けにくいこと，②商品配達や決済などのサービス的な条件を克服できることなどの特徴をもっている。

　Web アプリケーションはサーバ側にアプリケーション機能を移すものであるが，HTML データを出力する Web サーバのみならず，複雑で高機能な処理

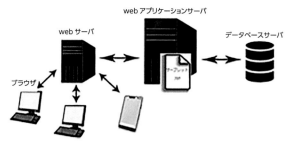

を行うアプリケーション機能をもつ Web アプリケーションサーバや，データベース機能をもつデータベースサーバとの連携によって実現される。そこで Web サーバと外部実行環境を連携する CGI や SSI などの機能が考え出され，当初 CGI はプログラミング言語である Perl, PHP などがよく利用された。Microsoft 社は ASP なる独自の Web アプリケーションシステムを発表したが，セキュリティに問題があり，サーバ攻撃が後を絶たなかった。このような中で最も普及した技術はサーブレット/JSP である。サーブレットは Web アプリケーションサーバ内で動くプログラムであり，JSP は動的な機能を HTML に埋め込むための技術で，ともに Java なるプログラミング言語によるものである。

　Java は1995年に Sun Microsystems 社によって公開されたオブジェクト指向のプログラミング言語である。オブジェクトとよばれるまとまりをつないでプログラムを作ることで，機能変更する際はオブジェクトの中の変更だけで済み，他に影響が及びにくいこと，大規模プログラムを作る際にプログラムを再利用できることや分担開発がしやすいなどの特徴がある。また Java はコンパイラによってバイトコードとよばれる中間コードに変換するため，Java 仮想マシンとよばれるプログラムがインストールされていれば，ハードウェアや OS などのプラットフォームを選ばず動作するという特徴をもっている。また Web サービスを受けるモバイル情報端末の OS である Android やそのアプリケーションも Java で開発されており，Web アプリケーションとの親和性が高いことを示している。

　サービスや生産などの分野において，Web アプリケーションシステムが有効であり，その仕組みを理解し，開発技術を習得することが肝要であることは明らかであろう。

2.2　情報教育とプログラミング

　情報システムとしての Web アプリケーションの重要性について述べたが，改めて大学初年次生がこれまで受けてきた情報教育が何をめざしているのかを明らかにする。

　文科省は情報教育の目標は情報活用能力の育成を図ることであるとしているが，これは1997年に文科省調査研究協力者会議が今後の情報教育について検討し，わが国の情報教育の目標を

① 　情報活用の実践力

② 　情報の科学的理解

③ 　情報社会に参画する態度

の 3 観点に整理し，情報活用能力という概念を再定義したことに由来する。端的に言えば，小中高における情報教育が変化する社会情勢や技術革新に柔軟に対応できる能力や知識および情報モラルなどを育むことにあることを示している。さらに2020年からは小学校でプログラミング教育が必修化されたことは，問題解決の手立てとしてプログラミングが重要視されるようになったことの表れである。

　変化する社会情勢を俯瞰すると，産業変革は技術革新によってもたらされ，技術・制度・社会文化の 3 要素が相互作用して変移するといわれている。今後 CPS（Cyber Physical System），SDGs（Sustainable Development Goals），サービス（Service）・サブスクリプション（Subscription）・シェアリング（Sharing）がキータームであり，それぞれ技術，制度，社会文化に対応したものと考えられている。CPS はネットワークとセンサーを使って物理的なデータを大規模に収集し，AI を用いて高精度の分析や予測を行い，高い生産性を可能とするものである。SDGs は国連が多様性と包摂性のある社会をめざして決議した開発目標であり，今後のビジネスの国際標準となるものである。サブスクリプションはユーザーが製品を買い取るのではなく，Adobe 社ソフトのように一定期間利用する権利に対して課金するもので，シェアリングはカーシェアリングのように未利用資産をネットワークによってビジネスとしての価値付けを行うものである。所有から利用へという価値観が世代に依らず広がり，ものづくりから利用サービ

スへと産業形態の変移を示すものと考えられている。

　産業構造の変革の中で，プログラミング教育重視の流れは国内の IT 人材の不足が深刻化していること，新たなビジネスを創出するには，IT 関係者のみならずあらゆる産業でプログラミングが必要な時代が訪れていること，わが国の ICT 教育の立ち後れと国際競争力低下の危惧にあるといえよう。

3．確率的なアプローチ

3.1　確率と分布

　確率は事象とよばれる偶然に支配される不確定現象の起こりやすさを示すものであり，確率的な手法は都市に関わる現象を分析・推測する上で重要な手法といえる。ここでは確率の歴史的展開およびモデルである分布について説明する。

　確率は17世紀のフランスで宮廷のトランプ遊びの中で議論されるようになったと言われている。当時，賭け事で勝つにはどのようにすればよいのかを判断するのに，経験や勘で確率を決め用いていた。この経験や感覚に基づく考え方を主観的定義とよぶ。1654年パスカル（B. Pascal）がフェルマー（P. Fermat）へ送った，賭け事の掛け金の分配に関する書簡の中で，確率が議論された。確率が数学的考察の対象となることを示したという意味で画期的であり，確率論の起源となったと言われている。さらに1663年にカルダノ（G. Cardan）による著作が出版され，この本が確率に関する最初の書物といわれている。

　我々に馴染み深い確率の問題は「コイントスやトランプカードで○○が出る確率」や「白玉○個，赤玉○個入っている袋から○個取り出したときに，赤玉○個取り出される確率」などといった順列・組み合わせによるものである。この考え方は1774年にラプラス（P. S. Laplace）が高等師範学校の講義，および1812年に発表した『確率の解析的理論』の序言に述べたもので，確率を

$$\frac{ある事象の場合の数}{すべて可能な場合の数} \quad \cdots（1）$$

と定義している。この考え方を古典的定義とよんでいる。

　次に，頻度なる概念を用いた確率が導入された。算数の授業でコイントスを繰り返し行い，表・裏の出た回数をカウントして，表の出る確率を$\frac{1}{2}$とした経験があるかもしれない。この実験と考え方は頻度に基づくものであり，一般に頻度を

$$\frac{問題となる事象が起こった回数}{試行回数}$$

という比で定義し，試行回数がさほど増やさなくとも，ほぼ頻度は一定値に収まることが多いことが知られている。フォン・ミーゼス（von Mises）は頻度の安定値をその事象の確率と定義し，この考え方は統計的定義とよばれている。

　この展開を総括すると，曖昧さや不完全さを補いながら，定義の体系化がなされてきたことがわかる。主観的定義は経験や感覚で確率を決めているため，客観性を保証できない。古典的定義は起こりうる場合が同様に確からしいことを仮定しており，ゆがんだサイコロなど等確率を担保できない事象に適用できない。また，起こりうる場合が有限ではなく無限の場合（1）式では確率を算出することができない。さらに統計的定義は事象の等確率を仮定する必要はないが，現実的に試行を繰り返すことが不可能な場合には不十分であることは否めない。

　近代確率論は大学1年生がイメージする「順列・組み合わせ」の確率とは異なり，集合，関数や積分の考え方を組み込んで体系化され，より基礎的概念から構成されている。かなり最近まで（実際50年ほど前），確率は数学的科学として成立しておらず，様々な基礎概念も十分明確に定義されていなかった。科学の多くの分野でラフな確率論的な手法は大きな成果をあげてきたが，20世紀初頭の自然科学の発展は確率論に対してより高い要求をするようになり，古典的定義や統計的定義の欠点を克服するために，より一般の確率の定義を要請するようになった。

　これを受けて1965年にコルモゴロフ（A.N. Kolmogorov）が公理的定義を提唱した。公理とは一定の理論の枠組みでは証明はできないが，真であると見なされる命題のことをいう。公理を明らかにすることは，数学的科学の発展の最初の段階ではなく，本質的な事実を探る過程で，その結果を論理的に分析するこ

とによって得られる成果である。確率論も同様の経路をたどったといえる。ここでは基礎概念から順に説明していく。

　これまで事象を偶然現象の結果として取り扱ってきたが，事象に対して確率を定義する以上，事象を厳密に定義しておく必要がある．コルモゴロフは根元事象 ω の集合 Ω に対して（Ω の要素 ω が何を表すのかは理論的に確率論を組み立てる上では気にしなくてよい。あくまで集合とその要素として捉えればよい），Ω の部分集合の集まりである集合族 $\mathscr{F}$ を考える。

① 　$\mathscr{F}$ はその1つの要素として集合 Ω を含む。：$\Omega \in \mathscr{F}$

② 　Ω の部分集合 A が $\mathscr{F}$ に属するならば，A^c も $\mathscr{F}$ に属している。：$A \in \mathscr{F} \Rightarrow A^c \in \mathscr{F}$

　　ただし，A^c は A に属さない Ω の要素の集合を表す。

③ 　Ω の部分集合 A_i $(i = 1, 2, \cdots)$ が $\mathscr{F}$ の要素ならば，無限和集合 $\bigcup_{i=1}^{\infty} = A_i$ も $\mathscr{F}$ に属している。：A_i $(i = 1, 2, \cdots) \in \mathscr{F} \Rightarrow \bigcup_{i=1}^{\infty} A_i \in \mathscr{F}$

この3条件を満たす集合族 $\mathscr{F}$ を完全加法族とよび，完全加法族に属する要素を事象とよぶ。これらの概念は偶然現象の結果としての事象と完全に一致する。

　そこで完全加法族を用いて確率を定義する。事象 $A \in \mathscr{F}$ に対して，次の条件を満たす実数値関数 $P(A)$ を考える。

① 　任意の事象 $A \in \mathscr{F}$ に対して，$P(A) \geqq 0$。

② 　$P(\Omega) = 1$。

③ 　$A_i (i = 1, 2, \cdots) \in \mathscr{F}$ が互いに排反事象のとき，

　　$P(\bigcup_{i=1}^{\infty} A_i) = \sum_{i=1}^{\infty} P(A_i)$

この3条件を満たす実数値関数 $P(A)$ を確率という。つまり確率の考察対象である事象をある条件を満たす集合として，その事象上で定義される確率をある条件を満たす関数として定義し，数学的な取り扱いを可能とした。

　次に，確率変数について述べる。高校数学教科書によれば，確率変数とは"試行の結果によってその値がきまり，各値に対応して確率が定まるような変数"として導入されるが，近代確率論においては，確率変数は以下のように定義される。Ω 上で定義された実数値関数 $X = X(\omega)$ $(\omega \in \Omega)$ および，任意の実数 x に対して，$\{\omega \mid X(\omega) \leqq x\} \in \mathscr{F}$ を満たすとき $(X(\omega))$ が x 以下となる ω の

集合が完全加法族のとき），$X(\omega)$ を確率変数とよぶ。つまり，確率変数はあくまで完全加法族の要素である事象に紐付けされた可測関数とよばれる関数として定義されている。

　確率変数が離散的な値をとるとき離散型確率変数とよび，連続的な値をとるとき連続型確率変数とよぶ。離散型確率変数に関する推定を行う場合に重要となるものが確率関数である。$X(\omega)$ を離散型確率変数，x を任意の実数とし，事象 $\{\omega \mid X(\omega) = x\}$ を $X = x$ と略記することにする。このとき，X がとり得る値 $x_k\ (k = 0, 1, \cdots)$ に対して，

$$P(X = x_k)\ (-\infty < x_k < \infty)$$

を確率関数とよぶ。次に離散型確率変数の代表的なモデルを紹介する。

（1）ベルヌイ分布：生起確率 p で起こるかそうでないかの 2 つの事象しか現れない試行において，確率変数が，事象が起こるときには 1，そうでないときは 0 をとるモデルで，確率関数

$$P(X = k) = \begin{cases} p & (k = 1) \\ 1 - p & (k = 0) \end{cases}$$

　　をもつ。

（2）離散一様分布：確率変数が n 個の値 $x_k\ (k = 1, 2, \cdots, n)$ を等確率でとるときのモデルで，確率関数

$$P(X = x_k) = \frac{1}{n}\ (k = 1, 2, \cdots, n)$$

　　をもつ。

（3）二項分布：確率 p で事象 A が生起する試行を n 回繰り返すときの事象 A の生起回数 k を確率変数とするモデルで，確率関数

$$P(X = k) = {}_nC_k\, p^k\, (1 - p)^{n-k}\ (k = 0, 1, 2, \cdots, n)$$

　　をもつ。

（4）超幾何分布：N 個のものの中に，特性 A をもつものが n 個入っていて，この中から無作為に r 個を抽出したとき，そこに含まれる特性 A のものの個数 k を確率変数とするモデルで，確率関数

$$P(X = k) = \frac{{}_nC_k \, {}_{N-n}C_{r-k}}{{}_nC_r} \ (k = 0, 1, 2, \cdots, n)$$

をもつ。

（5）幾何分布：生起確率 p の事象 A が初めて起こるまでの試行回数 k を確率変数とするモデルで，確率関数

$$P(X = k) = (1 - p)^{k-1} p \ (k = 1, 2, \cdots)$$

をもつ。

（6）パスカル分布：生起確率 p の事象 A が n 回起こるまでの試行回数 k を確率変数とするモデルで，確率関数

$$P(X = k) = {}_{k-1}C_{n-1} p^n (1 - p)^{k-n} \ (k \geqq n \text{を満たす整数})$$

をもつ。

（7）ポアソン分布：二項分布と同条件の下，試行回数と生起確率の積が一定で，試行回数を限りなく大きくしたときの生起回数 k を確率変数とするモデルで，確率関数

$$P(X = k) = \frac{\lambda^k}{k!} e^{-\lambda} \ (\lambda = np, \ k = 0, 1, 2, \cdots)$$

をもつ。

（1）は反復試行における生起回数を推定のベースとなるモデルである。（2）は古典的定義とよばれるモデルである。（3）〜（6）は生産工程における品質管理などに適用される。また（3）と（4）の違いは有限母集団からの標本を復元抽出する場合は二項分布，非復元抽出する場合は超幾何分布となる。（7）は自然災害や交通事故など極めてまれに起こる稀現象の発生回数を推定するのに有効である。

　連続型確率変数に関する推定を行う場合に重要となるものが確率密度関数である。$X(\omega)$ を連続型確率変数，x を任意の実数とすると，確率関数は $P(X = x) = 0$ となり，推定を行うのに用をなさないため，確率変数のとる値がある区間に含まれる確率を考えることが求められる。そこで任意の実数 a, b ($a < b$) に対して，確率変数 x が a 以上 b 未満の値をとる確率を $P(a \leqq X < b)$ とするとき，

$$P(a \leq X < b) = \int_a^b f(x)\,dx$$

で表される場合，$f(x)$ を確率密度関数という。ここで連続型確率変数の代表的なモデルを紹介する。

（ⅰ）連続一様分布：区間 $[a, b]$ 上で値が連続的で一様にとるとき，とる値 x を確率変数とするモデルで，確率密度関数

$$f(x) = \begin{cases} \dfrac{1}{b-a} \ (a \leq x \leq b) \\ 0 \quad (\text{その他}) \end{cases}$$

をもつ。

（ⅱ）指数分布：生起確率が非常に 0 に近い p の事象 A がはじめて起こるまでの時間 x を確率変数とするモデルで，確率密度関数

$$f(x) = \lambda\,e^{-\lambda x} \ (\lambda > 0)$$

をもつ。

（ⅲ）正規分布：微小で莫大な要因が作用して値が決まるとき，とる値 x を確率変数とするモデルで，確率密度関数

$$f(x) = \frac{1}{\sqrt{2\pi}\sigma}e^{-\frac{(x-\mu)^2}{2\sigma^2}} \ (\mu,\ \sigma \text{は定数，ただし} \ \sigma > 0)$$

をもつ。

　（ⅰ）は等確率を担保した離散一様分布の連続バージョンで，道路状況が一様のときに事故の場所の推定など交通問題や丸め誤差の問題がこの分布に従うことが知られている。（ⅱ）は幾何分布の連続バージョンであり，稀現象である事象がはじめて起こるまでの時間，例えば自然災害が起こる時期や偶発的要因によって起こる製品の寿命などを推定するのに使われる。（ⅲ）は分布の王様とよばれ，自然科学や社会科学の分野で非常に幅広い適用が可能で，多くの都市問題に適用がなされる。

3.2　指数分布による確率推定

　ここでは，都市防災の大きな問題である地震発生時期の推定を，稀現象の発生時期を推定するモデルである指数分布を用いて行う。太平洋沿岸では南海トラフとよばれる場所でプレートの沈み込みによって巨大地震が次のように起

南海地震（足摺岬〜潮岬）	東南海地震（潮岬〜浜名湖）	東海地震（浜名湖〜駿河湾）
684.11.29 白鳳 M8.0 （↓203年）		
887.8.26 仁和 M8-8.5 （↓212年）	887.8.26 仁和 M8-8.5 （↓209年）	887.8.26 仁和 M8-8.5 （↓209年）
1099.2.22 康和 M8-8.3 （↓262年）	1096.12.17 永長 M8-8.5 （↓262年）	1096.12.17 永長 M8-8.5
1361.7.26 正平 M8-8.5	1361.7.26 正平 M8-8.5 （↓137年）	?
	1498.9.20 明応 M8.4 （↓107年）	1498.9.20 明応 M8.4 （↓107年）
1605.2.3 慶長 M7.9 （↓102年）	1605.2.3 慶長 M7.9 （↓102年）	1605.2.3 慶長 M7.9 （↓102年）
1707.10.28 宝永 M8.4 （↓147年）	1707.10.28 宝永 M8.4 （↓147年）	1707.10.28 宝永 M8.4 （↓147年）
1854.12.24 安政南海 M8.4 （↓92年）	1854.12.23 安政東海 M8.4 （↓90年）	1854.12.23 安政東海 M8.4
1946.12.21 昭和南海 M8.0	1944.12.7 昭和東南海 M7.9	（空白域）

こっている。

　東海地方では1498〜1854年（356年間）に巨大地震が4回発生している。このデータを用いて巨大地震が次に起こる時期について推定を行う。

　X を発生するまでの年数とすると，パラメータ λ は単位時間あたりの発生回数を示すので，$\lambda = \dfrac{4}{358} = 0.011$（回／年）が求まる。この地域に住む20歳の人が（平均寿命80歳とすると）残りの人生60年間に巨大地震に見舞われる確率は次のように算出される。

$$P(X<60) = \int_0^{60} (0.011e^{-0.011x})\ dx = -\int_0^{-0.66} e^t dt = -[e^t]_0^{-0.66} = -(0.517-1)$$
$$= 0.483$$

　プリミティブな確率推定ではあるが，巨大地震が差し迫っていることが分かる。

3.3　数学教育と数学的考え方

　数学的アプローチとしての確率および具体的な推定について述べたが，改めて数学教育のねらいおよび数学的な考え方について紹介する。

　戦後の復興期や高度成長期は社会全体が豊かさを求める時代であったが，平成期は社会全体が経済的・物質的に豊かになり，苦労や努力することなく快適な生活を営むことができるようになった。一方で，子どもに何のために学ぶのかという理由を意識付けすることが難しくなり，学習動機が受験であったり，受動的な学習に陥るようになった。近年「大卒の学歴を得さえすればよいので，単位のみ取れればよい」という学生が散見されることもその現象の1つであろう。そこで，これまでの知識注入型授業から問題解決型授業への移行が試みられ，「自己学習力」などといった主体性や学ぶ意欲を重要視し，子どもの興味・関心・態度を評価することへ力点が置かれるようになった。また，高度情報化社会の到来によって，数学教育においても，変化の激しい社会に対応して，知識・技能に限定せず，未知の問題場面や課題に取り組み解決していくための資質・能力，すなわち問題解決能力を育むことに重点が置かれるようになった。

　数学教育のねらいである問題解決能力の育成との関係性から，数学的考え方について整理する。数学的考え方は小学生から数学者にいたるまでもっているものであるが，これまで数多くの先行研究がなされ，整理・分類が試みられている。ここでは，数学的考え方に関するいくつかの研究を紹介する。

　秋月康夫は「数学的な処理の仕方を考え方というならば，…最も大切な特徴は何を正しいと認めてどういうことを問題とするのか，足場をはっきりさせることである。…そして誰もが，認めなければならない根拠に立脚して，すべての未知のものまでそこからかくかくだから，こうなるのだと導いていく態度である」と公理的考え方，演繹的な考え方を主張している。一方で「高校くらいまでは無理である」とも述べている。したがって，大学生に確率の公理的定義を説明することは意義あることであろう。

　ポリヤ（G. Polya）は問題解決の過程として次の4段階をあげ，それぞれの段階に数学的な考え方にあたるものがあると述べている。

段階	数学的考え方
問題を理解すること	条件の明確化と依存関係に着目する考え，記号化，図形かなどの考え方
計画をたてること	既知のものとの関係を考える，類推する，帰納する，単純化する，一般化する
計画を実行すること	演繹的，発展的，統合的などの考え方
ふり返ってみること	演繹的，発展的，統合的などの考え方

　片桐重男は数学的考え方に「数学の方法に関係した数学的な考え方」と「数学の内容に関係した数学的な考え方」の2つがあり，以下の考え方があると述べている。

数学の方法に関係した数学的な考え方	数学の内容に関係した数学的な考え方
（1）帰納的な考え方	（1）単位の考え方
（2）類推的な考え方	（2）表現の考え方
（3）演繹的な考え方	（3）操作の考え
（4）統合的な考え方	（4）アルゴリズムの考え
（5）発展的な考え方	（5）概括的把握の考え
（6）抽象化の考え方	（6）基本的性質の考え
（7）単純化の考え方	（7）関数的な考え
（8）一般的の考え方	（8）式についての考え
（9）特殊化の考え方	
（10）記号化の考え方	

3.4　問題解決能力の育成とオープンエンドアプローチ

　問題解決能力を育成する方法として，オープンエンドアプローチなる教育手法が知られている。オープンエンドアプローチとは，通常の算数・数学で取り上げられる問題は正しい答えがただ1つにきまっているが，正しい答えが幾通りにもなる問題（オープンエンドの問題という）を解くことで，そこにある正答の多様性を積極的に利用し，既習の知識・技能・考え方を組み合わせて，さらに新しいことを発見させる指導法をいう。ここでは，小中高で'水槽の問題'

としてよく指導されるオープンエンドアプローチ
を紹介する。

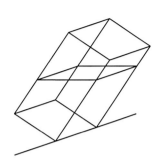

　"プラスチック（透明体）でできた直方体の容
器に，水が途中まで入っている。この容器を，底
面の一辺を固定して傾けると，傾きに応じて，水
面で限られたいろいろな部分の形や大きさが変わ
る。それらの形や大きさの間にある，いろいろな
きまりをできるだけたくさん見つけよ。"

　この問題は正答が幾通りにも可能になるので，オープンエンドの問題といえ
る。この問題を通して，単に法則性を発見させるだけでなく，子どもの成長段
階に応じて，「なぜそうなるのか」といった論理的な展開も提供できる。これ
は，子どもが具体的な場面において数学の既習の知識・技能を活用し，既習の
もので解決できない場合に，その困難さをどのように対処していくかを評価す
ることで，問題解決能力をより高めることが期待できる。

　初等・中等教育における情報教育・数学教育のいずれもその目標は問題解決
能力の育成を図ることにある。大学においても教育実践として継続的に問題解
決能力を育むことが求められている。

学習課題

1．Webアプリケーションの例を挙げなさい。
2．小学校算数科・中学校数学科で取り上げられているオープンエンドの問題
　　を挙げなさい。

参考文献・資料

1　Alfredo H-S. Ang, Wilson H. Tang, *Probability Concepts in Engineering Planning and Design*, John Wiley&Sons, Inc., 1975.
2　宇田川銈久『応用確率論入門』オーム社，1964年。
3　梶原拓『都市情報学』ぎょうせい，1985年。
4　片桐重男『数学的な考え方の具体化』明治図書，1988年。

⑤ 片桐重男『問題解決過程と発問分析』明治図書，1988年。

⑥ グネジェンコ著，鳥居一雄訳『確率論教程』森北出版，1971年。

⑦ 小杉のぶ子・久保幹雄『はじめての確率論』近代科学社，2011年。

⑧ 島田茂『算数・数学科のオープンエンドアプローチ』みずうみ書房，1977年。

⑨ 西田俊夫『応用確率論』培風館，1973年。

⑩ 橋本美保・田中智志『算数・数学科教育』一藝社，2015年。

⑪ 羽鳥裕久『確率論の基礎』コロナ社，1974年。

⑫ 羽鳥裕久『あたらしい確率入門』牧野書店，2003年。

⑬ ポリヤ著，柿内賢信訳『いかにして問題をとくか』丸善，1975年。

⑭ 吉原健一・佐藤昭治・根岸洸・高畑弘『演習　確率・統計』培風館，1984年。

第 **6** 章　健康のまちづくりと
　　　　地域保健医療情報システム

1．はじめに

　本章では，健康のまちづくりの背景となる制度的な枠組みの変遷について説明し，地域保健医療情報システムを活用した健康のまちづくりの事例を取り上げ，医療・保健・介護・福祉分野のまちづくりを紹介する。

　健康であるということは，幸福な人生を送るために必要不可欠な要件である。誰しもが生涯を通じて健康でありたいと願うが，健康を損なったときにも常に適切な治療を受けられる環境にあれば，安心して生活することができる。また，健康を害さないように日常生活において予防的な注意を払うとともに積極的に健康を増進させる行動をとることも重要である。健康のことは自分自身の問題であるといわれることもあるが，それを支援する環境の社会的整備が人々の暮らしの豊かさに大きく影響する。そのため人々の健康が地域の重要な政策課題となるのである。

2．健康とまちづくり

2.1　健康とは

　健康（Health）は，一般的に「身体に悪いところがなく心身がすこやかなこと」あるいは「病気が無い状態」を意味するが，医療・保健・介護・福祉分野の用語としては，世界保健機関（WHO：World Health Organization）憲章（1946年）の前文に示された「健康とは，単に疾病や虚弱でないというのみならず，身体的・精神的ならびに社会的に完全に良好な状態である」という定義がある。これは理想像としての健康観であるといえる。近年では，生活習慣病などの慢

性疾患の増加や長寿化により，健康と病気の境界が不明確になっていて，疾病や障害を抱えている状況も含めた健康観が意識されている。

　健康に影響を及ぼす要因として，宿主要因，行動要因，環境要因があるといわれている。宿主要因は個人の特性に起因するものであり，年齢，性別，人種，性格，遺伝子，免疫力などがある。行動要因は，食事，喫煙，飲酒，睡眠，運動，ストレスなど生活習慣に起因するものである。環境要因には，細菌・ウイルス・動植物などに起因する生物学的環境要因，化学物質や放射線などの物理化学的環境要因，生活水準，職業，文化，制度などの社会環境要因の3つに分類される。

　人々が「自分の健康は自分で守る」という自覚と認識を持ち，このような健康に悪影響を及ぼす要因を取り除いていくことが重要である。加えて社会的環境要因に対処するための支援体制を整備することにより，人々の生活の質（QOL：Quality of Life）を向上させることが，地域の重要な政策課題となる。それ故に，疾病の予防，傷病の適切な治療，健康の維持・増進などに資する保健医療サービスのあり方が問われている。

2.2　まちづくりとは

　「まちづくり」（Community Development）は多義性をもつ言葉である。地域の空間計画である都市計画（Urban Planning, City Planning）の分野では，土地利用や都市施設などの住環境整備へのアプローチとして住民運動の視点から捉えて「まちづくり」という言葉が使われるようになった。しかし，近年，「まちづくり」という用語は，広く一般的に「まち」（地域や都市）の住民が抱える課題の解決にあたって，あるべき姿（将来像）に向けた取り組みという広い意味で使われるようにもなっている。都市情報学においても都市創造（まちづくり）を広義に解釈しているといえる。地域住民の暮らしの「場」において生じるさまざまな課題について都市施設や自然環境などのハード面の問題として捉えるのみならず，制度や生活様式などのソフト面，および美しさややすらぎなどのアメニティという感性面を含む総合的な捉え方で課題に取り組む実践であるといえる。

　まちづくりという概念は，課題の内容や問題へのアプローチ手法など文脈によってニュアンスの違いはあるが，概ね広義の概念に包摂される。本章のまちづくりの概念は，「安心して健やかに暮らせる，快適で住みよいまちづくり」という理念のもと，保健・医療分野でのまちづくりについて取り上げる。

　ここでは都市（まち）を日常生活に密着した地方自治体である市町村もしくはいくつかの自治体が連なる日常生活圏域として想定する。地域社会のあるべき将来像に向けての住民，NPO，企業，行政などの取り組みとしてまちづくりを捉える。通常，地方自治体は，まちづくりの指針として総合計画（Comprehensive Plan）を策定して，地域住民などと協働してまちづくりに取り組んでいるところが多い。どこの地域でも大なり小なり「住民が健康に暮らせること」は重要なまちづくりの目標となっている。

2.3　健康のまちづくり

　1950年代後半の岩手県沢内村（現西和賀町）と長野県八千穂村（現佐久穂町）の事例は，健康のまちづくりの原点であるといわれている。戦後高度成長期が始まる時代に，貧しい農村地帯における貧困と多病という問題への行政や医療関係者をはじめとする地元関係者の取り組みが功を奏し，健康な村として全国的に注目され話題になった。沢内村の乳児・老人の医療費無料化や八千穂村の全村健康管理と健康手帳は，その後の国の厚生行政にも取り入れられた経緯がある。

　いずれの事例も治療中心の医療のあり方に対して，病気の予防や早期発見・早期治療という考え方への転換を示唆するものであった。戦後の経済復興・高度経済成長による生活水準の向上と衛生環境の改善，医学・医療技術の進歩により感染症による死亡率は急速に低下していったが，都市化と人口の高齢化が進展するようになり，健康に与える要因が複雑多義化し，いわゆる生活習慣病が主たる死亡原因になってきている。近年では三大死因といわれるがん・脳血管疾患・心疾患はいずれも生活習慣病であり，動脈硬化症・糖尿病・高血圧症・脂質異常症などは脳血管疾患や心疾患の危険因子であるといわれている。今日の主な死因別死亡割合の推移を見ると，老衰と肺炎が若干増加傾向にある

が，がんと循環器系の疾患（脳血管疾患と心疾患）が高い水準にあるものの，生活習慣病対策などにより若干低下の兆しがみられる傾向にある。

　健康問題に関しては，非常に幅広い分野が関連していて総合的な取り組みを必要とするが，その中心に位置づけられているのが医療・保健・福祉・介護の分野である。これらの分野は，国の政策の展開に大きく左右される。制度的には，様々な法律により枠組みが規定されているが，複雑多岐化し錯綜している状況にある。

　健康のまちづくりについても法律や国の指針などと都道府県や市区町村の役割に基づいて自治体や関連する関係団体等を中心に展開されている。また，近年では国が推進する健康のまちづくり関連の支援策を活用したさまざまな事業も活発に進められている。たとえば，まち・ひと・しごと創生総合戦略による地方創生推進交付金等を活用したまちづくりにおいても健康のまちづくりを推進している事例が全国の各地でみられる。

　なお，本章では，保健・医療の分野におけるまちづくりに焦点をあてて特に疾病の予防の観点からの取り組みを説明する。その前にこの分野における国の関与について取り上げる。

3．国の健康政策と地域保健医療体制の変遷

3.1　医療分野の主な法制度

　人々の健康を支える主要な役割を担っているのが，医師や医療関係従事者であり，その活動の拠点となるのが，医療機関等である。

　医療に関する法律で特に重要なのが医師法と医療法である。医師法では，医師の任務は医療と保健指導であることを規定している。任務を掌ることで公衆衛生の向上と増進に寄与し，国民の健康な生活を確保することを目的としている。この法律では，医師の免許，臨床研修，医師の義務などが規定されている。医療法では，医療機関である病院（20床以上）・診療所（19床以下）の定義，病院・診療所の開設，医療提供体制の基本方針，医療計画などが規定されていて，医療提供体制の基本となる法律である。医療計画は，都道府県が策定し，医療

圏を定めて医療圏ごとに基準病床数を設定している。なお，2025年の超高齢社会にも耐えうる医療提供体制を構築するため，2014年に医療介護総合確保推進法が成立し，地域医療構想が制度化されている。また，医療法において，医療従事者は適切な説明を行い，医療を受ける者の理解を得る，いわゆるインフォームド・コンセントの努力義務を課している。

　さらに，人々が傷病の際に必要な医療を効果的に受けられることを保障する社会保険としての医療保険制度が重要な役割を果たしている。被用者とその家族が対象の被用者保険（健康保険法，船員保険法，各共済組合法）とそれ以外の人々が対象となる国民健康保険（国民健康保険法）に大別される。なお，75歳以上の者，および65～74歳で一定の障害のある者については，後期高齢者医療制度が別に設けられている。これは1983年に施行された老人保健法が2006年の医療制度改革の一環として全面改正され，2008年に施行された高齢者医療確保法によって新設された制度である。

　これらの医療保険制度で提供される医療給付は現物給付（サービス給付）であり，医療を提供する医師は医師免許を有し，許可を受けた病院または届け出た診療所で診療を行うことが前提となるが，加えて保険医の登録と保険医療機関の指定を受けることが必要となる。被保険者は保険医療機関で診療を受けると，実際にかかった保険医療費の原則3割を自己負担として保険医療機関に支払い，残りの7割は診療報酬として保険者（全国健康保険協会，健康保険組合，各共済組合，国民健康保険組合，市町村，特別区，後期高齢者医療広域連合）から保険医療機関に支払われる。このとき保険医療機関は診療報酬点数や薬価基準に従って，診療内容を点数化した診療報酬明細書（レセプト）を支払審査機関（国民健康保険団体連合会，社会保険診療報酬支払基金）に送り審査を経て保険者から診療報酬が支払審査機関経由で支払われる。この診療報酬点数や薬価基準は，医療サービスの公定価格（1点＝10円）に相当し，診療報酬・薬価基準の改定はインセンティブ効果も高く医療政策上の重要な手段となっている。

　なお，医療分野の課題を考察する場合には，国民皆保険体制，フリーアクセス（医療機関を受診者が自由に選べる），開業の自由（ただし，医療法による規制がある），民間医療機関中心の医療提供体制などのわが国の医療制度の大きな特徴

を念頭に置いておくことが重要である。

3.2　保健分野の主な国の制度

　保健分野でキーパーソンとなるのが，保健師である。保健師は，保健師助産師看護師法において，「厚生労働大臣の免許をうけて，保健師の名称を用いて，保健指導に従事することを業とする者」と規定されている。保健師の免許をうけるためには，看護師国家試験と保健師国家試験に合格することが必要である。保健所，市町村保健センター，行政や学校，企業，医療・介護・福祉関連施設など保健師の活動領域は幅広い。

　保健分野でのまちづくりに関連する中心的な法制度は，地域保健法である。地域住民の視点に立って，母子保健法その他の法律による地域保健対策が住民の身近な地域において総合的に推進されるように，1994年に保健所法が改正されて地域保健法が制定された。少子高齢化，疾病構造の変化，地域住民のニーズの多様化などの進展による社会的変容に対応するために制定されたものである。これにより保健分野における都道府県と市町村の役割が見直され，母子保健サービス（乳幼児健診，妊産婦指導など）や老人保健サービスなどの住民に身近なサービス提供を市町村が一元的に実施できるようになった。地域保健法の実施により，都道府県の保健所はかつてのような地域保健の第一線ではなく，第一線としての市町村健康センターを広域的かつ専門的に支援する機関として位置づけられることになった。健康相談，保健指導，健康診査などの拠点施設として，市町村は市町村健康センターを設置できることになっているが，地域の実情に応じて市町村の対応はさまざまである。

　この地域保健法に先立つ1978年度より厚生省（現厚生労働省）が，生涯を通じる健康づくりの推進，健康づくりの基盤整備，健康づくりの普及啓発の3つを基本施策として第1次国民健康づくり対策を10か年計画で推進した。その具体策の1つとして対人保健サービスを総合的に行う施設である市町村保健センターの設置が推進されてきた。また，1983年に老人保健法が施行され40歳以上の住民の健康診査をはじめとする保健事業の実施主体が市町村とされ，乳幼児から老人にいたるまでの健康診査・保健指導体制の確立が推進されてきた。こ

れは従来の治療中心の保健医療分野に疾病の一次予防と二次予防を重視し，自分の健康は自分で守るという自覚と認識をもつことが重要であるという考え方を促し，行政がそれを支援するという考え方への転換となるものであった。疾病の一次予防（疾病前段階）とは，健康増進や予防接種により発病を予防することであり，二次予防（前期疾病段階）とは，健康診断・検診などの実施による疾病の早期発見・早期治療により健康障害の進展を防止することをいう。また，適切な治療と管理指導やリハビリテーションにより機能障害・能力低下を防止することを三次予防（後期疾病段階）という。

　第1次国民健康づくり対策に続いて第2次国民健康づくり対策が10か年計画で実施され，従来の施策の一層の充実が図られた。さらに2000年からは21世紀における国民健康づくり運動（健康日本21）が，2013年からは，第2次健康日本21が推進されている。これらの法的基盤として，2002年に健康増進法が，生活習慣の改善を通じた健康増進の考えを取り入れて制定された。また，2008年からメタボリック・シンドロームに着目した健診制度である特定健康診査・特定保健指導が高齢者医療確保法に基づき開始された。これにより保険者（国民健康保険，被用者保険）に特定健康診査・特定保健指導の実施が義務付けられた。

　健康診査には，母子保健法，学校保健安全法，労働安全衛生法，健康増進法，高齢者医療確保法などによって法定されているものもあるが，常日頃から住民自身も健康管理を意識して，定期健康診査の機会がない場合には人間ドックなどの任意の健康診査を受けることも重要である。

4. 地域情報化と健康のまちづくり

4.1　地域情報化施策

　近年の目覚ましい情報化の進展は，地域社会の姿を大きく変容させている。情報化の波に乗り遅れることなく対応していくことが地域社会においても不可欠な課題となっている。地域住民はじめ NPO，企業，行政などが，急速に発展している情報通信技術を適切に活用して地域の課題に対処することが豊かな地域生活や快適で活力ある地域社会を実現するために必要である。地域におけ

る情報通信基盤を整備し，情報通信技術やシステムを導入し活用することが地域情報化であり，そのための国の支援策が地域情報化施策である。

　地域情報化施策は，1985年の通信の自由化と急速な情報化の進展に対応することに端を発していてそれがニューメディア・ブームの火つけ役となった。地域社会の活性化と生活の向上を目指して情報通信技術の活用が推進され，郵政省（現総務省）のテレトピア構想，建設省（現国土交通省）のインテリジェント・シティ構想，通産省（現経済産業省）のニューメディア・コミュニティ構想，農林水産省のグリーンピア構想などの国の地域情報化施策が策定されブームの牽引役となった。全国の地域（都市）は競って国のモデル指定を獲得して情報化先進地域（都市）を目指した。

　1990年代中ごろからは情報通信のデジタル化の普及とコンピュータ技術の進展によるマルチメディア時代の到来が新たな地域情報化施策の展開を促した。ただし高速通信インフラの整備に遅れがみられたため，地域の情報通信インフラ整備が重要な課題となった。2000年に高度情報通信ネットワーク社会基本法（IT基本法）が制定され，2001年には高度情報通信ネットワーク社会推進戦略本部（IT戦略本部）が内閣に設置され，高度情報通信社会に向けての国家戦略の第一弾として「e-Japan戦略」がスタートし，超高速ネットワークインフラの整備が推進された。その後も国の戦略が改定されつつ，IT利活用の推進へと基本方針の重点がシフトし，例えば総務省も2009年の地域ICT利活用モデル構築事業や2010年の地域ICT利活用広域連携事業などの地域情報化施策を展開している。国のIT戦略は，さらにデータ利活用やデジタルガバメントの実現などに重点をシフトさせつつ，社会全体のデジタル化に向けて進展している。

　また，最近のまちづくり関連の地域情報化施策として，国土交通省のスマートシティモデル事業や総務省のICTスマートシティ整備推進事業などが展開されている。

4.2　保健医療福祉分野における地域情報化

　保健医療福祉分野における地域情報化は，比較的早くから取り組まれてきた。

たとえば，利用者が居宅に置かれた端末機で心電図，脈拍，血圧などのバイタルデータを測定し自動伝送し，医療機関等のセンターでスクリーニングして地域住民の健康管理に役立てる在宅健康管理システムの実証実験は，ニューメディア・ブームの時代に実施されている。

　マルチメディア時代には，地域住民の検査・健診データを集約し，住民の同意のもと医療現場や行政において活用し，住民の健康づくりを支援する地域保健医療情報システムが構築され運用されるようになり，在宅健康管理システム事業が実用化され，ケーブルテレビの空きチャンネルやデジタル電話回線を利用したテレビ電話（テレビ会議システム）で在宅療養を支援する在宅保健医療福祉システムが導入・活用されるようになった。また，過疎地域の医療機関と都市部の医療機関を通信回線で結んだ遠隔画像診断システムや遠隔病理診断システムなどが導入され，活用されるようになった。しかし，これらの事例は，ほとんどが過疎地域におけるものであり，医療機関へのアクセスが比較的容易な都市部においては，あまり積極的な展開は見られなかった。

　e-Japan 重点計画の一環として2003年に厚生労働省が策定した「保健医療分野の情報化に向けてのグランドデザイン」では，電子カルテ・レセプト電算処理システムを普及させることが目標に掲げられ，医療機関の情報化が推進された。さらに，2006年の IT 新改革戦略では，レセプトの完全オンライン化，生涯を通じて個人の健康情報を活用できる基盤づくり，電子カルテ等の医療情報システムの普及，医療機関間の連携促進などが IT による医療構造改革の目標として掲げられた。

　その後，上述した地域 ICT 利活用事業等も含めて継続的に医療・保健分野の地域情報化が推進されてきた。

　2015年に閣議決定された世界最先端 IT 国家創造宣言や日本再興戦略では，適切な地域医療等の提供，健康増進等を通じた健康長寿社会の実現を図ることが表明された。そのために医療情報連携ネットワークの全国への普及・展開や個人が医療・健康情報を一元的，継続的に管理し利活用する仕組みを推進していくことが掲げられている。

5．加古川保健医療情報システムの取組み事例

5.1　加古川地域における保健医療分野における課題

　兵庫県加古川地域における医師会（加古川医師会）は，加古川市，稲美町，播磨町の1市2町を圏域としている。1980年に1市2町と協力して財団法人（現公益財団法人）加古川総合保健センターが設立され，1986年に地域の検査・健診施設として総合保健センターが開所した。これにより検査施設を持たない診療所や小規模病院の共同利用施設として，また，地域住民の健診施設として機能することになり，医療資源の効率化が図られた。この総合保健センターに蓄積された検査・健診データを有効活用することにより地域における医療と保健の業務効率化とサービスの質の向上を図ることで，地域住民の健康づくりに貢献できることが期待された。そこで，1988年に保健センター，医師会，町内会連合会，商工会議所の陳情で行政（1市2町）が通商産業省（現経済産業省）のニューメディア・コミュニティ構想に応募し，応用発展地域の指定を受け，加古川保健医療情報システムが構築されることになった。

　システムの構築にあたっては，実際にシステムを直接利用することになる医療関係者や行政関係者とメーカーで構成される委員会や部会やワーキングが開催され，利用者自らが仕様を考え決定することが基本となった。そのため1994年のシステムの本格供用が開始されるまでの6年間に約1,000回もの協議が行われた。このような関係者の熱心な取組みが四半世紀を超えるシステムの継続運用を可能とした理由の一つであるといえる。

　また，システム導入の背景として，1985年の第1次医療法改正以降の数次の法改正で一貫して，医療機関の機能分化・役割分担と連携（特に病診連携）が求められており，また1994年の地域保健法では，市町村が地域住民の身近な保健・医療・福祉サービスを一元的に提供することが求められ，保健・医療・福祉の連携が必要とされた事情がある。機能分化・役割分担と連携を効率的に図るために情報通信システムの利活用が有効であり，このような観点から，加古川地域では時代の流れを先取りする形で地域保健医療情報システムが構築され

たのである。すなわち，地域住民の健診データを中心とした PHD（Personal Health Data）を集約し，これらを利活用した病診連携を中心とした質の高い保健医療サービスを充実し，保健・医療・福祉を一体のものとして幅広く地域住民の生活を支援していくことが加古川地域保健医療情報システムの目的である。

5.2　加古川保健医療情報システムの概要

　加古川総合保健センターが運営する加古川保健医療情報システムは，1988年のニューメディア・コミュニティ構想の地域指定プロジェクトとして始まり，以来，時代の変遷に対応しながら見直し検討を重ねつつ，導入当初の基本理念にもとづき機能強化されてきた複合的なシステムになっている。

　構築され現在も運用されている主なシステムは，検査・健診システム，診療所支援システム，IC カードシステム，情報提供システム，保健システム，住民健康情報活用システム（かこがわ健康BOX）などである。

　検査・健診システムは，1994年に最も早く供用開始されたもので，総合保健センターでの検査・健診データと地域の検査施設をもつ病院の検査データを収集し，情報センターのデータベースに蓄積し，通信ネットワークを介して医療機関の端末でデータを利活用できる仕組みである。これにより医療現場で，分かりやすい説明と納得による医療（インフォームドコンセント）が提供されている。もちろん個人情報保護の観点から安全対策が十分に講じられている。システムの導入当初の通信ネットワークは，デジタル専用回線によるものであったが，現在では，インターネット経由で PKI（Public Key Infrastructure）と IPsec+IKE（Security Architecture for IP + Internet Key Exchange）などのプロトコルを活用したセキュアな通信ネットワークとなっている。また，各医療機関間の連携（病診連携など）に必要な診療情報提供書をオンラインで送ることもできる。

　このシステムを活用したサービスは，地域のシステム参画医療機関か総合保健センターで住民が同意して申し込めば利用することができる。登録に同意しIC カード（KIND カード）が必要であれば無料で発行され，参画医療機関の共通診察券として利用できる。この IC カードには直近 5 年分の検査・健診結果

が記録され，また，緊急救急時にデータが活用されることもある。このように，ICカードシステムは，検査・健診オンラインシステムとの併用方式として位置づけられてきた。また，かこがわ健康BOXを利用する場合のアクセスキーとして利用されている。

　検査・健診システムでは，参加医療機関の端末でしかデータを確認することができなかったが，地域住民が自宅のパソコンでインターネットを利用して閲覧することができるようにしたものが，かこがわ健康BOXである。データの送受信は，SSL（Secure Sockets Layer）暗号化通信を使って安全性を確保している。また，各自で測定した健康データ（体重，血圧，血糖値など）を入力して継続的な健康管理ができるようにもなっている。このシステムは，地域の行政と医師会の協力のもと，総合保健センターが実施主体となり応募し採択された2010年度の総務省「地域ICT利活用広域連携事業」により整備されたものである。現在，かこがわ健康BOXの利用は，パソコン（カードリーダーが必要）のみに限られているが，幅広く普及しているスマートフォンを活用できるように拡充することが課題である。

　診療所支援システムは，病院や診療所の情報化に係わるシステム診療支援系と事務支援系に大別され，電子カルテやレセプトオンラインシステムが整備されている。情報提供システムは，保健・医療・福祉などの各関係機関の機能的連携や情報交換ならびに地域外との情報の受発信をするために整備されている。保健システムは，地域住民個人の状況に応じて体系的な保健指導等の業務を支援するものである。

5.3　加古川地域保健医療情報システムの課題

　2019年7月時点での1市2町（加古川市，稲美町，播磨町）の人口は約33万人，加古川地域保健医療情報システムの登録者数は156,459人である。地域の全医療機関数は204であり，システム参画医療機関数は133（65%）で，システムの同意者数は58,759人であり，KINDカード発行枚数は46,879枚である。

　地域住民の検査・健診データをPHDとして一元的に蓄積し，保健医療現場で共有し利用できる全国的にもユニークなシステムであり，長年の運営上の取

り組みにより相当数の利用者により活用され，地域住民の生活向上に貢献してきたことは高く評価されている。しかし，同じようなシステムが他の地域では，なかなか構築・運用が難しく全国的に普及・展開していない状況にある。

　現在，加古川地域の医療提供体制では，市民病院と県立病院の2つの病院が地域医療支援病院として機能しており，地域保健医療情報システムは病診連携を支援する重要な役割を担っている。他地域においても病診連携を推進していくためには地域保健医療情報システムの導入と有効活用が望まれる。

　また，地域住民がPHDを活用して健康管理に役立てていくことが，健康づくりを推進していく上でも重要性が高く，より多くの人が利用できるように拡充していくことが課題である。さらに，現状のシステムを利用できるのは加古川地域の住民もしくは加古川地域に通勤・通学者に限定される。地域以外の広域でも利用できるようにしていく必要がある。

　一方で，システム運営の費用面では，事業が開始されて以来，行政（1市2町）の委託事業として負担されてきた。財政状況が厳しいなか，加古川市では，2018年度の実施事業について2018年度の事務事業評価で「改善」とされている。費用負担のあり方が今後の課題として検討されることになっている。

6．おわりに

　これまでも政治経済のパワーバランスにより，制度的枠組みが構築されたり改廃されたりしてきたように，今後も時代の変遷とパワーバランスの微妙なゆらぎが地域のあり方を左右することになる。健康のまちづくりという観点からは，特にこの政治経済のパワーバランスを見極めることと，住民の立場からの関係諸機関への働きかけと協働への積極的な参加が期待される。

【学習課題】

1. 「健康は個人の問題である」という言説があるが，そうであれば地域の課題とはならない。地域の課題としての健康の意味を考察しなさい。
2. 地域保健医療情報システムの役割と課題について本章の内容も参考にして検討しなさい。
3. 住民の立場で健康のまちづくりに貢献するために重要な事柄について考察しなさい。

【参考文献・資料】

1　医療情報科学研究所『公衆衛生がみえる　2018-2019』メディックメディア，2018年。
2　一般社団法人日本医療情報学会医療情報技師育成部会『医療情報　医学医療編　第6版』篠原出版新社，2019年。
3　樺澤一之・豊田修一『医療情報学入門　第2版』共立出版，2018年。
4　公益財団法人加古川総合保健センター『加古川地域における「保健医療情報システム」〜保健・医療・福祉の連携推進〜』，2016年。
5　厚生の指標　増刊『国民衛生の動向　2019/2020』厚生労働統計協会，2019年。
6　厚生労働省『厚生労働白書』各年度版。
7　総務省『情報通信白書』各年度版。
8　手嶋正章「地域情報化施策の実践例」名城大学都市情報学部『入門都市情報学』日本評論社，2004年。
9　手嶋正章「医療サービスと公共政策」牛嶋正・辻正次『公共政策論』有斐閣，1991年。
10　中村努『医療システムと情報化』ナカニシヤ出版，2019年。
11　似田貝香門・大野秀敏・小泉秀樹・林泰義・森反章夫『まちづくりの百科事典』丸善，2008年。

第7章　変分原理とその応用

　古典力学におけるハミルトンの原理では，質点の運動は作用の極値をとる。幾何光学におけるフェルマーの原理では，光の経路は経過時間の極値からきまる。電磁気学におけるディリクレの原理では，エネルギーの極値としてポテンシャルを捉える。相対性理論の測地線方程式は，粒子の運動経路長の極値から粒子の経路をきめる方程式である。量子力学におけるシュレーディンガー方程式は，エネルギー期待値の極値となる波動関数を求める方程式である。このように自然界に現れる多くの原理は，ある量を極値とするような現象が起こるものとして記述され，これらは総称して変分原理と呼ばれている。本章では，水文学への応用を通し，自然科学の普遍的な基礎原理である変分原理について学習する。

　長い年月にわたり一定量の水が浸食可能な土地に流れ続けたとすると，どの

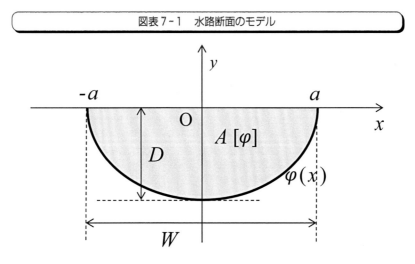

図表7-1　水路断面のモデル

図表7−2 水路斜面における力のつり合い

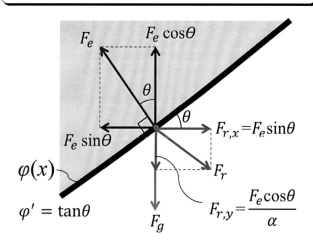

ような形状の水路が形成されるのだろうか?　水文学におけるこの古典的な問題に対し，まだ決定的な答えは得られていない。浸食可能な土地に水が流れると水路ができる。図表7−1は水路の断面をモデル化したものである。関数 $\varphi(x)$ は水路断面底部の形状，汎関数 $A[\varphi]$ は水路断面の流積（水が流れている部分の断面積）を表している。本章の問題は，変分原理から安定な水路断面底部の形状 $\varphi(x)$ を導き出すことである。図表7−2は水路の斜面における力のつり合いを図示したものである。水路の斜面を構成する粒子には，重力 F_g と斜面上の水流が牽引することによって引き起こされる浸食力 F_e が働く。水路の斜面が安定するためには，斜面が当該粒子を離すまいとする抵抗力 F_r が重力 F_g および水流による浸食力 F_e と釣り合う必要がある。図表7−2に示すように，水路斜面の傾斜角を θ とすると，水路斜面の抵抗力 F_r についてその水平方向成分 $F_{r,x}$ は次式で表される。

$$F_{r,x} = F_e \sin\theta \qquad (1)$$

　一方，抵抗力 F_r の鉛直方向成分 $F_{r,y}$ については，水流による浸食力 F_e だけでなく重力 F_g の影響も考えに入れなければならない。次式に示すように，重力 F_g は水流による浸食力 F_e を鉛直方向に打ち消すように働く。

$$F_{r,y} = F_e \cos\theta - F_g \tag{2}$$

ここで

$$\alpha = 1 + \frac{F_g}{F_{r,y}} \tag{3}$$

とおくと，（2）に示した鉛直方向のつり合いの式は

$$F_{r,y} = \frac{F_e}{\alpha} \cos\theta \tag{4}$$

と書き換えられる。定数 α は 1 より大きな値をとる。水路斜面の抵抗力 F_r の大きさを，（1）に示した水平成分と（4）に示した鉛直成分のユークリッドノルムを用いて評価すると，

$$
\begin{aligned}
F_r &= \sqrt{{F_{r,x}}^2 + {F_{r,y}}^2} \\
&= \sqrt{(F_e \sin\theta)^2 + \left(\frac{F_e}{\alpha}\cos\theta\right)^2}
\end{aligned}
\tag{5}
$$

と表される。ここで，水路底部の形状を表す関数 φ の導関数 φ' が斜面の傾きに相当すること，すなわち

$$\varphi' = \tan\theta$$

を用いて（5）を次のように書き直す。

$$F_r = \frac{F_e}{\alpha\sqrt{1 + \varphi'^2}}\sqrt{1 + \alpha^2\varphi'^2} \tag{6}$$

　水路の底部を Γ とすると，水路が安定するためには，水路の底部全体で

$$
\begin{aligned}
\int_\Gamma F_r \, d\Gamma &= \int_{-a}^{a} F_r \sqrt{1 + \varphi'^2} \, dx \\
&= \frac{F_e}{\alpha}\int_{-a}^{a} \sqrt{1 + \alpha^2\varphi'^2} \, dx
\end{aligned}
\tag{7}
$$

だけの抵抗力が必要となる。すなわち，水路の底部全体にわたる抵抗力の積分は，汎関数

$$T[\varphi] = \int_{-a}^{a} \sqrt{1 + \alpha^2 {\varphi'}^2}\, dx \qquad\qquad (8)$$

に比例する。ここでは水路の形成過程が

　　　　変分原理「水路の形状 φ は $T[\varphi]$ を最小とするように安定化する」

に従うものと考え，水路断面の流積

$$A[\varphi] = -\int_{-a}^{a} \varphi\, dx \qquad\qquad (9)$$

が一定，および，境界条件 $\varphi(-a)=\varphi(a)=0$ の下で，汎関数 $T[\varphi]$ を最小とする φ を変分法によってもとめてみよう。ただし φ は十分なめらかな偶関数とする。

　このような束縛条件の下での変分問題は，ラグランジュの未定乗数を導入すると扱いやすくなる。未定乗数 λ を含む汎関数

$$\begin{aligned} F[\varphi] &= \lambda A[\varphi] + T[\varphi] \\ &= \int_{-a}^{a} \left(-\lambda\varphi + \sqrt{1 + \alpha^2 {\varphi'}^2} \right) dx \end{aligned} \qquad (10)$$

を定義し，

$$f(\varphi, \varphi') = -\lambda\varphi + \sqrt{1 + \alpha^2 {\varphi'}^2} \qquad\qquad (11)$$

とおく。すなわち，

$$F[\varphi] = \lambda A[\varphi] + T[\varphi] = \int_{-a}^{a} f(\varphi, \varphi')\, dx \qquad (12)$$

と表記する。このとき $A[\varphi]$ が一定であることに注意すると，$T[\varphi]$ を最小化する関数 φ は少なくとも汎関数 $F[\varphi]$ を停留させる必要がある。汎関数 $F[\varphi]$ が停留すると，そのときの φ の形状を多少変化させても $F[\varphi]$ の値はほとんど変化しない。これを利用して停留解をみつける。まず，許容関数

$$\hat{\varphi}(x) = \varphi(x) + \epsilon\,\eta(x) \qquad\qquad (13)$$

を導入する。ただし ϵ は微小量であり，η は境界条件 $\eta(-a)=\eta(a)=0$ を満足する任意のなめらかな関数である。許容関数は関数 φ の形状を任意に微小量 ϵ のオーダーで変形したものである。この許容関数 φ に対する $F[\hat{\varphi}]$ の値と $F[\varphi]$

の値とのずれは次のようになる。

$$
\begin{aligned}
F[\hat{\varphi}] - F[\varphi] &= \int_{-a}^{a} \bigl(f(\hat{\varphi}, \hat{\varphi}') - f(\varphi, \varphi')\bigr) \, dx \\
&= \int_{-a}^{a} \bigl(f(\varphi + \epsilon\,\eta, \varphi' + \epsilon\,\eta') - f(\varphi, \varphi')\bigr) \, dx
\end{aligned}
\tag{14}
$$

被積分関数中の $f(\varphi+\epsilon\eta, \varphi'+\epsilon\eta')$ に対して $f(\varphi, \varphi')$ 周りのテイラー展開を適用すると

$$
\begin{aligned}
f(\varphi + \epsilon\,\eta, \varphi' + \epsilon\,\eta') &= f(\varphi\ \varphi') + \epsilon\left(\eta\frac{\partial}{\partial\varphi} + \eta'\frac{\partial}{\partial\varphi'}\right)f(\varphi, \varphi') \\
&+ \frac{\epsilon^2}{2}\left(\eta^2\frac{\partial^2}{\partial\varphi^2} + \eta\eta'\frac{\partial^2}{\partial\varphi\partial\varphi'} + \eta'^2\frac{\partial^2}{\partial\varphi'^2}\right)f(\varphi, \varphi') \ + \cdots
\end{aligned}
\tag{15}
$$

となり，これを（14）に代入して

$$
\begin{aligned}
F[\hat{\varphi}] - F[\varphi] &= \epsilon\int_{-a}^{a}\left(\eta\frac{\partial}{\partial\varphi} + \eta'\frac{\partial}{\partial\varphi'}\right)f(\varphi, \varphi')\, dx \\
&+ \frac{\epsilon^2}{2}\int_{-a}^{a}\left(\eta^2\frac{\partial^2}{\partial\varphi^2} + \eta\eta'\frac{\partial^2}{\partial\varphi\partial\varphi'} + \eta'^2\frac{\partial^2}{\partial\varphi'^2}\right)f(\varphi, \varphi')\, dx \ + \cdots
\end{aligned}
\tag{16}
$$

を得る。右辺第 1 項を汎関数 $F[\varphi]$ の一次の変分と呼び，

$$
\delta F = \epsilon\int_{-a}^{a}\left(\eta\frac{\partial}{\partial\varphi} + \eta'\frac{\partial}{\partial\varphi'}\right)f(\varphi, \varphi')\, dx
\tag{17}
$$

と表記する。部分積分によって

$$
\delta F = \epsilon\left[\eta\frac{\partial f(\varphi, \varphi')}{\partial\varphi'}\right]_{-a}^{a} + \epsilon\int_{-a}^{a}\left\{\eta\frac{\partial f(\varphi, \varphi')}{\partial\varphi} - \eta\frac{d}{dx}\left(\frac{\partial f(\varphi, \varphi')}{\partial\varphi'}\right)\right\}dx
\tag{18}
$$

となり，境界条件 $\eta(-a)=\eta(a)=0$ から右辺第 1 項は消えるため，汎関数 $F[\varphi]$ の一次の変分は次式で与えられる。

$$
\delta F = \epsilon\int_{-a}^{a}\eta\left\{\frac{\partial f(\varphi, \varphi')}{\partial\varphi} - \frac{d}{dx}\left(\frac{\partial f(\varphi, \varphi')}{\partial\varphi'}\right)\right\}dx
\tag{19}
$$

汎関数 $F[\varphi]$ が停留するには，任意の η に対して

$$\delta F = \epsilon \int_{-a}^{a} \eta \left\{ \frac{\partial f(\varphi, \varphi')}{\partial \varphi} - \frac{d}{dx}\left(\frac{\partial f(\varphi, \varphi')}{\partial \varphi'} \right) \right\} dx = 0 \qquad (20)$$

が成立する必要があることから，微分方程式

$$\frac{\partial f(\varphi, \varphi')}{\partial \varphi} - \frac{d}{dx}\left(\frac{\partial f(\varphi, \varphi')}{\partial \varphi'} \right) = 0 \qquad (21)$$

を得る。汎関数の停留解を与える微分方程式 (21) は，18世紀の数学者レオンハルト・オイラーとジョゼフ＝ルイ・ラグランジュにちなみ，オイラー＝ラグランジュ方程式と呼ばれている。

　微分方程式 (21) に (11) を代入すると，

$$\frac{\partial f(\varphi, \varphi')}{\partial \varphi} - \frac{d}{dx}\left(\frac{\partial f(\varphi, \varphi')}{\partial \varphi'} \right) = -\lambda - \frac{d}{dx}\left(\frac{\alpha^2 \varphi'}{\sqrt{1 + (\alpha\varphi')^2}} \right) = 0 \quad (22)$$

となることから明らかに

$$\frac{d}{dx}\left(\frac{\alpha^2 \varphi'}{\sqrt{1 + (\alpha\varphi')^2}} \right) = -\lambda \qquad (23)$$

である。両辺を積分して

$$\frac{\alpha^2 \varphi'}{\sqrt{1 + (\alpha\varphi')^2}} = -\lambda x + c \qquad (c: \text{積分定数}) \qquad (24)$$

ここで φ はなめらかな偶関数なので $\varphi'(0) = 0$ であり，よって

$$\frac{\alpha^2 \varphi'}{\sqrt{1 + (\alpha\varphi')^2}} = -\lambda x \qquad (25)$$

両辺を2乗して φ' について解くと

$$\varphi' = \pm \frac{1}{\alpha} \sqrt{\frac{\lambda^2 x^2}{\alpha^2 - \lambda^2 x^2}} \qquad (26)$$

であり，$\varphi \leq 0$ に注意して，次の楕円弧を得る。

$$\varphi = -\sqrt{\frac{1}{\lambda^2} - \frac{x^2}{\alpha^2}} + d \qquad (d:積分定数) \tag{27}$$

$$\left(\frac{x}{\frac{\alpha}{|\lambda|}}\right)^2 + \left(\frac{\varphi - d}{\frac{1}{|\lambda|}}\right)^2 = 1 \tag{28}$$

水路底部の抵抗力を指標とした変分原理から，その形状 φ は，短径の α 倍の長径をもつ楕円弧で安定するという結果が導かれた。

　積分定数 d は地表から見た楕円の鉛直上向きのシフトを表し，その値は，楕円形の水路が土地をどの程度浸食してどの位の深さまで沈み込んで安定するのかを反映している。ここからは，流積 $A[\varphi]$ が一定という条件のもとで，汎関数 $T[\varphi]$ を最小にする鉛直方向のシフトについて考えてみよう。まず楕円の短半径を

$$R = \frac{1}{|\lambda|}$$

とおき，楕円の鉛直上向きのシフト d についても短半径 R との比 t を用いて

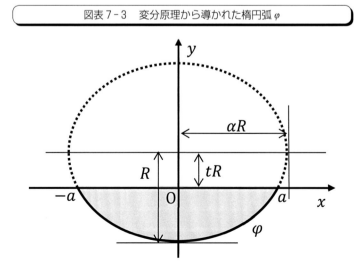

図表 7-3　変分原理から導かれた楕円弧 φ

$$d = tR \quad (0 \leq t < 1)$$

と表すと，(27)，(28) は

$$\varphi = -\sqrt{R^2 - \frac{x^2}{\alpha^2}} + tR \tag{29}$$

$$\left(\frac{x}{\alpha R}\right)^2 + \left(\frac{\varphi - tR}{R}\right)^2 = 1 \tag{30}$$

と書き直せる（図表 7-3 参照）。ただし，水路側壁のオーバーハングは物理的に起こりえないものとし，パラメータ t の取りうる範囲を $0 \leq t < 1$ としている。境界条件 $\varphi(-a) = \varphi(a) = 0$ から

$$a = \alpha R\sqrt{1 - t^2} \tag{31}$$

となることに注意し，(29) の φ を（8）に代入すると，$T[\varphi]$ は次式で与えられる。

$$T[\varphi] = \int_{-\alpha R\sqrt{1-t^2}}^{\alpha R\sqrt{1-t^2}} \sqrt{\frac{\alpha^2 R^2}{\alpha^2 R^2 - x^2}}\, dx \tag{32}$$

長半径 αR によって x 座標を正規化した

$$u = \frac{x}{\alpha R}$$

を用い，x を置換することによって，

$$T[\varphi] = \alpha R \int_{-\sqrt{1-t^2}}^{\sqrt{1-t^2}} \frac{1}{\sqrt{1-u^2}}\, du \tag{33}$$
$$= 2\alpha R \arccos t$$

を得る。一方で水路の流積 $A[\varphi]$ については，（9）に（29）の φ および（31）の a を代入し，u で x を置換すれば

$$A[\varphi] = \int_{-\alpha R\sqrt{1-t^2}}^{\alpha R\sqrt{1-t^2}} \left(\sqrt{R^2 - \frac{x^2}{\alpha^2}} - tR \right) dx$$

$$= \alpha R^2 \int_{-\sqrt{1-t^2}}^{\sqrt{1-t^2}} \left(\sqrt{1-u^2} - t \right) du$$

$$= \alpha R^2 \left(\arccos t - t\sqrt{1-t^2} \right)$$

(34)

と表される。両式 (33), (34) から短半径 R を消去して,

$$T[\varphi] = 2\sqrt{\alpha A[\varphi]} \frac{\arccos t}{\sqrt{\arccos t - t\sqrt{1-t^2}}}$$

(35)

を得る。分子の $A[\varphi]$ を一定としていることに注意し, $T[\varphi]$ をパラメータ t で微分すると, $0 < t < 1$ の範囲で

$$\frac{dT[\varphi]}{dt} = 2\sqrt{\alpha A[\varphi]} \frac{t\left(\sqrt{1-t^2} - t\arccos t\right)}{\sqrt{(1-t^2)\left(\arccos t - t\sqrt{1-t^2}\right)^3}}$$

$$= 2\sqrt{\alpha A[\varphi]} \frac{t \int_t^1 \arccos v \, dv}{\sqrt{(1-t^2)\left(\int_t^1 2\sqrt{1-v^2}\,dv\right)^3}} > 0$$

(36)

となり正の値をとる。この結果から, $T[\varphi]$ は $0 \le t < 1$ で狭義単調増加することが分かり, その最小値は $t=0$, すなわち, $d=0$ のときに与えられる。

学習課題

1. ディド女王の問題　Queen Dido's Problem

　長さが一定のなめらかな曲線で囲まれた図形の中で, その面積が最大となるのは円盤であることを示せ。

2. 懸垂線　Catenary

　ロープの両端を持ってぶら下げた時にできる曲線を求めよ。

3. 最速降下曲線　Brachistochrone curve

　滑り台をイメージして, 固定された 2 点間を, 物体が最も速く滑り落ちることができるような曲線はサイクロイドで与えられることを示せ。

（参考文献・資料）

[1]　Noriaki Ohara, Katsu Yamatani, "Theoretical Stable Hydraulic Section based on the Principle of Least Action", *Scientific Reports*, 9.7957, 2019.

[2]　Cornelius Lanczos, *The Variational Principles of Mechanics*, 4th Edition, Dover Publications, 1986.

[3]　Richard Courant, David Hilbert 著，藤田宏・高見穎郎・石村直之訳『数理物理学の方法 上』丸善出版，2013年。

第 **8** 章　感性と情報処理

1．はじめに

　感性とは何だろうか。感性は人々の選択や行動，印象を大きく左右するが，実は，これが何かについて我々はよく分かっていない。しかしその重要性は十分に認識され，英語表記 kansei も定着しつつある。今日の成熟した市場では，官能検査や理化学検査が扱う品質では商品を十分に差別化できない。サービスや商品は，その付加価値の感性品質に注目し，感性商品として再定義することが強く求められている。

　カント（Kant, I.）は，直感と認識を分析する過程で，感性（sensing capacity）と悟性（understanding ability）から構成されるモデルを示した。感性が物理的刺激を知覚し，直感を与え，悟性が直感と量的概念を統合し，理解と判断が生じる。これは，科学として感性を扱う初期のモデルである。いま対象とすべき感性（kansei）は，カントの感性と悟性を含むより広い概念である。我々は，未だ未知なる感性を，工学的な手続きを用いて分析し，実用的な形で整理し理解することを目指す。

　一般に，居心地やイメージ，直感といった，抽象的な感性品質についての量的な評価を得るのは難しい。評価に際しては，理化学検査に加え，官能検査やアンケートなどから得た情報を処理する必要がある。本章では，人々の「選択」に注目し，感性についての情報を「一対比較」という道具を用いて扱う方法を紹介する。

2．どれが一番？　どれがどのくらい良い？

　さて，複数のモノ（本章では代替案とよぶ）を，ある基準についての「良さ」

で順位付けすることを考える。その際には，順位の根拠となる「良さ」を表す言葉や数値を提示する。

　例えば，食品サンプルを試食し美味しさを−10から10の数値で表し順位付けする，車のデザイン案のアンケートをとり洗練度を A，B，C のいずれかで表し順位付けする，事業案の環境負荷を測定し優先度を 0 から 1 の数値で表し順位付けし数値に応じた予算を配分する，定期試験で学生の学力に点数を付けて席次を決める，など。

　「良さ」は，測定や検査，その他手続きを経て，適切な規則にしたがい言葉や数値として表現される。この規則を尺度（scale）とよび，言葉や数値を評価あるいは評価値とよぶ。尺度はつぎのようなものが用いられる。

名義尺度	
順位尺度	
相対尺度	間隔尺度
	比率尺度
絶対尺度	

　名義尺度は代替案に分類や格付けを与える。野菜を，一般農法，有機栽培，無農薬，オーガニックとに分ける，金融機関を A+，A，B，…と格付けする。これらは名義尺度であり，決められた規則にしたがって，代替案（野菜，金融機関）にラベルを与える。順位尺度は，大小関係の意味をもつ記号や数値，順位を代替案に割り振る。

　相対尺度は，代替案に数値を与える尺度であり，ふたつの数値の演算に意味がある場合に用いる。とくに，数値の差に意味がある尺度を間隔尺度，数値の比に意味がある尺度を比率尺度とよぶ。

　摂氏（温度）は，温度計などの目盛りにより暖かさを評価する間隔尺度である。数値の差が重要でありその比に意味はない。10℃と11℃の差は1℃と2℃の差に等しいが，10℃の暖かさは1℃の暖かさの10倍ではない。間隔尺度では，比（割り算）に意味がないため，注目する差が全体の中でどのくらいの大きさ

なのか分からず，評価を得ても十分な価値判断ができないことが多い。一方，長さや重さなどは，間隔尺度であると同時に比率尺度でもあり，数値の比が意味をもつ。

　絶対尺度は，最も便利な尺度であり，数値の差にも比にも意味がある。絶対温度は温度を絶対尺度で表現したものであるが，摂氏と異なり，全く温度がないとき（分子の運動が停止するとき）の基準の数値０K（ケルビン）をもつため，例えば，200K は100K の２倍と述べることができる。比率尺度も絶対尺度と同様に基準０を定めることができ，同一の尺度の中では，比と差を扱うことができる。すべての世界の代替案に適用できる比率尺度があれば，それは絶対尺度と同等である。

　順位付けにおいて，近さや速さ，温度，明るさなど，物理的な基準に注目する場合は，理化学検査の設備と精度が十分なら実施は容易であり，誰がいつどこで実施するかに結果が左右されない。一方，美味しさや洗練度，イメージの良さといった基準は，定義が曖昧であったりその中に別の基準が混在しているため，順位付けする人や環境，回数によって結果が変わりうる。とくに微妙な差に注目する場合には，一度にすべての代替案を順位付けするのは困難である。

　一対比較法は，感性に左右されるこのような基準について代替案を順位付けする方法のひとつである。まず代替案の中からふたつ（ペア）を取り出し，そのふたつにのみ注目して，どちらの代替案がどのくらい良いかを提示し，さらに，それをすべてのペアについて行う。その後，比較の結果を集計して，評価を与え順位付けする。一対比較法を適用する実際の場面によって，ペアを比較する人数や手順，結果の集計方法，採用する尺度が異なる。

　比較の際には，代替案ふたつのうちどちらが良いかを示せばよく，全体を一度に順位付けすることよりも判断が容易である。さらに，素人でも代替案同士の微妙な差を検出できるとされる。ただ，すべてのペアについて比較を行うため，代替案の数が多くなると比較回数が多くなる。

　以降，より一般的に述べるため，代替案を $\{X_1, X_2, \cdots, X_n\}$ の n 個とし，アンケートと意思決定を題材に一対比較法を紹介する。さらに，古くて新しい話題として，一対比較による社会選択の分析を紹介する。

3．アンケートと一対比較法

　まず，計量心理学で広く用いられるサーストン（Thurstone, L.L.）の方法を紹介する。これは，アンケートを通じて多人数が実施する一対比較法であり，間隔尺度で評価を与える。

　サーストンの方法では，アンケートの回答者ひとりひとりに，代替案のすべてのペアについて，どちらの代替案が良いかたずねる。回答者全員のアンケートが終了した後，各ペアの代替案について「良い」と回答された相対頻度を計算する。

　アンケートの回答者の数を M 人とし，代替案 X_i と X_j のペアについて，X_i の方が X_j よりも良いと答えた人数を $|X_i > X_j|$ と表現すると，このペアにおける X_i の X_j に対する良さの相対頻度は

$$f_{ij} = \frac{|X_i > X_j|}{M} \tag{1}$$

となる。ここで $f_{ij} + f_{ji} = 1$ に注意する。

　そして，このペアに注目したときの X_j の良さを，標準正規分布の上側 f_{ij} パーセント点として与え，この数値を x_{ij} とする。上側 f_{ij} パーセント点は，標準正規分布の上側確率が f_{ij} となる数値である（良さの数値が x_{ij} より大きくなる確率が f_{ij} である）。計算の便宜上，$x_{ii} = 0$ とおく。

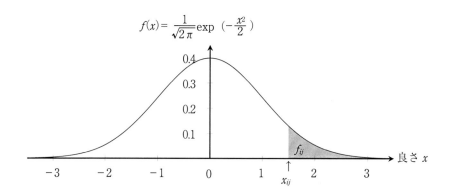

$$f(x) = \frac{1}{\sqrt{2\pi}} \exp\left(-\frac{x^2}{2}\right)$$

相対頻度 f_{ij} が大きいほど（1に近いほど），x_{ij} が小さくなることに注意する。すべてのペアについてパーセント点を得た後，代替案 X_j の良さの数値を平均し，X_j の評価値 y_j を得る。

$$y_j = \frac{1}{n}\sum_{k=1}^{n} x_{kj} \tag{2}$$

補足として，パーセント点を良さの数値として用いる理由を述べる。いま，X_i と X_j の良さを表す正しい数値 y_i^*, y_j^* があると仮定する。

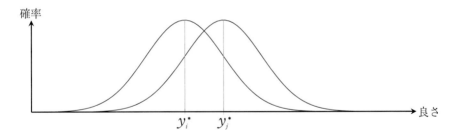

我々は，この2つの数値（の差）を得たい。アンケート回答者は，代替案を見る触れるなどしてその数値を感じ，大きいと感じた方を回答するが，感じる数値にバラツキが生じると，異なる回答がなされる（バラツキがなければ，全員が同じ代替案を選択し，相対頻度は0か1のどちらかとなる）。このバラツキは，y_i^*，y_j^* を平均にもつ確率分布にしたがい生じると考える。

さて，もし仮に，X_j から受け取る数値にバラツキがなければ，X_i が選ばれる確率は，X_i から受け取る数値が y_j^* より大きい確率となる。

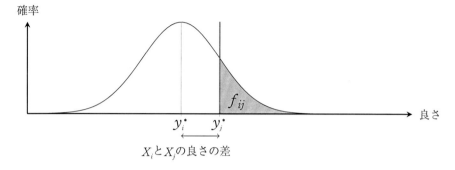

X_iとX_jの良さの差

　正規分布に従う数値同士の差は正規分布にしたがうため，両方の数値にバラ
ツキがある場合も同様に，相対頻度のパーセント点を代替案の良さの差と考え
ることができる。

4．AHP と一対比較法

　戦略的な意思決定では，明確な目的を設定し，その目的を達成するための評
価基準を構成し，その評価基準に基づき代替案を選択する。サーティ（Saaty,
T.L.）が開発した AHP（Analytic Hierarchy Process）は，そのような意思決定を
支援する方法であり，個人の意思決定から社会選択に至る広い範囲で利用され
ている。

　AHP は，比率尺度を採用した一対比較法を用いる。代替案のペアについて，
意思決定者がどちらがどのくらい良いかを比で表現し，すべてのペアの比から
代替案の評価を与える。可能な場合は意思決定者が代替案ふたつを比較し比を
直接提示するが，基本的には，まず両者の関係を表現するフレーズを提示し，
そのフレーズに対応する比を得る。

　例えばX_iとX_jの比較では，フレーズを ｛X_iの方が非常に良い，X_iの方が
良い，どちらも同程度，X_iの方が悪い，X_iの方が非常に悪い｝とし，これに比
｛5，3，1，1／3，1／5｝を対応させる。意思決定者が「X_iの方が良い」を
提示すれば，X_iの良さはX_jの3倍という比を得る。このとき同時に，X_jの良
さがX_iの1／3倍と提示されたと解釈する。

すべてのペアの比から評価を求める方法は多数あるが，主固有ベクトル法と幾何平均法が広く用いられている。どちらもまず，比をつぎのように行列（一対比較行列とよぶ）に配置する。

$$A = \begin{pmatrix} 1 & a_{12} & \cdots & a_{1n} \\ a_{21} & 1 & \cdots & a_{2n} \\ \vdots & \vdots & \ddots & \vdots \\ a_{n1} & a_{n2} & \cdots & 1 \end{pmatrix} \qquad (3)$$

比 a_{ij} は，X_i が X_j の何倍良いかを表す。$a_{ij} = 1 \ / \ a_{ji}$ である。自分と自分の比は1であるとし，$a_{ii} = 1$ とおく。

主固有ベクトル法は，つぎの関係を満たす行列 A の主固有ベクトル $w = (w_1, w_2, \cdots, w_n)^{\mathrm{T}}$ を求める。

$$Aw = \lambda_{max} w \qquad (4)$$

そして，主固有ベクトルの要素 w_i を代替案 X_i の評価値とする。ここで，λ_{max} は行列 A の主固有値である。

幾何平均法は，一対比較行列の行の幾何平均を評価値とする。X_i の評価 u_i は第 i 行目の要素すべてを幾何平均した値となる。

$$u_i = \left(\prod_{k=1}^{n} a_{ik} \right)^{\frac{1}{n}} \qquad (5)$$

AHPでは，各評価基準について，一対比較法で代替案の評価を与えた後，代替案の評価値の和が1になるように正規化し，尺度を揃える。そして，評価基準の重みを乗じて評価値を加算し，代替案の総合評価値とする。この総合評価値により代替案を順位付けする。

目的を達成するために構成した評価基準を $\{C_1, \cdots, C_m\}$ の m 個とし，評価基準 C_k における代替案 X_i の評価値を w_{ik} とする。ここで，評価値が正規化されていることに注意する（$\Sigma_{i=1}^{n} w_{ik} = 1$）。評価基準 C_k の重みを b_k とすると，代替案 X_i の総合評価値 E_i はつぎの加重平均となる。

$$E_i = \sum_{k=1}^{m} b_k w_{ik} \qquad (6)$$

5．多数決と一対比較

　最後は，少し立ち位置を変え，一対比較で社会選択を眺めてみよう。

　民主主義社会における社会選択では，多数決が広く行われる。ここで対象とする多数決では，有権者たちがそれぞれ最良だと思う代替案に1票ずつ投じ，最多票を獲得した代替案が選択される。

　つぎの例を考えてほしい。有権者19人が3つの代替案 $\{X_1,\ X_2,\ X_3\}$ の中からひとつを選択する。有権者は，下表のように代替案を1位から3位まで順位付けしている。

順位	3人	4人	2人	4人	6人
1位	X_1	X_1	X_2	X_2	X_3
2位	X_2	X_3	X_1	X_3	X_2
3位	X_3	X_2	X_3	X_1	X_1

　表の右端の列の「6人」は，有権者19人のうち6人が，X_3 を1位に，X_2 を2位に，X_1 を3位に順位付けすることを表す。

　この例で多数決を実施すると，代替案 X_1 が選択される。有権者は各自の1位にのみ1票を投じ，X_1 は7票，X_2 は6票，X_3 は6票を得る。

　いま，つぎの一対比較を考える。表を眺め，X_2 を X_1 よりも上位に置く有権者を数える。表の右側3つの列はどれも X_2 が X_1 の上位にあり，有権者の過半数（12人）は X_2 を X_1 よりも良いと思っている。また右側2列から，有権者の過半数（10人）が X_3 を X_1 よりも良いと思っている。つまり，X_1 は多数決の勝者であるにもかかわらず，一対比較では X_2，X_3 に負ける。

　この X_1 のように，他のすべての代替案に一対比較で負ける代替案をコンドルセ敗者とよぶ。一方，他のすべての代替案に一対比較で勝つ代替案をコンドルセ勝者とよぶ。上述の例により，多数決はコンドルセ敗者を選択しうることが分かる。

多数決のこのような特徴は，1784年にボルダ（Borda, J.C.）により指摘された。ボルダは，コンドルセ敗者を選択しうる意思集約法は不適切であると主張し，多数決に変わる社会選択の方法としてスコアリングルールを提案した。この手法は，有権者が各自が思う順位に応じた得点を代替案に与え，その合計得点が最高の代替案を選択する。とくに，各順位の得点の差が1となるスコアリングルールをボルダルールとよび，各代替案が得る合計得点をボルダ得点とよぶ。上述の例にボルダルールを用いると，順位に応じた得点は下表のようになる。

順位	3人	4人	2人	4人	6人
1位（2点）	X_1	X_1	X_2	X_2	X_3
2位（1点）	X_2	X_3	X_1	X_3	X_2
3位（0点）	X_3	X_2	X_3	X_1	X_1

X_1のボルダ得点は3人×2点＋4人×2点＋2人×1点＋4人×0点＋6人×0点＝16，X_2とX_3のボルダ得点は21，20となり，ボルダルールはX_2を選択する。

　一般の場合にも，ボルダルールはコンドルセ敗者を選択しない。ボルダと同時代のコンドルセ（Condorcet,C.）は，それのみでは社会選択の手法として不十分であると主張し，さらに，コンドルセ勝者が存在する場合には，それを選択する手法を用いるべきと主張した。ヤング（Young,H.P.）はコンドルセの方針を最尤法として整理し Condorcet-Kemeny-Young 法を提案した。この手法はボルダの主張とコンドルセの主張を満たす。

6．さらに勉強するために

　本章では，一対比較を通じて感性の情報を処理する方法を紹介した。カントが定義した感性については，文献[1]が簡潔なモデルを提供している。本章で扱った一般的な意味での感性（kansei）との違いを確認してほしい。計量心理学や官能評価で利用される一対比較法には，サーストンの方法以外に，シェッ

フェ（Scheffe,H.）の方法やブラッドレイ—テリー（Bradley,R.A.，Terry,M.E.）の
方法がある。これらやその他の官能評価の手順や実施例は文献[2]が詳しい。
文献[3]は，確率モデルに注目し一対比較法を整理している。サーストンの方
法の確率モデルについての本章の解説はこの文献による。AHPの手続きは，
目的—評価基準—代替案という3層構造で意思決定問題を構成する手続きから
始まるが，本章では代替案の一対比較のみに注目して紹介した。主固有ベクト
ルを評価値とする根拠やAHPの応用事例については文献[4]が詳しい。多数決
の問題点は，ルソー（Rousseau,J.J.）が社会契約論で提示した一般意志を追求す
る中で，ボルダとコンドルセを中心に議論された。200年後に彼らの議論が再
発見され近代の投票理論が隆盛した。この経緯と社会選択についての話題，ボ
ルダルールやCondorcet-Kemeny-Young法の特徴については文献[5]が詳しい。
本章では，ボルダやコンドルセの業績を中心に述べたが，彼らよりさらに500
年早く，ルリュ（Llull,R.）が同様の問題意識を持ち，コンドルセと同じ方針の
意思集約手法を提案していたとされる。

学習課題

1．官能検査と理化学検査について，両者の違いをまとめなさい。

2．代替案の数がnのとき，代替案のペアの数はいくつか答えなさい。

3．式（1）について，$f_{ij}+f_{ji}=1$を示しなさい。

4．表計算ソフトを用いて，標準正規分布の上側0.05パーセント点，上側0.10
　パーセント点，…，上側0.45パーセント点，上側0.50パーセント点を求めな
　さい。

5．代替案 $\{X_1, X_2, X_3\}$ について，つぎの一対比較行列を得た。幾何平
　均法を用いて評価値を求めなさい。ただし，$a, b, c>0$ である。

$$A=\begin{pmatrix} 1 & a & 1/c \\ 1/a & 1 & b \\ c & 1/b & 1 \end{pmatrix} \tag{7}$$

6．上の設問で求めた評価値が，主固有ベクトル法で求める評価値と定数倍を
　除いて一致することを確認しなさい。

7．AHPで，3つの評価基準 $\{C_1, C_2, C_3\}$ についての4つの代替案 $\{X_1,$

X_2, X_3, X_4 の評価値が下表のようになった。C_1, C_2, C_3 の重みがそれぞれ0.100, 0.400, 0.500であるとき, 代替案4つの総合評価値を表計算ソフトを用いて求めなさい。

	C_1	C_2	C_3
X_1	0.385	0.286	0.077
X_2	0.308	0.214	0.231
X_3	0.231	0.214	0.308
X_4	0.077	0.286	0.385

8. 4節の例について, X_2 と X_3 のボルダ得点を計算せよ。さらに, 一対比較のみを用いて3つの代替案を順位付けし, ボルダルールが必ずしもコンドルセ勝者を選択しないことを確認しなさい。

【注】

1）渡辺嘉二郎『カントがつかんだ, 落ちるリンゴ』オーム社, 2010年。
2）天坂格郎・長沢伸也『官能評価の基礎と応用』日本規格協会, 2000年。
3）君山由良『一対比較法のモデル』データ分析研究所, 2010年。
4）木下栄蔵編『AHPの理論と実際』日科技連, 2008年。
5）坂井豊貴『社会的選択理論への招待』日本評論社, 2013年。

第 **9** 章　身のまわりの数学

1．はじめに

　いま，あなたはふだんの生活で数学を意識することはあるだろうか。ひとによっては数学は必要なく，四則演算ができればよいという意見もあるであろう。しかしながら，身のまわりは数学であふれており，起きてから寝るまで数学なしで生きていくことは大変むつかしいことなのである。ただし，今の時点ではなかなか実感できないかもしれない。以下の式

$$e^{i\pi} + 1 = 0$$

をみてなにか感じるであろうか。これはオイラーの公式といわれる

$$e^{i\theta} = \cos\theta + i\sin\theta$$

において $\theta=\pi$ としたもので，e=2.718…，π=3.141…，i^2=-1 である。この式は一般的に「美しい」といわれている。なぜならば e，π，i と 0 と 1 という数がひとつの式に表れているからである。ただし，まだ今の時点ではこのような e，π，i などが身のまわりにあることは実感できないかもしれない。

　そこで本章では，身のまわりのさまざまなところに数学が存在していることを実感してもらうために，さまざまな問題について解説することにする。本節最後に，身のまわりの現象などを数学を用いてモデル化する場合の流れを説明をする。

　（1）身のまわりの問題をデータなどを用いて分析する。

　（2）現実の問題の理想化，抽象化する。

　（3）数学を用いてモデル化する。

　（4）解を求める。

　（5）得られた解が現実を表しているか検証する。

　問題をモデル化する際に，現実の現象などをすべてモデルに入れると解を求

めることが大変困難になる。しかし一方，あまりにも理想化してしまうと今度は求めた解があまり役に立たないことになる可能性が高い。どちらにしても，そのような場合は上記の（2）へ戻り，モデルを再検討することになる。これは数理モデルを作成するうえで重要なことであり，このような試行錯誤を重ねることが成功への道である。

2．くじ引き問題

　いま，あなたは10本中3本当たりのくじを引こうとしているとする。このとき，くじをいつ引けばよいのだろうか。具体的には，くじを最初に引くのと2番目に引くのではどちらが有利であろうか。ただし，引いたくじはもとに戻さないとする。まずは最初に引いた場合にくじに当たる確率を求めてみよう。これはくじが10本で当たりが3本だから3/10である。つぎに，2番目に引いて当たる確率を計算してみよう。ここで当たりを○，はずれを×とする。この場合は，最初にくじを引いた人が当たりかはずれで2つの場合にわかれる。すなわち，

　　1）最初の人が○，2番目に引いて○の確率は $\frac{3}{10}\times\frac{2}{9}$
　　2）最初の人が×，2番目に引いて○の確率は $\frac{7}{10}\times\frac{3}{9}$

であるので，2番目に引いて当たる確率はこれらを加えて

$$\frac{3}{10}\times\frac{2}{9}+\frac{7}{10}\times\frac{3}{9}=\frac{3}{10}$$

となる[1]。つぎに3番目に引いた場合に当たる確率を求めてみる。考え方は上記と同様である。

　　1）3人とも○の確率
　　2）最初と3番目が○の確率
　　3）最初だけが×の確率
　　4）3番目だけが○の確率

を加えればよいので，

$$\frac{3}{10}\times\frac{2}{9}\times\frac{1}{8}+\frac{3}{10}\times\frac{7}{9}\times\frac{2}{8}+\frac{7}{10}\times\frac{3}{9}\times\frac{2}{8}+\frac{7}{10}\times\frac{6}{9}\times\frac{3}{8}=\frac{3}{10}$$

となる。このことから，くじは最初に引いても2番目，3番目に引いても当た

る確率はおなじことがわかる。さらにこれは一般化することができるのである。

3．誕生日問題

　いま，あなたは50人のクラスの学生だとする。このとき，少なくとも2人がおなじ誕生日である確率はどのくらいであろうか。ただし，各学生の誕生日は同等に確か[2]で，うるう年はないものとする。少なくとも2人というのは考えるのがややこしいので，学生全員の誕生日が異なる確率を求めて1からその値を引いて求めることにする。

　まず起こりうるすべての場合の数は365^{50}である。つぎにひとりずつ誕生日を聞いていこう。はじめの学生の誕生日は365日のうちのどれかである。2番目の学生の誕生日ははじめの学生の誕生日以外の364日のうちのどれかである。3番目以降も同じように考えれば，50人目の学生の誕生日は$365-50+1$日のうちのどれかである。このことから，50人全員の誕生日が異なる場合の数は

$$365 \times 364 \times 363 \times \cdots \times (365-50+1)$$

となる[3]。したがって，すべての学生の誕生日が異なる確率は

$$\frac{365 \times 364 \times 363 \times \cdots \times (365-50+1)}{365^{50}} = 0.0296264$$

図表9-1　おなじ誕生日のひとがいる確率

人数	確率
5	0.027
10	0.117
15	0.253
20	0.411
23	0.507
40	0.891
50	0.970
60	0.994

となるので，求める確率は

$$1 - 0.0296264 = 0.970374$$

である。すなわち，少なくとも2人がおなじ誕生日である確率は約0.97である。これはほとんどいると思ってよい値であろう。クラスの人数が変わると確率がどうなるかを示したのが図表9-1である。

　ある年の授業で197名にアンケートをとったところ，2人以上がおなじ誕生日の日は39日で，2/8，4/23，6/4，12/14，12/24は3人が，11/23，11/24は4人がおなじであった。ぜひ身のまわりのひと23人に誕生日を聞いてみてほしい。おなじ誕生日のひとがいる確率は約50％である。

4．平均点問題

　いま，あなたは定期試験の結果を受けとったとする。試験の点数は80点で平均点が75点であった。よろこんでよいだろうか。この「平均点」の問題を考えるためにつぎの例を考えてみる。ある試験の平均点が50点であった。もし受験生がふたりであるとすると

　　1）ふたりとも50点，

　　2）ひとりが100点でもうひとりが0点，

の場合がありえるのである。ここでいいたいのは，平均点だけではわからないこともあるということである。そこで平均点から自分の得点がどれだけはなれているかを考える。

　定期試験を n 人が受験して，各受験者の得点が x_i $i=1$，…，n とすると平均 $\bar{x}$ は

$$\bar{x} = \frac{x_1 + \cdots + x_n}{n}$$

により求めることができる。つぎに受験者の得点と平均点との差を考えるのであるが，平均点より高いひとと低いひとでは符号が異なるので2乗することにする。この値の平均は

$$\frac{(x_1-\bar{x})^2+\cdots+(x_n-\bar{x})^2}{n}$$

となる。これは分散といわれているものでデータ（試験の得点）の散らばり度を表したものである。先の例では平均点はともに50点であるが，分散はそれぞれ

$$\frac{(50-50)^2+(50-50)^2}{2}=0 \ , \ \frac{(100-50)^2+(0-50)^2}{2}=2500$$

となる。両者のちがいがはっきりすることがわかるであろう。

　一般に試験の得点，身長，体重などはほぼ正規分布（ガウス分布）とよばれる分布にしたがっていることが多いといわれている。正規分布は自然現象，社会現象のあらゆるところで見られる分布であり，ド・モアブル（De Moivre）により生みだされたものである。EU における通貨統合前のドイツの10マルク紙幣には，ガウス（C. F. Gauss）とともに正規分布の曲線（密度関数）が描かれている（図表9-2）。

　正規分布の密度関数は

$$f(x)=\frac{1}{\sqrt{2\pi\sigma^2}}e^{-\frac{(x-\mu)^2}{2\sigma^2}}$$

で与えられる。ここで μ は平均で実数，σ^2 は分散である。このことから e が身のまわりにあることがわかる。図表9-3は平均を0，分散を1とした正規

図表9-2　ドイツの旧10マルク紙幣

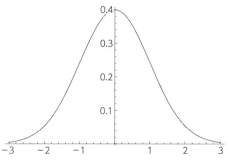

図表9-3　標準正規分布の密度関数

分布（標準正規分布）の密度関数である。

正規分布の密度関数のおもな特徴は

1．平均で最大になる

2．平均値，最頻値，中央値が等しい

3．左右対称のつりがね型

である。

5．施設配置問題

いま，あなたは市町村が合併した都市に住んでいるとする。この都市に合併後のあたらしい市役所を建設する計画があるとする。この場合，どこを候補地とするのがよいかという問題を考えてみよう。ここで市役所は住民にとって近くにあった方がよい施設であろう。しかしながら，住民全員の意見を聞いていたら決めることは大変困難である。以下ではこれをに数理モデル化して解くことを考える。

はじめにモデルの設定をする。都市は2次元平面，住民の市役所までの移動は直線，住民の移動距離の総和を最小にするような施設（ここでは市役所）を配置するとする。このような問題はヴェーバー問題，またはミニサム型施設配置問題とよばれる。

市役所の建設場所を点 A (x, y)，住民は (x_1, y_2), $\cdots$, (x_{10}, y_{10}) に住んでいるとする。この点を需要点という。各住民の点 A までの移動距離 l_i を直線とすると

$$l_i = \sqrt{(x - x_i)^2 + (y - y_i)^2}$$

となる。この総和を最小にするので

$$\min f(x, y) = \sum_{i=1}^{n} \sqrt{(x - x_i)^2 + (y - y_i)^2}$$

を解けばよいことになる。これは x と y で偏微分することで得られる，以下の連立方程式

$$\frac{\partial f}{\partial x} = \sum_{i=1}^{n} \frac{x - x_i}{\sqrt{(x - x_i)^2 + (y - y_i)^2}} = 0$$

$$\frac{\partial f}{\partial y} = \sum_{i=1}^{n} \frac{y - y_i}{\sqrt{(x - x_i)^2 + (y - y_i)^2}} = 0$$

を解けばよい。ただしこの方程式は解析的に解くことができないので，以下では数値例を与えることにする。いま，各住民の住んでいる位置が以下の表で与えられている。このとき，どこに市役所を配置すればよいだろうか。

需要点	x_i	y_i
1	1	6
2	3	38
3	15	18
4	8	32
5	31	0
6	3	28
7	41	16
8	24	26
9	50	39
10	29	8

　この問題を解いた結果が図表9-4である。住民の位置を○で，最適な位置 $(x^*, y^*) = (18.201, 20.679)$ を◇で表している。この図から全体的には最適になるものの一部のひとが市役所まで遠くなり，不便になる事態が起きていることがわかる。このモデルにより市役所の建設位置を決めるのはよいが，消防署ならどうであろうか。消防車，救急車の到着時間は大変大きな問題である。そこで，つぎに最も遠いひとの移動距離が最小になるようなモデルである，ミニマックス型施設配置問題により定式化をすると

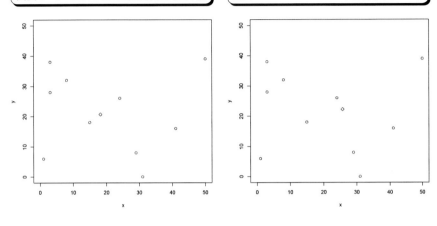

$$\min_{} \max_{i} \sqrt{(x - x_i)^2 + (y - y_i)^2}$$

を解けばよいことがわかる。解いた結果が図表 9-5 であり、最適な位置は $(x^*, y^*) = (25.685, 22.225)$ である。ミニサム型施設配置問題と比べるとどうであろうか。

6. 野球打者評価問題

　いま、あなたはあるプロ野球球団の監督であるとする。このとき選手の力を測る指標はいくつもあるが、たとえばホームランが多く打率はそれほど高くない選手とホームランは少ないが打率が高い選手などを評価するにはどのようにしたらよいだろうか。これを可能にする方法のひとつが OERA（Offensive Earned-Run Average）モデルといわれるものであり、Cover and Keilers により提案された。これはある選手が全打席に立ち、9 回まで攻撃したとするとどれくらい得点することができるかを求めるものである。モデル化する際に以下のことを仮定する。

　　1. 犠打はなし

2．エラーはアウトとする

3．進塁打はなし

4．ダブルプレーはなし

5．単打，二塁打の場合，走者は2つ塁を進む

つぎに試合の状態を「走者がどこにいるか」と「アウトカウント」により25にわけ，打撃の結果は打者は，凡打，四死球，単打，二塁打，三塁打，本塁打とする。これらの確率は

$$凡打の確率 = \frac{凡打数}{打数 + 四死球数}$$

$$四死球の確率 = \frac{四死球数}{打数 + 四死球数}$$

$$単打の確率 = \frac{単打数}{打数 + 四死球数}$$

$$二塁打の確率 = \frac{二塁打数}{打数 + 四死球数}$$

$$三塁打の確率 = \frac{三塁打数}{打数 + 四死球数}$$

$$本塁打の確率 = \frac{本塁打数}{打数 + 四死球数}$$

として確率推移行列を定める。さらに1イニングの期待得点（平均得点）を求め，これを9倍して1試合分の得点にしたものがOERA値である。数値例については木下などを参照してほしい。このモデルでは盗塁はないため，四死球で出塁して盗塁した場合と二塁打は現実の試合展開としては走者二塁というおなじ状況を作りだすが，OERAモデルにおいては前者は走者一塁となる。それゆえ，打撃がすぐれている選手は走りに長けている選手よりも高く評価されることになる。そこで近年ではOERAモデルに盗塁を組み入れたTOERAモデルも提案されている。また別の観点から，数理計画問題を用いてクリーンナップ3人の打順を決めることもできる。これについては福島を参照。

7. ペア交代問題

　いま，あなたは英語のコミュニケーションの授業を受けているとする。学生はグループ 1 とグループ 2 にわかれ，ともに n 人おり，授業中に話すペアはちがうグループにいるとする。次回の授業では，ランダムに相手を変えようということになった。ただしグループ間のひとの移動はないものとする。このとき，グループ 1 のすべてのひとが現在の相手とはちがうひととペアになる確率はどのくらいだろうか。この問題は誕生日問題と同様に，少なくとも 1 人が現在の相手とペアになる確率を求め，1 から引くことで求めることができる。その結果，求める確率 $P(n)$ は

$$P(n) = 1 - \frac{1}{1!} + \frac{1}{2!} - \frac{1}{3!} + \cdots + (-1)^n \frac{1}{n!}$$
$$= \frac{1}{2!} - \frac{1}{3!} + \cdots + (-1)^n \frac{1}{n!}$$

となる。これより，n を変化させた場合の確率を図表 9-6 で示した。表から n が増加するにつれて $P(n)$ は減少していくが，$n \to \infty$ となるとその値は $e^{-1} = 0.36787\cdots$ となる。グループの人数 n が増えていくと，ほとんどペアの相手は変わると考えて $P(n)$ は 1 に近づくと思うひともいるかもしれないが，実際にはその値は 1 には近づかないのである。これは以下の議論からわかることである。関数 e^x の $x = 0$ におけるテーラー展開より

$$e^x = 1 + x + \frac{1}{2!}x^2 + \frac{1}{3!}x^3 + \cdots + \frac{1}{n!}x^n + \cdots$$

が成り立つので，この式に $x = -1$ を代入すると

$$e^{-1} = 1 + (-1) + \frac{1}{2!}(-1)^2 + \cdots + \frac{1}{n!}(-1)^n + \cdots$$

が得られる。したがって，

$$\lim_{n \to \infty} P(n) = e^{-1} = 0.3678\ldots$$

図表9-6　ペア交代問題の確率

n	$P(n)$
2	0.500000
3	0.333333
4	0.375000
5	0.366667
6	0.368056
7	0.367857
8	0.367882
∞	0.367879

となる[4]。

8．結婚問題

　いま，あなたは結婚相手を探しているとする。このとき候補者はn人おり，最良のひとと結婚したと思っている。候補者にはひとりずつランダムで会うので，会い方の順列は$n!$通りある。この問題は以下のような設定である。

　　1．結婚する相手はひとり

　　2．出会った相手に順位（相対順位）をつけることが可能

　　3．相手と会った後に結婚するかを決める[5]

　　4．一度断った相手とは結婚できない

　　5．相手は断らない

　　6．n人のだれかと結婚する

　これは理想の相手（相対順位1位）と結婚する確率$P_r(n)$を最大にするには「いつ結婚を決めるのがよいか」というタイミングを求める問題である。これは最適停止問題のなかの最良選択問題ともいわれている。この問題を解くとつぎのようになる。

　　　「いつ結婚を決めるか：はじめの$r-1$人はどのような相手と出会ったと

しても結婚しないで，r 人目以降のはじめの相対順位が1位の相手と結婚する」

このとき，求める確率 $P_r(n)$ は

$$P_r(n) = \frac{r-1}{n} \sum_{i=r}^{n} \frac{1}{i-1}$$
$$= \frac{r-1}{n} \left(\frac{1}{r-1} + \frac{1}{r} + \cdots + \frac{1}{n-1} \right)$$

となる。この確率 $P_r(n)$ を最大にする r を r^* とすると，r^* は

$$\frac{1}{r} + \frac{1}{r+1} + \cdots + \frac{1}{n-1} < 1$$

をみたす最小の整数である。

つぎに結婚相手の候補者がたくさんいる場合[6] すなわち n が十分に大きい場合を考える。このとき，近似的に

$$\frac{1}{r-1} + \frac{1}{r} + \cdots + \frac{1}{n-1} \approx \log \frac{n}{r}$$

が成り立つ。つぎに n が十分に大きいならば r も十分に大きくなると考えられるので，$\log(n/r) = 1$ となる r を r^* とすると

$$r^* = e^{-1} n$$

となる。さらに

$$P_{r^*}(n) = \frac{r^*-1}{n} \left(\frac{1}{r^*-1} + \frac{1}{r^*} + \cdots + \frac{1}{n-1} \right)$$
$$\approx \frac{r^*}{n} \log \frac{n}{r^*} = e^{-1}$$

となる。したがって n が十分大きい場合 $r^* = e^{-1} n$ であるので，以下のことがいえる。

「いつ結婚を決めるか：はじめの $100 \times e^{-1} =$ 約36.8% はどのような相手と出会ったとしても結婚しないで，これ以降のはじめの相対順位が1位の相手と結婚すると，理想の結婚相手である確率は $100 \times e^{-1} =$ 約36.8% となる[7]」

図表9-7　結婚問題の確率 Gilbert and Mosteller

n	r^*	$P_{r^*}(n)$
1	1	1.00000
2	1,2	0.50000
3	2	0.50000
4	2	0.45833
5	3	0.43333
6	3	0.42777
7	3	0.41428
8	4	0.40982
9	4	0.40595
10	4	0.39869
20	8	0.38420
30	12	0.37865
40	16	0.37574
50	19	0.37427
100	38	0.37104
∞	$e^{-1}n$	0.36787

　nとr^*により，$P_{r^*}(n)$がどのような値になるかを示したのが図表9-7である。

学習課題

1．あなたの身のまわりで数学によりモデル化できるもの考えなさい。
2．前問で考えたものをモデル化（定式化）して，解を求めなさい。さらに得られた解が現実の問題をよく表しているか考えなさい。

【注】

1）この計算には確率論の定理が使われている。

2）1/365の確率で一様分布であるという。

3）この計算結果を1行で書くのは大変むずかしい。

4）ここでも e が現れている。

5）これが現実的かどうかはわからない。

6）これも現実的にはどうかはわからない。

7）この問題では r^* と $P_r(n)$ のふたつに e が現れている。

参考文献・資料

[1]　木下栄蔵『多変量解析入門　第2版』近代科学社，2009年。

[2]　栗田治『都市モデル読本』共立出版，2004年。

[3]　鈴木淳生「身のまわりの統計学」『オペレーションズ・リサーチ』vol.60，No.12，2015年。

[4]　玉置光司『基本確率』牧野書店，1992年。

[5]　福島雅夫『数理計画入門』朝倉書店，1996年。

[6]　Cover, T. M. and Keilers, C. W., "An Offensive Earned-Run Average for Baseball", *Operations Research*, Vol.25, No.5, 1977, pp.729–740.

[7]　Gilbert, J. P. and Mosteller, F., "Recognizing the maximum of asequence", *Journal of the American Statistical Association*, 61. 1966.

[8]　Ross, Sheldon, M., *Introduction to Probability Models* 6th edition, Academic Press, 1997.

第10章　問題解決のための数理モデル
—オペレーションズ・リサーチ

1．はじめに

　都市や企業，あるいは個人が直面する問題の多くは，適切なモデルを用意し，その上で適切な値や構造を提示することで解決できることがある。オペレーションズ・リサーチ（OR：Operations Research）は，様々な問題の数理モデル化，および問題解決につながる最適値や均衡の探索法を探求する学問である。数理計画学や数理計画法，経営工学，マネージメント・サイエンスとよばれることもあり，その応用領域は多岐にわたる。これまでに蓄積された理論とツールも豊富であり，社会に与える貢献は大きい。本章では，問題解決のための基本的な OR のアプローチとして線形計画法，動的計画法とグラフ理論，ゲーム理論，階層分析法を紹介する。

2．線形計画法

　線形計画法は制約条件のもとで，目的関数を最大化または最小化する。制約条件は複数の1次式や1次不等式で，目的関数は1次式である。
　例えばクッキーとパンを製造している工場を例に考えると，クッキーとパンは売れるほど利潤が増加する。クッキーとパンは原材料の仕入れ量や設備機械の稼働時間や人件費など限られた資源があり無限に生産することはできない。これら限られた資源は制約条件と呼ばれる。目的関数と制約条件を数式で表現し，最大または最小の最適解をもとめるのが線形計画法である。クッキーの製造量を変数 x_1，パンの変数を x_2 とし，1単位あたりのクッキーとパンの利潤

をそれぞれ6，16とすると目的関数は，

$$z=6x_1+16x_2$$

となる。

原材料・設備機械・人件費などの資源は制約条件であり，例えば小麦粉など原材料について

$$x_1+4x_2\leqq12,$$

設備機械の稼働時間について

$$3x_1+2x_2\leqq18,$$

人件費について

$$3x_1+4x_2\leqq20$$

という不等式で制約条件が加わる。またクッキーやパンなど財は生産量が正の値となるため，

$$x_1\geqq0，x_2\geqq0$$

という条件も加わる。以上から制約条件は

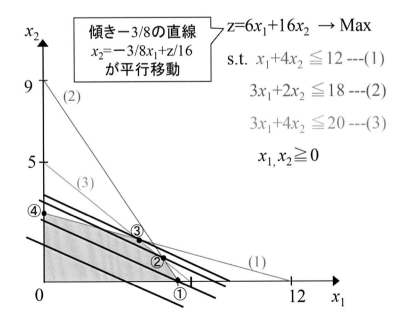

s.t.

$$x_1 + 4x_2 \leqq 12$$
$$3x_1 + 2x_2 \leqq 18$$
$$3x_1 + 4x_2 \leqq 20$$
$$x_1 \geqq 0, \ x_2 \geqq 0$$

となる。s.t. は Subject to（条件下で）という意味である。

制約条件を図示する。

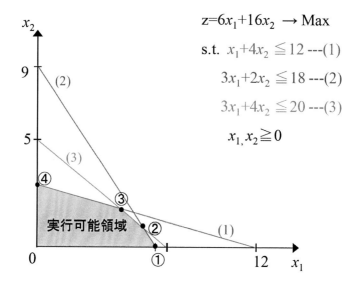

すべての制約条件を満たす領域を実行可能領域と呼ぶ。この実行可能領域内の点がクッキーとパンの生産可能な領域である。

目的関数は，傾きが一定の直線であり，図のように平行に移動できる。より右，より上の領域が利潤を大きくするため①〜④のいずれかが最大値となる。① $(6, 0)$ のとき $z=36$，② $(16/3, 1)$ のとき $z=48$，③ $(4, 2)$ のとき $z=56$，④ $(0, 3)$ のとき $z=48$ となり原点と①〜④の点で多面体が構成される。目的関数は，③の $x_1 = 4$，$x_2 = 2$ のとき $z=56$ となり最大値である。

線形計画法は変数が多い場合はコンピュータにより実行する。一般には線形

計画法の数値計算には単体法（シンプレックス法）を用いる。

3．動的計画法とグラフ理論

　動的計画法は，問題の構造の中に最適性の原理を見つけ出し，部分問題に分割することで，最適解を導き出す方法である。図表，アルゴリズムを用い，安定した組み合わせや最も効率の良い答えの導出，最適な経路，最適な組み合わせ，方法の探索を行う。

　グラフは節点・頂点（node, vertex）の集合と枝・辺（edge, arc）の集合で構成され，つながりの状態・様子を図で表現する。グラフがどのように隣接しているか，様子・状態を行列で表現したものを隣接行列と呼ぶ。グラフの中で互いにつながっている節点と節点を1で表し，つながっていないときには0とすることで隣接行列が表現できる。

　グラフと隣接行列から経路数を導くことが可能となる。図は5個の節点からなるグラフである。

　つながりに向きがなく接続のみを表現するグラフを無向グラフという。節点から別の節点へ向きがあるグラフを有向グラフという。有効グラフの隣接行列は行から列に向かってつながっていること示す。

$$M = \begin{bmatrix} 0 & 1 & 0 & 0 & 0 \\ 1 & 0 & 1 & 1 & 0 \\ 0 & 1 & 0 & 0 & 1 \\ 0 & 1 & 0 & 0 & 1 \\ 0 & 0 & 1 & 1 & 0 \end{bmatrix}$$

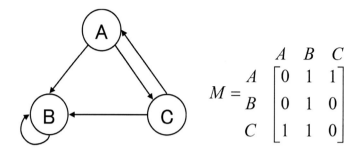

　図の A，B，C の2経路を使って別の節点に向かう経路数は隣接行列の積で求めることができる。

$$M^2 = M \cdot M = \begin{bmatrix} 0 & 1 & 1 \\ 0 & 1 & 0 \\ 1 & 1 & 0 \end{bmatrix}\begin{bmatrix} 0 & 1 & 1 \\ 0 & 1 & 0 \\ 1 & 1 & 0 \end{bmatrix}$$

$$= \begin{bmatrix} 1 & 2 & 0 \\ 0 & 1 & 0 \\ 0 & 2 & 1 \end{bmatrix}$$

となり，A から B へと2経路で至る経路数は2であることがわかる。ここで新たに B から A への経路が新設されたとする。

　新たなグラフと隣接行列を次に示す。

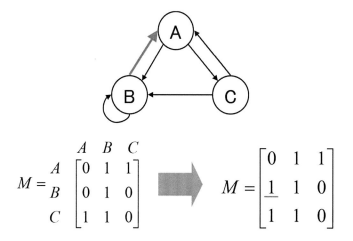

$$M = \begin{array}{c} \\ A \\ B \\ C \end{array} \begin{array}{ccc} A & B & C \\ \end{array} \begin{bmatrix} 0 & 1 & 1 \\ 0 & 1 & 0 \\ 1 & 1 & 0 \end{bmatrix} \quad \Rightarrow \quad M = \begin{bmatrix} 0 & 1 & 1 \\ \underline{1} & 1 & 0 \\ 1 & 1 & 0 \end{bmatrix}$$

ある節点から別の節点へ2経路で向かう経路数は,

$$M^2 = \begin{bmatrix} 2 & 2 & 0 \\ 2 & 2 & 1 \\ 1 & 2 & 1 \end{bmatrix}$$

となる。さらに1経路と2経路の合計組み合わせ数は隣接行列の合計となり，
1経路または2経路で別の節点に至る経路数は,

$$M + M^2 = \begin{bmatrix} 2 & 3 & 1 \\ 3 & 3 & 1 \\ 2 & 3 & 1 \end{bmatrix}$$

と求めることができる。節点の数が増えると行列が大きくなるが，ネットワークの状況や経路の切断や新設によりどのように経路数が変化するかを考えることができる。

4. ゲーム理論

　ゲーム理論は，利得と戦略の集合が与えられたときに最適な戦略を選択する手法である。複数のプレーヤーが複数の戦略から一つの戦略を選択し，プレーヤーに選ばれた戦略の組み合わせによって利得が得られる。あるプレーヤーの利益が別のプレーヤーの損失となり，プレーヤーの利得の合計が0になっているゲームをゼロ和ゲームという。現実には非ゼロ和ゲーム方が多く存在する。

　ミニマックス（Minimax）戦略について紹介する。ミニマックス（Minimax）戦略はゲームに登場するプレーヤーが互いに戦略を選択し各プレーヤーが損失を最小にしようと行動する。

　表はプレーヤーであるA社，B社の利得表である。表はA社から見た利得である。A社，B社がともに戦略1を選んだ場合はA社は4の利益（B社が4の損失）となる。また，A社，B社がともに戦略2を選んだ場合はA社は2の損失（Bが2の利益）であることを表している。

A社の利得		B社		
		戦略1	戦略2	戦略3
A社	戦略1	4	2	−2
	戦略2	2	−2	1
	戦略3	2	4	2

　ミニマックス（Minimax）戦略ではA社は各戦略で得られる最小利得を最大にしようと行動（maxmin）し，B社は最大損失を最小にしようと行動（minmax）する。

A社の利得 行列		B社 戦略1	戦略2	戦略3	maxmin
A 社	戦略1	4	2	-2	-2
	戦略2	2	-2	1	-2
	戦略3	2	4	2	②
	minmax	4	4	②	

　この場合は A 社が戦略 3，B 社が戦略 3 を選びゲームの値 2 が結果となる。ゲーム理論は競合状態，紛争状態の状況をモデル化しどのようにプレーヤーが行動するかを考察することに適している。ミニマックス戦略以外にもナッシュ均衡や混合戦略など戦略選択の考え方，方法は複数ある。

5．階層分析法

　階層分析法（AHP: Analytic Hierarchy Process）は，人間の主観的判断と定量的・数学的手法を混合した意思決定手法である。どちらが，どのくらい良いか，どのくらい望ましいかを数値で定量的に表現し優先順位を決定する。階層分析法は以下の 3 ステップで意思決定を行う。

階層分析法の 3 ステップ

Step 1
　問題を階層構造（総合目的，評価基準，代替案）に分解

Step 2
　各レベルの要素間の重み付けを行う。評価基準の重み，代替案の評価値の導出。

Step 3
　Step 2 の結果を用いて階層全体の重み付けを行い，代替案の総合評価値の導出。

　例えば，つぎの状況を考える。ある自治体が住民の満足度向上という問題を抱えており，それを解消するために事業 X，Y，Z を実施する必要がある。予

算に限りがあるため，この中から実施するひとつを決定しなければならない。
この意思決定問題に階層分析法を利用すると以下のようになる。

　まず，達成すべき目的は住民の満足度向上である。目的を検討・分析し，こ
れを達成するために必要な評価基準が「工事費用」，「住民の便益」，「環境への
配慮」であったとする。このとき，意思決定問題の階層構造は図のようになる。

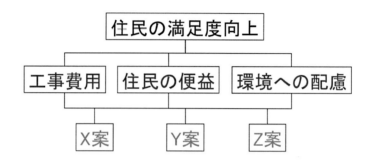

レベル1：総合目的　レベル2：評価基準　レベル3：代替案

　階層分析法では，評価基準どうし，評価基準のもとでの代替案の評価を一対
比較によって行う。一対比較では表の尺度に基づいて一対比較行列を作り，評
価基準の重みや代替案の重みを導出する。

定義	重要性の尺度
同じくらい重要（equally important）	1
やや重要（weakly important）	3
かなり重要（strongly important）	5
非常に重要（very strongly important）	7
極めて重要（absolutely important）	9

　2，4，6，8は中間の時に用いる。

一対比較行列の例

	A 1	A 2	A 3
A 1	1	2	3
A 2	1 / 2	1	2
A 3	1 / 3	1 / 2	1

　一対比較行列は対角要素が1となり，逆数対称の性質をもつ。重要でないとき（あるいはよくないとき）は逆数を用いる。最終的に評価基準の重みと代替案の評価値を掛け合わせて総合評価値を導出する。

6．おわりに

　本章では，都市，社会，組織の問題を解決する数理手法であるORを紹介した。ORには本章では取り上げた以外にも多くの種類，手法が存在し，在庫管理，待ち行列理論，日程管理，意思決定理論，マルコフ連鎖など多数ある。ORは数学や統計学と関わる学問領域であり，プログラミング技術，AIやデータサイエンスとも関わる領域である。問題や目的にあったOR手法を学び，適切に利用，適用することが必要である。

学習課題

1．身の回りの問題を数理で表現できるか考察せよ。
2．都市情報学部で学ぶ中でORはどのようなことに活用できるか考察せよ。
3．以下の線形計画問題を解け。

$z = 3x + 2y \rightarrow Max$

$s.t.$

$2x + y \leq 8$

$5x + 7y \leq 35$

$x, y \geq 0$

参考文献・資料

1　松井泰子・根本俊男・宇野毅明『入門オペレーションズ・リサーチ』東海大学出版会，2008年。

2　イアン・ブラッドリー，ロナルド・L・ミーク著，小林淳一・三隅一人訳『社会のなかの数理』九州大学出版会，1996年。

3　木下栄蔵『入門 AHP』日科技連，2000年。

4　木下栄蔵編著『演習 OR』日科技連，2009年。

5　木下栄蔵編著『戦略的意思決定法』日科技連，2013年。

第11章　都市情報学と会計情報

1．都市情報学に果たす会計情報の役割

　名城大学都市情報学部は1995年の開設以来，日本全国の大学で唯一「都市情報学」を掲げて教育研究を行ってきた。そして，学部授業においても「都市情報概論」を中心に学部生に「都市情報学」を浸透させるべく努力を重ねてきた。

　都市情報学部は開設当初，いわゆる5系と呼ばれる5つの分野（経済経営，行政財政，地域開発，環境開発，情報処理）から教員を広きく集め学部を構成した。そのような理由もあって，この都市情報学の学問概念について開設当初から学部教員の中で完全に統一したコンセンサスを形成することが難しい状況が続いた。その後，統一のコンセプトの形成のために幾度となく議論がされてきた。現在においても統一コンセプトを完全に形成したとは言い難い状況にあるが，教員のなかで概ね共通したコンセンサスが形成されたと考える。その共通した概念は「まちづくりを中心的な課題に据え，まちづくりに関するさまざまな問題について情報処理学をはじめとする多方面の学問分野の知識を連携して解決することを基本概念とするもの」である。ここで，この学問の中心的なキーワードになるのが「まちづくり」であり「情報」であるということがよく理解できる。

　一方，これら2つの概念は非常に広範な対象領域をもつことがよくわかる。日本は戦後，高度成長期を経て先進国の仲間入りを果たしバブル経済以降は経済が成熟化した状態に至っている。経済の成熟度と都市化の進展に明確な関連性を証明することは容易ではないが成熟化した経済のもとで都市化も著しく進んでいる状況にある。そこで，経済分野に限らず今日的な問題はほとんど都市化または都市居住と関連づけて議論する必要がある。また，今日「情報化社会」と言われて久しいが，AIや自動運転などの情報技術の進展により今後の

社会全体のあり方が大きく変わることが想定されており，「情報」についても社会や経済に対する影響力がますます高まっていくと考える。

　ここで本章の内容について説明する。本章のテーマは「都市情報学において会計情報がどのように貢献するか」である。一見すると「都市情報学」と「会計情報」にはあまり関係性がないと思われるが，会計情報の性質を考えると両者には密接な関係があることがわかる。会計情報の役割を平易に言えば個々の企業の活動状況を示すことである。企業の活動としての空間を考えるとき都市は現実世界における空間である。また，仮想的な空間としてはインターネットをはじめとする情報ネットワークがあげられる。したがって，都市や情報のあり方が企業活動に影響を与えることは必然的である。反対に会計情報の分析によって都市や情報についての新たな見解を発見することも可能である。このことを前提として，本章では具体的に企業の会計情報およびそれに関連する情報が記載されている「有価証券報告書」をもとに個別の企業についての会計情報を分析する方法を提示し，個々の企業がどのように都市化や情報化の現象に対応しているか考察する。

2．会計情報によってグローバル化の変容をみる

2.1　セグメント会計情報

　有価証券報告書は金融商品取引法に基づいて主に証券取引所に上場している企業に毎年作成および開示が求められる書類である。また，この報告書は一般に公開されており現在では金融庁が運営するサイトや個々の企業が運営する公式のウェブページによって簡単に入手閲覧ができるようになっている。この有価証券報告書には財務情報を中心に企業経営に係るさまざまな情報が記載されている。この報告書では投資家が適切な投資判断を可能にするために企業経営上のさまざまな事案について示されているのである。これらの情報のなかで財務に関する情報は経営状態を把握するうえで最も重要なものとなっている。さらに，その財務情報のなかにセグメント会計情報の記載がある。セグメント会計情報とは全体の会計情報の数値を特定の基準によって区分し，個々の区分ご

との会計情報を提示することである。たとえば，セグメント会計情報の1つとして地域別のセグメント情報がある。これは連結ベースでの会計情報を地域ごとに区分して提示するものである。現在，日本の企業の多くは事業をグローバル展開しており，日本以外の世界中の様々な地域において事業運営を行っている。そこで，連結企業は国内，北米，ヨーロッパ，中国などの地域区分ごとに売上高，利益，資産規模などの会計情報を提示している。また，地域別のセグメント情報に加えて事業別のセグメント情報も併せて提示する連結企業も多く存在する。近年，日本企業にいてもグループ企業において事業の多角化が進展しており，複数の事業を手掛ける多角化企業が多く存在している。そのような状態において事業別のセグメント情報は企業の事業展開を知るうえで重要な情報源となる。

2.2　地域別のセグメント会計情報

　自動車産業は日本の主要な産業の1つであるが，主要な自動車メーカーの生産は日本のGDPに占める割合も非常に高い。また，自動車メーカーはグローバル企業であり国際的な競争市場で凌ぎを削っている。1990年代初頭のバブル経済末期には日本とアメリカの貿易の不均衡は非常に深刻でそれが両国の貿易摩擦となっていた。当時，アメリカは世界最大の自動車市場であり日本の自動車メーカーも高度成長期からアメリカ市場への進出を拡大していた。しかし，再三にわたったアメリカからの貿易不均衡の是正の要求に応じなければならない状況でもあり，各自動車メーカーは挙って現地法人を設立し，現地生産を拡充していったのである。そして，そのような傾向は現在まで継続している。

　地域別のセグメント情報をみれば，グローバル化の進展状況が把握できる。そして，日本の代表的な自動車メーカーであるトヨタ自動車とホンダ自動車の2008年3月現在の状況を当時の有価証券報告書から知ることができる。下記の図表11-1と図表11-2はトヨタとホンダの連結ベースでの地域別の売上高と営業利益の貢献度を示したグラフである。この2つのグラフから2つの企業のグローバル展開の違いがよりはっきりとわかる。ホンダとトヨタは共に売上の半分以上を日本以外の海外の地域によって獲得していることは共通するところで

あるが，トヨタの場合そのような状況においても日本が他の地域に比べて最も
売上および営業利益の獲得金額が大きいことがわかる。トヨタの場合，海外展
開が非常に活発だといえるが，そのような状況でもトヨタにとって日本がもっ
とも大きい市場であることになる。それに対してホンダの場合は事情が異なる。
ホンダにおいて最も売上および営業利益を獲得している地域は自国の日本では
なくアメリカ合衆国やカナダが含まれる北米地域である。このようにホンダは
自国の日本よりも北米地域のほうが生産規模が大きいいわゆる逆転現象が起き
ているのである。両企業は北米を重視する傾向は共通するがホンダの場合その
傾向が非常に顕著でありこのような違いを生み出している。

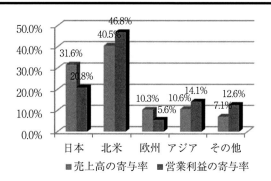

図表11-1　ホンダの地域別の売上高と営業利益の比率（2008）

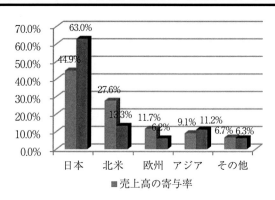

図表11-2　トヨタの地域別の売上高と営業利益の比率（2008）

　地域別セグメントの状況から見られる２つの企業のこのような傾向は2008年には明確に見られるものであるがこの傾向が確立したのはもっと以前のことであり遅くとも2000年初頭には顕著にみられた現象である。

2.3　10年前と現在を比較する

　前掲の図表11-１と図表11-２は2008年３月時点での状況であるが約10年経過

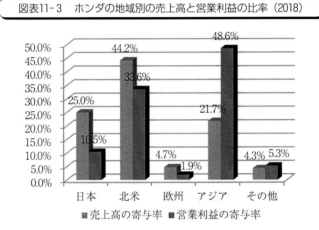

図表11-3　ホンダの地域別の売上高と営業利益の比率（2018）

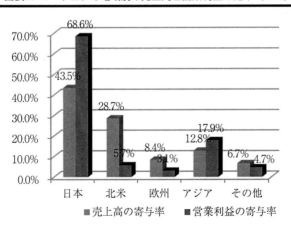

図表11-4　トヨタの地域別の売上高と営業利益の比率（2018）

した2018年現在においても同様のことを分析することができる。このように有価証券報告書の会計データの分析は異なる時点でのデータを調べることによって時系列の変化についても分析することができる。図表11-3と図表11-4は2018年3月現在におけるトヨタとホンダの連結ベースでの地域別の売上高と営業利益の貢献度を示したグラフである。2008年3月から10年の歳月が経過したがトヨタについては日本が第1の市場であり続いて北米市場であること変わらない，また，ホンダも北米市場が第1の市場で続いて日本市場となるといった基本的な傾向は変化していない。

　しかし，そのような大枠の体制維持の傾向に対して特徴的な変化が両企業に共通してみられる。それはアジア市場の拡大傾向である。図表11-3に示すようにホンダは2008年においてはアジア市場の売上高は全体の10.6％であったのに対して2019年においては21.7％に拡大している。営業利益においてはその変化は際立っており2008年ではアジア市場の営業利益の寄与率は14.1％であったのに対して2018年では48.6％に飛躍的に拡大している。企業全体の営業利益において約半分をアジア地域において獲得していることになる。また，トヨタもホンダと同様の傾向がみられる。トヨタでも2008年においてアジア市場の全体の売上高に対する割合は9.1％であったのに対して2018年では12.8％に拡大している。また，営業利益の寄与率も11.2％から17.9％に拡大している。このように10年の経過においてアジア市場が拡大したという共通した変化がみられたが，この変化の最も大きな要因はなんといっても中国経済の急成長であることは疑いようがない。中国の自動車市場の急伸に対応してそれぞれの企業もその地域での売上を拡大させたことが推測できる。しかし，先にみてきたようにホンダとトヨタの中国市場における増加の度合いは大きな違いが生じている。ホンダは金額ベースにおいても2.5倍以上と1.5倍程度のトヨタと比べて大きく拡大していることがわかる。

2.4　ホンダの世界戦略の変更

　ホンダはバブル経済以降グローバル戦略を先鋭的に進展させてきた企業の1つであると考える。それが先にみたように海外市場のほうが日本市場を上回る

状況に表れていたのである。そして，当初はアメリカ市場を中心とする北米市場を最上位に重視する戦略であったと考える。しかし，2018年現在においては戦略的な変更の兆しがみられる。この変更は北米市場から中国を中心とするアジア市場に経営資源をシフトしている過程にあるのではないかと考える。一方，トヨタはグローバル展開をしているが最上位の市場はやはり日本でありその状況は2008年から2018年にかけても大きく変化していないと考える。このような差異が生じる要因は幾多あると予測されるが大きな原因になっていると推測できるもののヒントが同様の有価証券報告書のセグメントデータから得られる会計情報にみることができた。

　下記の図表11-5はトヨタとホンダの2008年および2018年における地域別セグメントごとに示した売上高営業利益率のデータである。これをみると1つはホンダがトヨタに比べて相対的に利益率が低いことがわる。そして，ホンダは利益率の地域別の値において2008年では北米が6.9％で日本の3.9％を上回っているが，2019年になると北米の利益率は3.2％に低下しており反対にアジアは8.0％から9.5％に上昇している。ホンダとしては利益率の高い地域に売上の比重をシフトした結果になっている。一方，トヨタでは利益率が一番高いのは2008年および2018年ともに日本市場であり振興市場のアジアを上回っている。このことからもトヨタが日本市場を最も重視している市場であることがわかりそれが現在も継続しているのである。

図表11-5　トヨタとホンダの地域別セグメントの売上高営業利益率

		日本	北米	欧州	アジア	その他
ホンダ	2008年	3.9%	6.9%	3.2%	8.0%	10.7%
	2018年	1.8%	3.2%	1.7%	9.5%	5.2%
トヨタ	2008年	9.4%	3.2%	3.5%	8.2%	6.3%
	2018年	10.4%	1.3%	2.4%	9.2%	4.6%

3．不動産会社の経営から見える土地利用の状況

3.1　近年の土地利用の状況

　日本の国土利用を考えると戦後一貫して都市化が進行していることがわかる。バブル経済のもとでは土地価格が株価とならんで過度に高騰しその現象がバブル経済の象徴となったが，バブル崩壊以降土地価格は大きく下落しバブル経済以前の水準近くにもどっている状態である。また，都市化が進行した結果，東京一極集中がバブル経済時のころから政策課題として取上げられるようになった。そのため，政府によって東京一極集中を是正する地方分散の政策が取られるようになるが，大きな効果はあげられずかえって東京一極を促進する結果となっている。それと対比し地方の都市，特に中規模以下の都市はますます衰退していった。そのため，東京と地方の土地利用の高度化に関する格差は拡大する一方である。また，首都東京および地方の大都市を中心とする広域な都市圏の状況をみると，バブル経済崩壊以降はそれまで継続して拡大した都市圏エリアにおいて都心回帰が生じ都心部とその周辺部との土地地用に関する格差も同様に広がる傾向になる。

　2019年現在において2020年に東京オリンピックの開催を控えておりオリンピック関連の施設インフラの整備が急ピッチで進められてきた。そのオリンピック需要も加わり東京圏，大阪圏および名古屋圏を中心に都心部でのオフィス需要が拡大しているのが現在の土地利用の現状である。それに伴い，不動産事業会社は事業内容が変容していることが予測できる。次に主要な不動産事業会社の事業セグメントの状況を分析することによって不動産事業の内容と日本の土地利用のあり方の関係性を考える。

3.2　住友不動産と三井不動産

　2018年度における不動産売上ランキングにおいて三井不動産は1兆8,611億円で第1位，三菱地所は1兆13億円で第4位である。これら2つの不動産事業を行う企業グループはその名の通り旧財閥系の企業グループであることがわか

る。両企業は旧財閥系ということ以外に事業内容の構成にも共通点がある。た
とえば，三井不動産は「三井のリハウス」の名で知られているように一般家庭
向けの住換えにおける不動産仲介事業が有名であるが主力の事業はオフィスや
商業施設向けの賃貸業務である。同様に住友不動産も不動産仲介事業が主要な
事業になっている。そして，図表11-6で示した三井不動産と住友不動産の事
業セグメントの内訳の状況をみると両社の事業構成には類似性が非常に高いこ
とがわかる。両企業のトップの事業セグメントは賃貸事業であり，その次に販
売事業が続く。また，両企業とも一般住宅事業をもっていることがわかる。

　そのような事業内容の外観的な共通点に加えて，近年生じている事業全体と
しての共通した変化の傾向がみられる。それは，2013年に発足した安倍内閣に
よる経済政策の冠名である俗称アベノミクスによる景気の拡大やオリンピック
需要に伴って不動産事業全体が拡大し，それに準じて近年２つの企業の売上高
も増加傾向にある。図表11-7は三井不動産と住友不動産における2015年３月
期から2019年３月期までの５年間の売上高の推移を示したグラフである。この
図が示すように両者はほぼ一貫して売上が増加傾向にある。

　次に，事業セグメントの変化をみるとさらに特異な状況がわかる。２つの企
業グループは共通して不動産の賃貸事業が最上位の事業であり，また，５年間
で一貫して増加傾向にありその増加率は約30％であるということである。さら
に，次に大きな事業セグメントは両企業とも不動産販売（分譲）であるが，こ
ちらも５年間でほぼ一貫して増加しており増加率は約25％である。そして，３
位以下の事業については低成長かもしくはほぼ横ばい状態となっている。

図表11-6　住友不動産と三井不動産の事業セグメント

	住友不動産	三井不動産
事業別セグメント名	不動産賃貸	賃貸
	不動産販売	分譲
	住宅事業	マネジメント
	不動産流通	三井ホーム

図表11- 7 三井不動産と住友不動産の売上高の推移

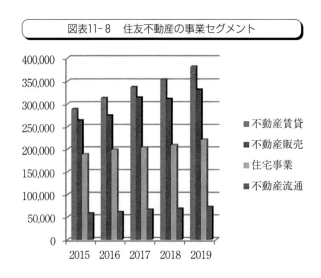

図表11- 8 住友不動産の事業セグメント

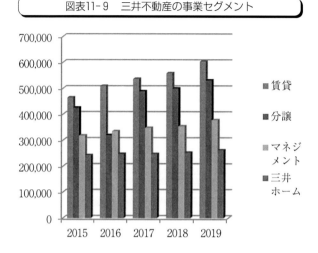

図表11- 9　三井不動産の事業セグメント

3.3　借入金の増加による経営リスク

　不動産事業を代表する 2 つの企業はここ 5 年間における事業収益（売上高）の拡大に伴って資産規模も拡大している。そして，資産規模を拡大させる過程で急激に長期の借入金を増大させていることがわかる。1985年のプラザ合意からはじまったバブル経済は1990年代初頭にバブルが崩壊するまで銀行を中心とする金融機関による事業者への過剰な融資が行われ不動産や株式などの資産が高騰する経済現象を引き起こした。最終的にそれらの過剰融資は不良債権問題となって日本経済に危機的な状況を生み出した。そして，当時それらの不良債権の代表的な貸出先業種が建設業と不動産業であった。

　2019年現在，アベノミクスによる経済拡大効果やオリンピック特需による不動産需要の増大を受けて不動産業は事業を拡大し長期の借入金を拡大している状況にある。バブル経済と現在の経済状況に少なからず類似点がみられることは経済の不確実性を高めていると考える。なお，図表11-10は住友不動産と三井不動産における2015年と2019年の長期借入金の残額と売上高に対する比率を示した表である。これによると 2 つの企業は共に売上高に対する長期借入金の比率を増加させていることがわかる。長期借入金は新規の事業を起こす場合や

図表11-10　長期借入金の状況

		2015年	2019年
住友不動産	長期借入金（百万円）	1,735,356	2,474,327
	売上高に対する長期借入金の比率	2.15	2.44
三井不動産	長期借入金（百万円）	1,231,244	1,644,518
	売上高に対する長期借入金の比率	0.81	0.88

　既存の事業を拡大させるために必要な資金を調達するための重要な手段である。近年，バブル経済が崩壊して以降，日本でも資金調達において間接金融から直接金融への移行が進んでいる。しかし，間接金融は金融機関との信頼関係に立脚した確実性の高い資金調達の方法である。したがって，適切な範囲における運用であれば肯定されるべき方法であるが，限度を超えて過剰な借入れとなると経営危機を招く恐れもあるものである。現段階でその限度を超えているかどうかは判別が困難であるが，景気後退などの経営環境における不確実性が高まってくる状況においては経営リスクは一段と上昇することも留意すべきである。

４．わが国の情報化への取り組み

4.1　わが国の情報化投資の状況

　平成30年版情報通信白書によると日本は1994年から2015年かけての期間において ICT 投資額（情報化投資額）が概ね年間15兆円前後で推移してきた。一方，アメリカ合衆国は同様の期間において1994年当時は年間2,000億ドル程度で当時の日本の投資額とほぼ同水準であったのが2015年には6,000億ドルに迫る勢いになっている。結果，2015年では両国に３倍以上の開きが生じている。このように20年以上経過してアメリカと日本にこれほど大きな差が生じた一番の原因は経済発展の違いであることは言うまでもない。日本は1990年代初めにバブルが崩壊しそれ以降20年以上 GDP が名目でほとんど増加していない。これが

日本の「失われた20年」の実像である。それに対してアメリカは1994年から
GDP が2倍以上拡大し18兆ドルに達している。GDP に対する ITC 投資の割合
が両国で3％前後とほぼ同水準を維持していることから GDP の大きさの違い
が ITC 投資額の違いを決定づけていることが明らかである。

　次に，日本の情報化投資において質的な変化がみられることを示す。こちら
も平成30年度版通信白書によるものである。情報化投資はハードウエア投資と
ソフトウエア投資に区分される。この内訳が1994年から2015年にかけて大きく
変化している。日本のソフトウエア投資は1994年には全体の31.7％であったの
に対して2015年では64.9％と全体に対する比率が2倍以上に拡大している。金
額ベースでも1994年の4.4兆円から2015年10.0兆円に大幅に拡大している。しか
し，これに関してもアメリカでは1994年には800億ドルであったのが2015年に
は3,700億ドルに急拡大し投資額の面からもソフトウエア投資に対するイニシ
アティブはアメリカに完全に奪取されている状況である。

4.2　日本の情報化企業の趨勢

　日本経済は1980年代後半において，輸出産業の中で特に半導体が世界市場を
席巻し，日本の競争力の強さの象徴となっていた。しかし，その後，円高の進
行，アメリカとの半導体協定，PC のための CPU 市場の拡大などさまざまな
要因によって1990年代後半には半導体の競争力を完全に失っていた。そして，
1990年代後半以降，パソコン市場でのウインドウズの台頭やインターネット時
代の到来などがあり，日本全体の情報化は世界のトップレベルから少しずつ後
退し現在にいたる。

　前項でみたように日本は1994年以降，情報化投資額が横ばい状態になってお
りこれまでアメリカを中心とする他の先進国に対して情報化優位性をなかなか
獲得できない状態が続いてきた。しかし，前項に示したように近年はハードウ
エアよりもソフトウエアの投資額のほうが逆転して多い状態になっている。
AI 投資はプログラムによるところが大きいと考える。そのため，日本全体で
ソフトウエア投資を増加させて AI の発展に対応していることが伺える。

4.3　NEC と NTT データ

　情報化投資に対する日本の対応はハードウエア投資からソフトウエア投資へと比重を移してきたことを前項でみたが，個別の企業の状況にもそのことがよくみてとれる。ここで取り上げる企業は NEC と NTT データである。NEC は PC を中心とするコンピュータ関連の製品を製造するメーカーである。一方，NTT データは NTT のグループ会社であり主に情報通信インフラのマネジメントを業務にする企業である。これら2つの企業は情報化産業に属する企業であるが業務内容には大きな違いがある。ここでは2つの企業における研究投資に着目し情報化投資の状況の違いについて分析する。

　近年，企業会計において研究開発費について投資が行われた場合，当期の会計期間の費用として一括費用計上することが求められるようになっている。以前は「繰延資産」の項目のなかで「試験研究費」というものがあり，投資額を一括して費用計上するのでなく繰延資産として資産計上して数年で償却することも可能であった。しかし，2000年前後に行われた会計制度の大きな変更に伴って研究開発費は資産計上することが認められず当該会計期間に費用として計上することになった。そこで，個々の企業において損益計算書の中の詳細な内訳項目を調べることによってその会計期間における研究開発の投資額を知ることができる。今回分析した2つの企業において損益計算書における「販売費および一般管理費」の費目の中で注記で別記されている内訳の項目とその金額を調べることによってそれぞれの企業の研究開発における投資額を知ることができた。ちなみに，NEC は「技術研究費」，NTT データは「研究開発費」という項目名で研究開発の投資額が示されている。図表11-11および図表11-12においてこれら2つの企業について単独企業ベースで2015年から2019年の投資額および売上高，売上高に対する研究開発費の割合の3つを示す。これら図表11-11からわかるように NEC では研究開発投資が金額ベースでも売上高に対する比率においても2015年から2019年にかけて確実に低減していることがわかる。一方，それとは反対に NTT データは投資額および売上高に対する比率ともに増加傾向にあることが図表11-12よりわかる。このようにこれら2つの企業は日本全体の情報化投資がハードウエア投資からソフトウエア投資にシフト

している状況を象徴するように情報化投資が一方は減少傾向にありもう一方は
増加傾向にあることを現実的に示している。

図表11-11　NEC の研究開発費の推移

	2015年	2016年	2017年	2018年	2019年
売上高	1,919,579	1,820,109	1,679,423	1,574,390	1,654,242
技術研究費	114,926	104,768	95,358	88,900	87,778
技術研究費の売上高に対する割合	6.0%	5.8%	5.7%	5.6%	5.3%

図表11-12　NTT データの研究開発費の推移

	2015年	2016年	2017年	2018年	2019年
売上高	799,377	838,344	860,900	886,115	942,246
研究開発費	10,903	10,170	10,018	12,658	13,663
売上高に対する研究開発費の比率	1.4%	1.2%	1.2%	1.4%	1.5%

学習課題

1．トヨタとホンダ以外の自動車会社についても地域別セグメントの状況をし
　らべなさい。
2．住友不動産と三井不動産以外の不動産会社について事業別のセグメントの
　状況を調べなさい。
3．NEC と NTT データ以外の情報産業の企業について情報化投資の状況を
　調べなさい。

参考文献・資料

① 金融庁編『有価証券報告書』。
② 総務省編『情報通信白書（平成30年度版）』。
③ 国土交通省『土地白書（平成30年度版）』。
④ 日本管理会計学界編『管理会計学大辞典』中央経済社，2012年。

第12章 都市情報学 認知情報学 その後

1. はじめに

　70億人超といわれる世界の人口の大半が都市に住むといわれる。文化人類学者石毛らによると"都市という空間が一つの共通の枠組みを創ること"を最初に提唱したのは米国の社会学者バージェス（E. W. Burgess）であるという[1], [2]。一方，情報科学の進展と相俟って情報産業の占める割合が全産業の中で急速に拡大している。結果的に都市としての共通の枠組みの流れと進展する情報化の交点には新しい課題が生まれ，それを解明・解決する新しい学術や技術が必要とされることになる。都市情報学もそのひとつである[3]。

　都市情報学の一分野である認知情報学は，都市化と情報化の二つの流れが交わる"人間の生活の場"を，認知科学や情報科学の観点から極めようとする学問でその端緒を"都市情報学入門"で概説した[4]。この分野は人間の環境との情報授受を分析的・実証的に考察する境界領域の研究である。

　本章では，誕生して20余年経過した認知情報学について，研究室の主として博士課程の学生と共に進めてきたその後の研究活動について，全体をやや物語風に紹介，それら底流にある認知情報学の考え方も述べる。各節では共同研究者，連携研究者なども記した。また講義との関連性から重要な技術用語は登場する都市情報学講義名を記した。

2. 自動車交通環境・交通視環境の分野

　長山らの国土交通省統計資料の集計[5]によれば，近年，総輸送人員，総輸送量（距離×人）とも7割以上が自動車交通で，2位の鉄道や航空機を大きく

引き離している。現代の人間の居住する都市環境の中で自動車交通が大きな割合を占めることが分かる。この傾向は世界的規模で加速している。認知情報学では自動車交通環境・交通視環境の分野をひとつの柱として研究を進めている。ここではその中のいくつかを紹介する。

2.1　自動車の情報表示と色情報の認知

　共同研究者／和田，三浦（都市情報学研究科）今泉（理工学部），杉江昇教授（理工学部）

　背景　表示素子技術の成熟と相俟って，自動車用表示装置に色情報が採り入れ始めている。例えばディジタル車速計では，車速が100km/h を超えると緑から赤に文字が変化するとか，先行車に近接し危険な状態では車間距離や車間エリアを赤色に変えるなど色を機能的に使用することで商品性や訴求力の向上を図っている。

　さて，自動車用表示装置には豪華さや高級感演出のため発光型表示素子を多用する傾向にあるが，太陽光が照射する明るい視環境では視認性が低下する．発光輝度が高い方が視認性低下には有利であると言われている。素子の最大輝度は表示色に依存する。よく使われる VFT（蛍光表示管：Vacuum Florescent Tube）などでは，蛍光材料の特性上緑の輝度が高く，赤などは比較的低い。

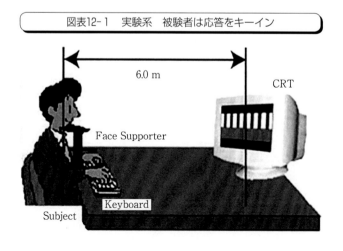

図表12-1　実験系　被験者は応答をキーイン

6.0 m

CRT

Face Supporter

Keyboard

Subject

図表12-2　表示素子の最大輝度（cd/m²）

表示色	VFT	LED	CRT
緑	300	200	200
赤	200	160	120

（☞技術用語【視環境と情報処理】明るさと輝度　分光視感効率）しかしながら，市場では"最大輝度が低い赤色の方が，高い緑色より見やすい"という予想と逆の報告がなされ謎であった[6]。

観察実験　試験用素子には，VFT，LED（発光ダイオード：Light Emitting Diode），CRT（所謂ブラウン管：Cathode Ray Tube）等を用い視認性を観察した。

結果　①外来光を強くすると視認性は低下。②強い外来光に対して赤色の方が緑色より見やすい。③視認性は低下は，VFTやLEDでは"発光部と非発光部の区別がつかない"のに対してCRTでは"発光部と背景の区別がつかない"。④VFTやLEDでは文字の大きさに依存しないが，CRTでは文字サイズが大きくなると同一輝度でもより強い外来光下で高視認性を維持。

認知科学的仮説　①②は市場での現象が実験室でも再現できたことを，③④は表示素子の特性により視認性低下には相違があることを示している。観察実験結果から次のような仮説を設けた。①発光部の反射率が高いと，外来光による非発光部の反射色と発光部の発光色が区別できなくなる。②CRTでは色により見える文字の細かさが異なる。このことから空間周波数特性，特に色彩別空間周波数遮断特性に着目する仮説を設けた。（☞技術用語【画像と情報処理】画像と空間周波数）

計測実験　"視認性"の指標を短時間での可読性と解釈，所定時間呈示された表示情報の正答率の高低で評価。

　CIE　XYZ色度図を用いたMacadamの色差弁別楕円では[7]緑での弁別楕円は大きく，赤での弁別楕円は小さい。（☞技術用語【視環境と情報処理】CIE XYZ色度図　Macadamの色差弁別楕円）これは緑では人間の感度が悪く，赤では感度が高いことを示している。赤色では隣接部の色が僅かに変化しても差が分

図表12-3　CIE XYZ 色度図を用いた Macadam の色差弁別楕円

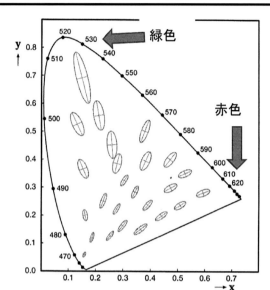

かり，緑色では大きく色が変化しないと分かりにくいことを示している。即ち，強い外来光の下では，発光輝度と共に発光部と非発光部の色差情報として視認性が確保されていたことを示唆している。

　緑色と赤色を用いて色相別空間周波数遮断周波数特性を評価した。結果は，輝度を一定にすると，赤色では空間周波数遮断周波数特性が細かい（高周波）側に，緑色では粗い（低周波）側に存在する傾向があることが分かった。これは逆に空間周波数を同一条件でみると，赤色は低い輝度値で読みとれ，緑色はそれよりは高い輝度値が要求されることになる。即ち，CRT については色相別空間周波数遮断周波数特性により，輝度値が低くても赤色は緑色より視認性が優れていること説明ができる。

　以上のように，現実の市場の報告は，一見，世の常識に反するように思えるが，色差弁別モデルと色相別空間周波数モデルで説明することができそうである。

多色表示装置における認知モデルの提案

　発光型表示素子の外来光下の視認性を一般化するには，VFT 型か CRT 型かではなく両方の要素が少しずつ影響している。横軸に素子の外来光の反射率，縦軸に文字の空間周波数成分，高さ軸に視認性の閾値をとる三次元グラフのモデルが描ける。反射率が高いと見やすさは低下し，空間周波数成分が高くても低下する。表示色によってこの閾値が異なることが今回の結果でも説明できる[8]。

図表12-4　一般化した認知モデル

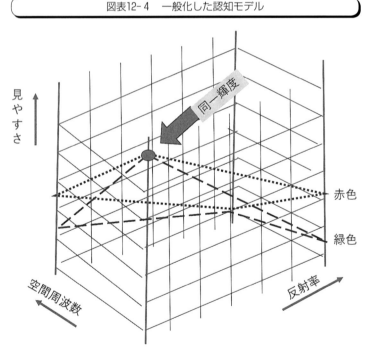

（同一輝度では見やすさ色依存しない　表示部反射率と文字の空間周波数成分に依存して徐々に色に依存し見やすさが低下）

2.2　ヘッドアップディスプレイ(Head-Up Display; HUD)の設計基準

共同研究者等／井沢（都市情報学研究科）今泉（理工学部），杉江昇（理工学部教授），畑田豊彦（東京工芸大学），坂田，古川（日産自動車㈱総合研究所）

背景　高度情報化の流れの中で1998年，自動車用 HUD が市場に登場した。ウインドシールドエリアに情報が呈示されるので，ドライバは頭を挙げ前方を視認したままで情報を受容できる（図表12-5）。HUD は戦闘機で最初登場し，表示像距離と俯角という他の表示装置にはない設計パラメータがある。航空機と視環境が異なる自動車ではこれらを如何に設定するかが課題であった。航空機用 HUD では表示像距離は通常無限遠点で，表示像の俯角はパイロットの眼前の俯角ゼロ近傍の位置である。航空機と自動車では表示情報受容の優先条件は大きく異なる[9]。

　本研究では，表示像距離を変化させた車載 HUD による官能評価と，俯角を変化させた場合のドライバの視線計測により表示像距離と俯角の最適解を探った。

(1) 表示像距離の設定

　表示像距離が異なる HUD 搭載車を用いて市街地と高速道路の二つの走行条件で官能評価を実施した。まず，数十個の評価語の抽出・作成し，評価語の妥当性評価のため予備評価実験を実施。本実験では数十名のドライバによる走行実験データを採集，結果を主成分分析（PCA：Principal Component Analysis）し，主成分の抽出，成分得点の評価をした[10]。（☞技術用語【情報数学】官能評価PCA）

分析結果と考察　①表示情報の読みやすさ（legibility），②前景色のみやすさ（visibility），③表示像の違和感（uncomfortably）の3主成分を抽出した。

　各成分得点をプロットした結果を図表12-7に示す。表示像距離は長い方が第一の主成分（legibility）の得点は高くなる，一方，第三の主成分（visibility）は表示像距離には大きく依存しないで平均的に良好なままでほぼ一定であった。しかしながら第二の主成分である（uncomfortably）は，走行条件によって大き

図表12-5　自動車用 HUD　GM Oldsmobile　1988

出所：A. Stokes, C. Wickens, K. Kite, *Display Technology*, Chapter 2, 1
　　～ 2, Chapter 8, SAE Inc., 1990, pp.87-98.

図表12-6　HUD 断面　設計変数　表示像距離と俯角

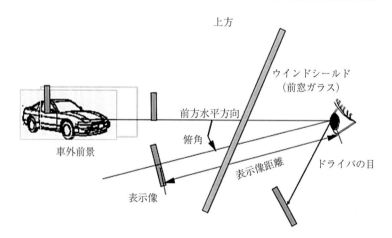

図表12-7 PCA分析 三成分の得点

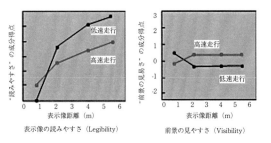

表示像の読みやすさ（Legibility）　　前景の見やすさ（Visibility）

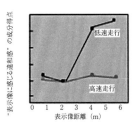

前景の中の表示像に感じる違和感（Uncomfortably）

く異なる。自動車専用道路などの高速走行では，表示像距離が長い方が比較的得点は低い（気分は良い）が，低速度市街地走行の条件では，表示像距離があまりに長いと得点が高く（気分が悪い）なり，航空機と異なって表示像距離が約2.5m車体前端部近傍で最適解となった。

認知情報学的考察 理化学研究所の入来らは，サルの脳の頭頂葉にあるポリモーダルニューロンに電極を挿入し，道具による自己の空間の広がりの実験を行っている。入来によると，通常は手が伸びる領域までを自己の空間領域として認知しているが，道具を使い慣れると道具の先端までを自己の領域と空間認知し，言わば「自己の空間領域が広がる」効果を報告している[11]。この知見を今回のHUD表示像距離の設定に敢えて大胆に流用すると，いわゆる車の取り回し感覚（車両感覚）が明確に存在するというベテランドライバが，自己（車）の空間と外界との境界を車両前端部と認知していると仮定すると，それより遠方の空間領域に存在する表示像が，自己領域の車両物体と共に移動するのは視覚的に不自然に感じる。即ち"自己認知する空間領域"と現実の乖離が生じると推測される。詳細は入来らのような計測結果を待たねばならないが，被験者の内観報告にも見られる，長い表示距離のHUDに対して，曲線路では"「馬人参的」に見える"[12]という言は自己空間領域乖離説の傍証を示唆している[13]。

（2）表示像俯角の設定

二重像の認知と観察　前景物標と表示像の両方を短時間に見る場合，二つ
の視距離に差があるため，どちらかがが二重に見える。（☞技術用語【認知と情
報処理】眼球運動　輻輳開散運動）

　表示像距離約2.5m の HUD を用いて，表示情報と前景情報に呈示した矩形
視標の数の視認実験を行った。表示像の俯角が微少で有限の値の方が，ゼロ度
近傍のときより高い正答率が得られることが分かった。

図表12-8　EOG 輻輳応答計測結果

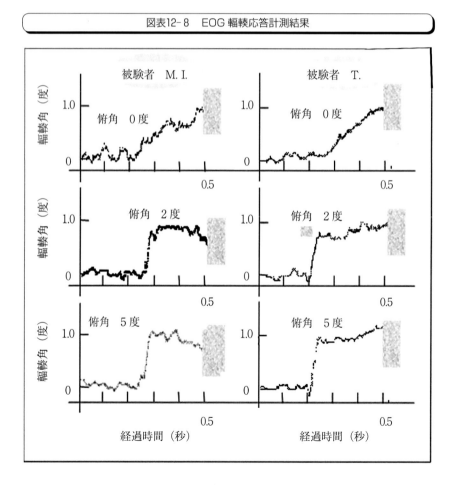

眼球移動計測実験　上記の過程で EOG（Electro Oculo-graph）を用いて被験者の輻輳応答観測した（図表12-8）。俯角が微少で有限のときの方が完全にゼロ度のときより迅速に目標値に到達していることが分かる。（☞技術用語【認知と情報処理】眼球運動計測　EOG）

基礎研究による検証　Zee らは，輻輳の応答を眼球の共役運動と共同運動に着目して計測評価している[14]。共同運動が共役運動の立ち上がり特性に影響を与えることに言及しており，ここでの結果を支持している。

俯角設定における考察と提案　輻輳応答を計測すると共同運動がわずかに存在した方が，共同運動がない状況（俯角ゼロ）よりすばやく応答する。即ち，自動車用 HUD の場合必ずしも俯角ゼロに固執しない方がむしろ表示像を正しく認識する特性は良好であることを示唆していることになる。

2.3　遠赤外線による視環境の認知

共同研究者／花牟礼，西田，笠置（都市情報学研究科），JARI（日本自動車研究所）

背景　安全な自動車移動のために，近年，人間の視機能に相当する"人検知システム"が注目され自律走行車への期待も相俟ってこの分野の研究が活発化している。特に注目される遠赤外カメラ素子の進歩による遠赤外線画像の応用がある。（☞技術用語【視環境と情報処理】可視光　近赤外線　遠赤外線）

人間など恒温動物は，多くの場合 8-10μm 帯の遠赤外線を放射している。軍事関連技術では，撮像機器を液体ヘリウムや窒素で冷却し受光素子を選択すれば波長分解能や検出感度が極めて高い良好な画像が得ている。極めて遠方に隠れている人間だけを判別したり，直前に路面を通過した兵の経路・軌跡までも検知できるといわれる。自動車用途では冷却機は高価で大型化するという問題があったが，近年，冷却機などを必要としないチタン酸ジルコン酸鉛（PZT）や多結晶シリコン（Poly-Si）などの焦電効果による熱電対型素子が実用レベルにきている。これらの撮像素子では，いわば帯域波長パワーの積分値として画像を撮るため，軍事用素子ほどに波長分解能や画像分解能は高くはないが，検出感度と分解能をトレードオフしながら応用でき可能性がある。

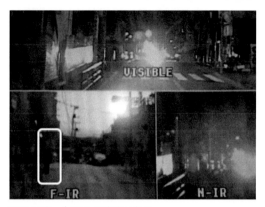

図表12-9　可視光画像（visible）・近赤外線画像（N-IR）・遠赤外線画像（F-IR）

F-IR画像　左に人が確認できる
出所：（財）日本自動車研究所「平成15年度日本自動車
　　　振興会補助事業赤外線画像認識に関する研究」，
　　　2004年3月。

　研究室は，JARI（一般財団法人　日本自動車研究所；Japan Automobile Research Institute）主催の赤外線画像研究会のプロジェクトに参加しながら赤外線画像の研究を進めてきた。関連する一部を紹介する。

　JARIの共同プロジェクトでは可視光，近赤外光および遠赤外光の三種について種々の走行路における画像を大量に収集してきた（図表12-9）。これらを精査すると，"人検知・人判断"には赤外線（正確に表現すれば，焦熱電効果熱電対型素子で撮影できる程度の遠赤外線画像）が極めて有効であることが分かった。本節では画像データを用いて分解能と階調，体の位置部位の欠落の画像，人間の姿勢についての考察を述べる。

（1）"人検知"　階調・分解能　可視光，近赤外光および遠赤外光の三種について当該画像を呈示し，人がいるか，いないか，また，何人存在するか等の問いに所定時間内にキーボードで応答，正答率から判断できる閾値の階調・分解能を算出する手法を採った。

結果と情報学的考察　一般的に画像では分解能や階調が高く細かいほど対象物の検知・判断はしやすい。しかしながら，遠赤外線画像では可視光や近赤

外画像より遥かに低い分解能・階調で"人検知"が可能であった。

　これは，①可視光や近赤外線画像では影や着衣により人型シルエットの画像が分断されることが多いが，遠赤外線画像では分断されない。また②人間は熱容量大きいため人型シルエットの形のままで移動するため判別が容易である。
（☞技術用語【認知と情報処理】Jhohanson の実験モジュール）

　即ち人型を一塊のシルエットでまず捉えて，その後シルエット形状が人か否かを（運動視も含め）判定するためと考えられる。

（2）"人検知"に寄与する人間の身体部位　一部遮蔽された人型など身体の一部が欠落する場合がある。このような場合"人検知"が赤外線画像から可能か，また人が人検知・人判定の必須の情報とはどの身体部位なのか評価実験した。遠赤外線画像を見慣れている被験者に一部欠落した人型シルエット画像（数十種類）を無作為に呈示し人検知をさせた。

　結果と考察　頭部周辺の画像と肩部などの大まかなシルエット画像が欠落している場合では人検知"の正答率は大幅に低下する。逆に，頭部周辺と肩部などの大まかなシルエット画像があればほぼ完全に人検知，人判別が出来ることが分かった。これは，頭部周辺と肩部周辺に人検知"の必須的情報が存在することを示唆している。

（3）人間の姿勢についての観察実験　人間の種々の姿勢変化について検討した。

　結果　立位や座位など人間が常態と思われる場合の画像の検知の方が，逆立位や逆座位など検知より素早く正確に行われることが分かった。足部の詳細や，やや詳細な頭部画像情報があれば逆立位や逆座位などの画像でも検知が素早く正確に行える場合はあるが少数であった。また，逆に前項で述べた頭部と肩の人型の画像シルエットが大きく欠落している場合には立位や座位などでも誤認する例は存在した。

　認知情報学的考察　コンピュータは汎用型と専用型の二つに分類できる。汎用型は，対応できるタスクが広いが一般的に情報処理速度は遅い。一方専用型は，特定のタスクにしか対応できないが情報処理速度は速い。生物の素早い形状認知の情報処理に，モジュールと言う考え方がある。モジュールは脳をコ

図表12-10　評価用人型欠落原図例

ンピュータに例えれば，専用コンピュータに相当する“ニューロンの塊”である。モジュールの考え方の例は，1981年のノーベル生理学・医学賞を受賞したヒューベル（D. H. Hubel）とウィーセル（T. N. Wiesel）の“角度方位検出のハイーパーコラム”が有名であり解剖学的にも実証されている。

　人間の顔画像の処理でも“顔モジュール”説がある。顔モジュールは多くの学者が提唱はしているが，解剖学的にはまだ確認されてはいない。(☞技術用語【認知と情報処理】顔モジュール　Thatcher の錯視)[15]

　さて，人型検知でも，同様の人型モジュールが存在するのではないかと著者たちは考えている。長い進化の過程では“人か否か”を素早く情報処理できることが要求されたのではないか。多くの種が存在する中で素早く（子孫を残せる）人間を見つけなければならなかったとも考えられる。脳の容積の少ない両生類などの素早い摂餌に，単純な特徴形状の認知メカニズムが関与することが初期のモジュール研究であった。認知症患者で，「無人の部屋に人がいる」という誤認が昨今報告されている。現実の部屋を調べると，窓の衣紋架けの誤認

ではないかと考えられているが，この"衣紋架け"は前述した"人検知"の必須的身体部位に似ている。遠赤外線画像における"人検知"はそれらを関連付けられそうでもある。

　勿論"人モジュール"などまだく発見されてはいないが，その可能性を想像しながら研究を進めることも認知情報学の浪漫でもある。

2.4　自動車における AR（Augmented Reality）表示の認知

　　　　共同研究者／安藤，長谷川，金子（都市情報学研究科），佐々木，奥村（東芝），和気典二教授（神奈川大学），笠置剛准教授（愛知学院大学）

　背景　ウインドシールドから受容する前景情報に表示情報を付加することにより，より安全で快適な走行を実現する AR 技術の応用が提案されている。
（☞技術用語　VR と AR）

　ナビゲーション表示に代表される高度情報化時代の自動車用表示装置では，ドライバは，地図や目的地などを表示する表示部を参照しウインドシールド越しに見た車両前景情報と照合し，走行する形態をとる。センタコンソールに装着された7インチ程度の LCD〔液晶表示〕に表示された地図や経路情報が前者であろうし，それに従って前景と照合して，曲がるべき適切な道路群を探索し走行するのは後者の情報受容の結果でもある。前者を参照情報，後者を探索情報とここでは呼ぶとすると，ドライバは走行中適宜参照情報を前景と照合し対象物を探索し適切な合目的的行動を行っていると考えられる[16]。

　AR 表示装置の最も単純な例として，筆者らが1994年に提案した[17]「On theS cene HUD」がある。概念図を図表12-11に示す。ここではドライバは，当該道路の上に，付加表示されたルートガイド用矢印を，前景の一部として認識し車両を運転する。表示像は，道路や町並みである前景に完全に重畳され必要なときのみ表示される。自動車における AR 表示の応用で最も実現性の高いものに"指示型表示"がある。これは前景の一部を表示像で指し示すもので，必要なときに短時間指示するという自動車では現実的な表示方式である。

　AR 表示装置には現在種々の形態が提案されている。単眼方式や psudo-AR などがある。ここではまず重要な認識応答時間特性評価のため，種々の自動車

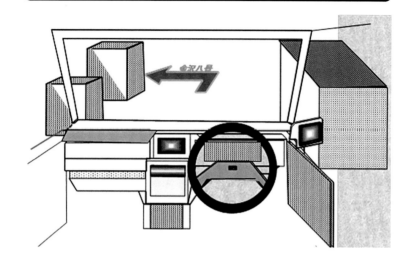

図表12-11　on the Scene HUD　AR表示装置の例（行く先矢印）

図表12-12　種々の自動車用表示装置

表示装置種類	AR表示	単眼　AR	pseudo-AR	HUD （市販）	HDD
表示像距離	5	2	2	2	0.7
俯角	0	0	0	2	7
備考	前景完全重畳	二重像低減	擬似AR	市販品相当	センタコンソール 7インチ表示

前景　5 m　　表示内容，表示輝度等はすべて同じ条件

用表示装置（図表12-12）を用いて情報の認識応答性を比較した。

（1）指示型表示における認識応答時間特性

　光学暗室に設置したシミュレータでドライバの前方約5 m先のスクリーンに前景情報を呈示。5種類の表示装置を用いて，参照画像が呈示されてから，探索画像を探索し"指示表示"内容を照合し認識するまでの認識応答時間を計

測した。

認識応答時間計測結果　　結果（図表12-13）は，AR 表示装置群が，HUD や HDD 等の従来の表示装置に比較して優れていることが分かる。

表示装置の設計パラメータと認識応答性改善分散分析し有意な寄与項で表現すると次式のようになる）。（☞技術用語【情報数学】分散分析の応用

認識応答性改善の要因＝表示像俯角低減の効果＋表示像距離遠方化の効果
　　　　　　　　　＋ AR 表示装置のみに見られる効果……（式1）

認知科学的検証実験と考察

　AR 表示装置のみに見られる効果を考察する。表示像距離と表示像俯角は同一条件で，参照情報と，前景情報（探索照合情報）のそれぞれが占める領域を

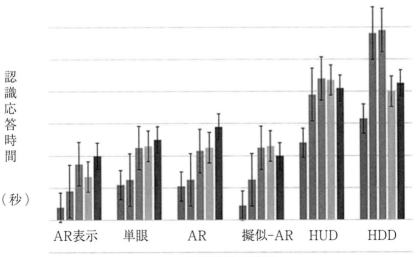

図表12-13　各種表示装置の認識応答時間比較

被験者　S1-S5

■ S1　■ S2　■ S3　■ S4　■ S5

認識応答時間（秒）

表示装置の種類

AR表示　　単眼　　AR　　擬似-AR　　HUD　　HDD

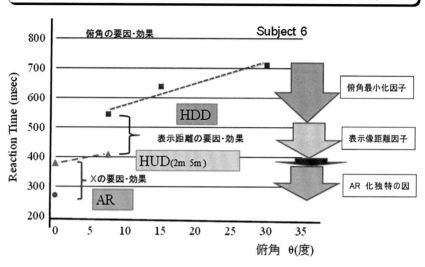

図表12-14　認知応答性改善の要因分析概念図（被験者６でのデータより）

　ドライバから見た視角（画角）をφＲとφＳとして，この比をΦ（画角比）と定義して，認識応答時間と画角の関係を示した（図表12-14）。

　認知反応時間はΦ比が100％で認知反応時間が最少となり，100％から大きくなっても小さくなっても認知反応時間は延伸する。視標探索実験で，周辺視野の応答性を計測すると，一般的に周辺では応答時間が長くなることが知られている。これは"注意の範囲"のモデルでよく説明される[18]。しかしながら，これで今回の実験結果は説明できない。

心的拡大縮小（Mental Zooming）

　Shepard らは，２つの図形の照合について，心的回転（Mental Rotation）を提唱した[19]。本実験結果は，Φ比を横軸にとると，Φの大小により認知反応時間が増減する様子は心的回転の，図形のずれ角と認知反応時間の関係に似ている。即ち今回の実験結果も，先の研究と同じような心的な操作である情報処理が行われていると考えると都合がよい。著者らは，照合プロセスで，イメージを心的に拡大・縮小しながら対象物と照合すると考えて，このような視覚情報処理過程を"心的ズーミング（Mental Zooming）"と仮に呼ぶと，AR 表示装置

図表12-15　画角 5 度での画角比と応答時間

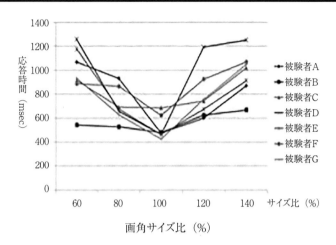

図表12-16　両角比（Φ）の概念

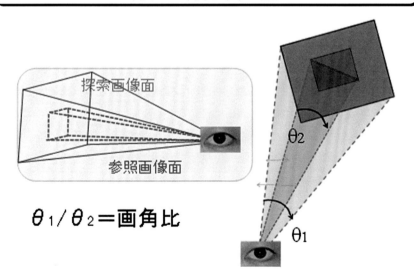

の認識応答時間特性の優れているということは，"心的ズーミングが必要でないシステム"の実現形態と表現できる。

心的拡大縮小の効果の限界

　被験者により若干の差はあるもの画角比が，約200%を越えると心的拡大縮小は消失する。また，参照画像視認と探索画像視認との間に視線移動などの"情報空白"の時間を挿入してもセンサリーメモリの保持時間を超えるに従い心的拡大縮小は消失する。　Aretzらは自動車のナビゲーション装置の地図情報と前景情報が良い一致をみる場合，心的回転が生じ，良い一致が見られないときは別の方略を用いていることを示した[20]。

　心的ズーミングの現象についてもある範囲を超えると別の方略が採られることを示唆している。この選択は"処理の流暢性"による方略変化と推測される[21]。（☞技術用語【認知と情報処理】処理の流暢性）

3．認知情報学の基本的考え方

　本研究室の課題そのものは"都市の生活環境"におけるありふれた事柄でもある。これらの事柄における"？"を認知科学的に解明し，認知の仮説や認知モデルを提案し，認知情報処理の基本メカニズムに迫るアプローチを採ろうとしている。これは単に都市の問題を科学的に解決しようと"現実解"に固執すると研究がケーススタディの集大成に終わりかねない。寧ろ，その背後にある人間のそのもの情報認知・情報処理の"一般解"を考察していくことを目指している。この"現実解"で探りつつ"普遍解・一般解"を目指す考え方こそ学術の認知情報学の基本があると考えているからである。

4．おわりに

　都市情報学部は既存学部のように，社会から卒業生に要求される要件がそれほど明確ではない。それは容易に姿を変える学問のダイナミズムを生みはするが，学部の教育・研究領域が構成教員に強く依存する恐れもある。それは社会

の要請からではなく教員の異動や採用により研究・教育領域ががオセロゲーム様に変化する可能性があるということを意味する。20年を振り返ると，確かに学部全体が時として情報学や経済学，都市学，社会科学などに揺れ，学問領域も少しずつ変化しているようにもみえる。本学部があるいはこの学問領域が真に社会の要請に応える変化をしているのか否かは，何としても OB を含む多くの方々の注視と助言・忠告が必要である。

　最後に，紙面の都合で学術的にはやや舌足らずとなっている。より学術的に興味があるときは，章末の拙著の文献を参照頂ければ望外の喜びであります。

学習課題

1．都市情報学情報科学における「情報処理に関する学習」と理工学部などの「情報処理に関する学習」は違うのでしょうか。それとも一方が一方に含まれるのでしょうか。あなたの考えを述べてください

2．「都市」に関する研究には，ある特定の町での課題を扱うことが多いように見えます。これはケーススタディであるように見えます。ケーススタディを積み重ねるのは特殊解は多く集めて，大学研究で期待される「普遍的」「一般化」といわれる物事の真理を求める研究につながるのでしょうか。あなたの考えを述べなさい。

【注】

1 ）石毛直道・小山修三『文化と環境』「第12章　都市と環境」放送大学教育振興会，1995年。

2 ）Burgess, E. W., "The growth of the city", In Park, R.E., Burgess, E. W. & McKenzie, R. D.（eds）*The City* , University of Chicago Press, 1925, pp.47-62.

3 ）名城大学都市情報学部『入門 都市情報学』第 2 章，日本評論社，2004年，pp12-23。

4 ）上掲書。

5 ）長山泰久・矢守一彦編『空間移動の心理学』福村出版，1992年。

6 ）Okabayashi, S., H. Miura, N. Sugie, T. Hatada, "Visual Optical Analysis on Recognition of Multicolor Images in Automobiles", IEEE/IAS, IPS17 No.05, CD, 2006.

7 ）田崎京二・大山正・樋渡涓二編『視覚情報処理』第 2 章，朝倉書店，1979年，pp.129-

132。

8) 三浦弘雅・和田隆・岡林繁・畑田豊彦「自動車用多色表示装置の可読性」『照明学会誌』
　　Vol.87 No.8, 1999，pp.589-592。

9) Heintz, F., R. Haller & D. Bouis "Safer Trip Computer by Human Factor Designs," *SAE*
　　International Congress & Exposition, Feb/March 820105, 1982.

10) 岡林繁・坂田雅男・古川政光・畑田豊彦「自動車用ヘッドアップディスプレイにおける
　　前景情報と表示情報の認識について III」『照明学会誌』Vol.77 No.6，1993年，pp.285-295。

11) S & T 出版編『車載・IoT の光学系とレンズ技術』2 章 1 節，S & T 出版，2019年。

12) 大山正「反応時間研究の歴史と現状」『人間工学』21巻 2 号，1985年，pp.57-64。

13) Zee, D. et al, "Sacadic-Vergence Interactions in Humans," *J of Neurophysiology*, Vol.68
　　No.5, November 1992, pp.1624-1641.

14) 岡林繁・杉江昇・今泉雅善・古川政光・坂田雅男・畑田豊彦「微小俯角における自動車
　　用ヘッドアップディスプレイ表示情報受容特性」『電子情報通信学会論文誌 A』Vol. J81-A
　　No.4，1998年，pp.554-561。

15) Snowden, R., Thompson, P., Trosciancko, T., *Baic Vision, 10 Perception of face* , Oxford
　　Univesity Press, 1999.

16) Okabayashi, S., *Visual Optics of Head-Up Displays（HUDs）in Automotive Applications*,
　　Gordon & Breach Science Publishers, Japanese Tech. Review Series24, 1996.

17) 長谷川浩之・笠置剛・岡林繁・和氣典二「前景との照合型指示表示におけるエリアの縮
　　尺の設定」『ヒューマンインターフェース学会論文誌』Vol.1 No.18，2016年，pp.35-44。

18) 注12) と同じ。

19) Shepard, R., J. Metzler, "Mental rotation of three dimensional object", *Science*, 171, 1971,
　　pp.701-703.

20) Aretz, J. & D. Wickens, "The mental rotation of map display", *Human performance*, 4,
　　1992, pp.303-328.

21) 行場次朗・箱田裕司『知性と感性の心理』，4 章，福村出版，2014年，pp.73-76。

第 **2** 部

地域とまちづくり

第1章　まちづくりと地方自治
―都市情報学の中で地方自治が占める位置について―

1. はじめに

　毎年，入学したばかりの1年生に，1）都市情報学とはどういう学問なのか，2）その中で昇はどういう部分を担当しているのか等について「都市学情報学概論」のひとコマ（90分）を使って話をしている。

　都市情報学部10周年（2005年度）を記念して出した本の中では，1）当時の政策課題であり，2）筆者も愛知県の道州制検討委員会の座長として行政実務にも関わりをもった「道州制と地方自治」について論文を寄稿した。

　都市情報学部25周年（2020年度）を記念して出版される今回の本では，1）都市情報学部のスタッフとして25年を過ごした中で，自分なりにつくりあげてきた「都市情報学」という学問についてレポートし，2）それが社会等に対してどのような意味をもつのか等について，都市情報学概論で話していることをふまえながら，検討してみることとしたい。

2. 「都市情報学」とは？
―「都市情報学」とはどういう学問なのだろうか？―

　学問には必ずその研究対象と研究方法がある。逆にいえば研究対象と研究方法がないものは学問とは呼べない。

　では都市情報学の研究対象は何であり，研究方法はいかなるものだろうか。

　私は，都市情報学の研究対象は，都市および都市問題であり，研究方法は情

報機器（パソコン等）を用いて分析することだと考える。

そして，都市および都市問題を分析，提言するためには文系（社会科学・人文学），理系（自然科学）の双方の知が必要となる。

たとえば都市問題の1つとして，ごみ問題（ごみ焼却場の立地）を例にとってみよう。

ごみ問題を理解するためには，たとえばダイオキシンという物質がどういう物質で人体にどういう影響を及ぼすかを知らなければならない。

そのためには理系（自然科学）の知が必要となる。

その上で，ダイオキシンの問題等について市町村の職員が住民に説明し（ごみ焼却場の設置は法律学的にいえば，市町村の自治事務である），住民の合意をとりつけることが必要となる。

ごみ焼却場建設反対派の住民との議論の進め方，最終的にごみ焼却場を建設するかどうかの判断などは文系（社会科学）の知を必要とする。

こうして，都市問題を分析し，解決策を提言するためには文系，理系双方の知をくみあわせていくことが必要となる。

これまでのような法学部，経済学部，理工学部（プラスそれぞれの大学院）などの縦割りの大学の学部，大学院の構成では，都市問題という幅の広い，総合的な問題に対する十分な分析・提言は不可能である。

こうした問題意識の下，1995年（平成7年）4月，名城大学に7番目の学部として都市情報学部が誕生し，1999年（平成11年）4月には大学院都市情報学研究科が開設されることとなった（修士課程は1999年4月に，博士課程は2001年4月に開設）。

そこには文系（社会科学，人文学），理系（自然科学）双方のスタッフが集結し，日々都市および都市問題の研究，分析，提言をおこなっている。

3．都市情報学の中での財政・行政科目群，
　　そして「地方自治・まちづくり」の位置づけ

　都市情報学の研究対象は，主として，1）財政・行政科目群，経済・経営科目群の2つの文系科目群と，2）開発・環境科目群，地域計画科目群の2つの理系科目群から構成されている。

　そして，研究方法については主として，3）情報処理科目群のスタッフによって研究・教育がおこなわれている。

（1）都市・まちづくりの主体について研究・教育をおこなうのが文系科目群である，と整理することができるだろう。

①　都市及び都市問題について国・都道府県・市町村などのパブリックセクター（公的主体）の分析・提言が財政・行政科目群のミッション（使命）であり，

②　家計・民間企業などのプライベートセクター（私的主体）の分析・提言が経済・経営科目群のミッションということになる。

（2）都市・まちづくりの内容についての研究・教育をおこなうのが理系科目群ということになる。

①　都市の開発と環境の保全などについての分析・提言が開発環境科目群のミッションということになる。

②　都市計画・農村計画など，都市等を空間として把握し，将来の姿を描くのが地域計画科目群のミッションということになる。

（3）こうした都市情報学の内容を研究する情報的手法を，主として研究・提言するのが情報処理科目群という位置づけとなろう。

　先にみたように，都市・まちづくりに関するパブリックセクターの分析・提言が財政・行政科目群のミッションとのべたが，その中で昇が担当しているのが「地方自治・まちづくり」の分野ということになる。

　昇は「地方自治・まちづくり」を政治学的方法（政治学・行政学の方法），法律学的方法（行政法・憲法等の方法）を用いて分析・提言することを，その使命

としている。

　こういった学問の性格もあり，1）大学での研究・教育だけではなく，2）国，都道府県，市町村，全国市長会，自治体情報化推進委員会などの委員会の委員，委員長，顧問，講師等もつとめるなど，行政実務との連携にも配慮している。

　担当している学問の性格上，政治・行政の実務感覚をもつことが研究・教育内容の充実強化にもつながっている，と考える。

　新聞・テレビなどマスコミ等にも求めに応じてコメントをすることも少なくない。

　1）大学での研究・教育だけではなく，2）地方自治・まちづくりの分野においては実社会との接点も接点も失わないよう留意しているところが，私の研究・教育のスタイルの特色だといえよう（たとえばゼミの学部生4年生・大学院生と可児市議会議員の有志とで地方自治・地方議会の勉強会——可児市議会昇ゼミ——を月1回程度，10年以上つづけているが，このことが「可児市議会改革」につながっていると元議長さんは言ってくれている）。

　1）講義，ゼミに実務家に参加してもらったり，2）岐阜県可児市議会昇ゼミを10年以上開催したり，3）愛知県日進市の広報誌づくりにゼミ生ともども参画などのプロジェクトを実施しているのはこうした考え方の実践の1つといえる。

4．「まちづくりと地方自治」の具体的研究・教育内容

4.1　私と「まちづくりと地方自治」とのかかわり

　私の研究対象は「まちづくりと地方自治」だ。

　考えてみると，私の最初の著作のタイトルが『まちづくりと地方自治』（良書普及会，1978年）だった。

　学生時代（1971年〜1975年），京都大学の杉村敏正（行政法）ゼミで京都市政・京都府政のフィールドワークをふくめ，自治体行政法・まちづくりなどを学び，大学卒業後は自治省（現総務省）で20年間（1975年〜1995年）地方自治行政を担当した。

　自治省財政局主査の頃から三重県（企画課長，財政課長等）に赴任していたころに「自治研究」，「自治実務セミナー」，「地方自治」，「人と国土」などの研究誌・雑誌等に書いた論説集をあつめて良書普及会の木村文夫さんに本にしていただいたのが「まちづくりと地方自治」だった。

　自治官僚としての20年間は行政の実務担当者の立場から，大学教授に転身してからの25年間は研究者としての立場から「まちづくりと地方自治」に関わってきたこととなる。

4.2　「まちづくりと地方自治」の総論・理論編

　「まちづくりと地方自治」を5W1Hで考えてみると，次のようになる。

（1）Who？——まちづくりの主体はだれか？

　まちづくりの主体について考察しているのがイギリスの研究者のマックロビーだ。マックロビーは主として英米のまちづくりを研究してABCDコンビネーションという理論を提唱している。

　すなわち，まちづくりの主体としてマックロビーはA，B，Dの3者をあげ，その調整者としてCをあげている。

　AはAdministrator（行政）で，国・都道府県・市町村という行政主体を意味する。

　BはBusiness（民間企業）で，民間企業・自営業等を意味する。

　DはDemocratic organization（民主的諸団体）で，直訳すると民主的諸団体ということになるが，ABCDコンビネーション理論の中では農協・森林組合・漁協・労働組合・商工会議所・商工会・自治会などの民主的諸団体のことを意味する。

　問題はCのCoordinatorで，直訳すると調整者ということになるが，ABCDコンビネーション理論の中ではまちづくりの有識者を意味することとなる。

　まちづくりの主体はA，B，Dの3者だが，A主導のケース（日本でいえば，北海道池田町の町長主導のワインのむらおこしなど）もあれば，B主導のケース（トヨタ主導の豊田市のまちづくりなど）もあれば，D主導のケース（大分県旧大山村の

農協主導の「モモ，クリ植えてハワイに行こう」運動など）もある。

　ただし，A，B，D単体ではまちづくりとしてはうまくいかないケースが多く，A，B，Dのパートナーシップ（協力）が必要となるケースが少なくない。

　さらに，A，B，Dの協力だけでも不十分だとマックロビーはいう。

　まちづくりの知識，経験をもっている外部のCの助言をうまく受け入れることが，いいまちづくりには必要だ，というのだ。

　たとえば湯布院のまちづくりは，東大教授などの提言，アドバイスをうまくいかしたから成功した，との指摘がある。

　「地元のことは地元の人間が一番知っている。よそものにはわからない。」とはよくきくことばだがこの言葉は半分あたっていて，半分外れている。

　湯布院の例でいえば，露天風呂から由布岳の4季の変化をながめられるなどというのは湯布院の人にとっては当たり前のことだった。東京在住のコーディネーターの有識者に何度も指摘してもらってはじめて，湯布院の人々は，地元のもつ価値にきずいた，という。

　「灯台元暗し」ということばがあるように地元の客観的な価値，マイナス点は案外地元の人だけではわからない，ということがあるものだ。

　まちづくり，地域おこしをするとき，地元のA，B，Dだけではなく，外部の眼Cが必要とされるのは，以上のような理由，背景があるからだ。

（2）How?——どのようにまちづくりをすすめるか?——

　ここでは自治体と住民との関係，たとえば住民参加の方法——How?——などが検討されることになる。

　たとえばイギリスではじめられたグラウンドワークやPPP，Public Private-Partnershipの紹介や日本での導入例などが検討されることとなる。

　具体例でいえば，三島市（静岡県）でのグラウンドワーク導入の例などが研究されることとなろう。

（3）When?——どの時代のまちづくりなのか?——

　古代，中世，近世，近代，現代など時代ごとのまちづくりが検討されること

になる。王制下，封建制下のまちづくり，民主制下のまちづくりなど政治体制の違いがまちづくりにどのような違いをもたらすかなども検討される。

　具体的には，たとえばフランス・ナポレオン3世下のオスマン知事によるパリの大改造によるまちづくりなどが検討されることになるだろう。

　反対勢力がパリのまちなかにかくれにくいように，放射状のまっすぐな街並みをつくる（権力的な住居・オフィスの立ち退き）とか，不衛生だったパリに下水道を設置し，衛生的な近大都市にうまれかわらせる，とか，様々な目的をもったパリの大改造を強権力をもった，皇帝と知事の上からの有無をいわせぬ形でおこなった大改造だった。

（4）Where?──どこの国，どこでのまちづくり？　むらおこし？──

　欧米でのまちづくり，アジアでのまちづくりなど世界各地でのまちづくりを比較検討をおこなう。日本の中での都市部でのまちづくり，農山漁村でのまちづくり，むらおこしの比較をおこなう。

　たとえば，ドイツの詳細かつ規制力の強い都市計画と日本の規制がゆるやかな都市計画の比較等がここでは検討されることになる。

（5）Why?──なぜ，まちづくり・むらおこしにとりくんだのか？──

　世界各地，日本各地でまちづくり，むらおこしにとりくんだそもそもの動機，理由についてケーススタディを通じて明らかにしていく。地域の衰退をくいとめたい，昔のにぎわいをとりもどしたい，という危機感がまちづくり・むらおこしの原点となっていることが多いことが明らかになる。

　たとえば，黒川温泉（熊本県）の湯布院等を参考にした露天風呂を中心とした温泉地づくりは，旅館の後継者たちがこのままでは黒川は地域間競争の中で存続できない，という危機感がその原点となっている。

（6）What?──まちづくりには何が必要か？──

　まちづくりには，ひと・もの・金・情報の4つの要素が必要といわれることがあるが，ものをつくるのもひと，金を融通してくるのもひと，情報を収集・

発信するのもひと，ということを考えるとひとが1番大切ということになる。

　そのひと，まちづくりの主体等についてはA，B，C，Dの4種類があることについてはWho?のところで見たとおりである。

4.3　「まちづくりと地方自治」の各論（具体例，実践編）
4.3.1　まちの緑と防災

　札幌の大通り公園といえば札幌雪まつりをはじめとする様々な都心のイベント会場として有名だが，実は明治時代北海道の開拓時，防火帯としてつくられたものだ。

　木造の多い日本の都市にとって防火は重要なテーマであり，防火帯としてつくられた公園は少なくない。防火帯としての機能をより果たすため，公園に樹木をうえる場合が少なくない。

　公園等の樹木が防火帯としての機能を果たすことを広く世に知らしめたのが阪神淡路大震災だった。神戸市の長田地区が震災で大火災となったが，火の延焼をくいとめたのが公園，街路樹などの緑だった。

　樹木はそれが地下からの地下水をすいあげているため，しめりけをもち，延焼をくいとめる役割をもっている。それが，街路樹として線となり，公園として面になっていれば，延焼をくいとめる機能はそれだけ大きくなる。

　なお，民間の事例ではあるが，阪神淡路大震災を契機に水道業者の多数が水道の蛇口のスイッチを上にあげるタイプのものに改善したことも紹介しておこう。

　それまで水道の蛇口のスイッチは下にさげるタイプのものばかりだったが，そのため，阪神淡路大震災のとき，多数の水道蛇口が地震の揺れ等でスイッチがはいってしまい，飲料・消火に必要な水が大量に消費されてしまう，ということがあった。

　こうした経験をふまえ，中央・地方の政府の政策を待たずに，民間の側で多数の企業が水道の蛇口のスイッチを上にあげるタイプのものに改善した。

　まちづくりは国・県・市町村という公共セクターだけではなく，民間企業等もまちづくりの重要な主体である，ということを確認する，という意味でもこ

の事例は貴重な事例ということができる。

4.3.2 「杜の都」，仙台の青葉通り・定禅寺通り

　仙台は「杜の都」と呼ばれる。

　杜とは人工林，2次林を意味するとされ，自然林の森と対比されることがある。

　仙台の「杜の都」といえば，仙台市民が守り，育てた欅並木の青葉通り・定禅寺通りなどの緑が代表的な事例といえる。

　かつて仙台市が地下鉄を通すために，仙台駅前の欅の木を切ろうとしたところ，「欅の木を守れ」という市民運動がおき，仙台市側が地下鉄路線を変更した，という事件があった。「杜の都」が市民に根づいていることを感じさせるエピソードといえよう。

　緑と風の関係について，ここでふれておこう。

　森は風をおこす，いわれることがある。

　実際，森・林をみると木の葉がゆれていることが多い。

　もちろん，外部からの風が木の葉，木々をゆらしていることも少なくないが，森が自分で風をおこしていることも少なくない，という。

　森の木陰で気温はまわりにくらべて低くなっていることが多い。

　風とは気温の違いを埋める自然現象だから，森・林がみずから風をおこす場合もすくなくない，ということだ。

　外国の事例としてガーデンシティと呼ばれることもあるシンガポールの緑についてふれておこう。

　ガーデンシティという名のとうり，シンガポールは緑あふれるまちとなっているが，そのほとんどの緑は世界の熱帯，亜熱帯の植物の中から厳選してシンガポール政府が選び，植樹したものだという（「森」ではなく，「杜」ということだ）。

　シンガポール政府の担当者にお話しを伺ったとき，国内のすべての家庭から木陰をとって MRT（Mass Rapid Tranjit　高速鉄道）の駅か，バスストップにいけるように緑を配置している，ということだった。熱帯の国だから，という

ことはあるにせよ，日本でも参考にすべき緑の都市計画だと思う。

4.3.3　オリンピックは市が主催するもの，なぜ東京都が主催する？

　2019年のNHKの大河ドラマ「いだてん」は日本のスポーツの歴史をオリンピックを中心に描いたものだった。

　そこに戦前の東京オリンピックの誘致活動と東京大会の正式決定。戦争での中止，戦後の東京オリンピックの開催（1964年）が描かれることになっている（本稿執筆の2019年8月時点ではまだ戦前の東京オリンピック誘致活動のところまでしか描かれていない）。

　ところで，戦前のオリンピックの開催主体は東京市だった。

　1964年開催された東京オリンピック，2020年半世紀ぶりに開催される東京オリンピックの開催主体は東京市ではなく，東京都だ（そもそも戦後の日本には東京市は存在しない）。

　そもそもオリンピックの開催主体はCity＝市であって，州・道府県ではない。リオデジャネイロオリンピックはリオデジャネイロ市が主催したし，日本でも札幌オリンピックであって北海道オリンピックではなかった。

　長野オリンピックも長野市主催で，長野県主催ではなかった。

　ではなぜ，東京オリンピックだけ，市町村主催ではなく，東京都主催となっているのだろうか。

　それは戦争に絡んだ東京の地方制度の歴史にその原因がもとめられる。

　戦争中の1943年（昭和18年），東京府が東京市を吸収する形で東京都が誕生し，それが戦後も東京都政としてつづいている。

　東京市は市民が選挙でえらぶ東京市議会を中心に（市長は市議会が選任する）運営がなされていたが，東京府は内務大臣が任命する内務官僚が府知事となり，府知事が中心となって運営がなされていた。

　大正デモクラシー以来，市民の意向が反映されやすくなった東京市政と国がコントロールする東京府政は対立することが多く，特に戦時体制となると，「戦争中の首都で東京府と東京市が対立するというものはいかがなものか」と

いう声が大きくなり，国は法律を変え，東京市を東京府に吸収合併する形であたらしい地方自治体としての東京都を誕生させることとなった。

この都政という制度は，他の広域自治体・中間自治体（46道府県）と異なった特色をもっている。

都は広域自治体でありながら，東京23区エリアについては，かつての東京市の仕事の1部を担当しており，その限りにおいて東京都はかつての東京市を引き継いでいる部分がある（大半は23の特別区が引き継いでいるのだが）ということだ。

たとえば，消防・ごみ焼却場の設置は通常市町村の仕事だが，東京では23区ではなく，東京都がその仕事を担当している。

戦前の幻のオリンピックの開催主体は，広域自治体の東京府ではなく基礎的自治体の東京市だった。戦後の東京オリンピックの開催主体は戦前の東京市の流れをうけついでいる東京都となるわけだ（より正確にいえば，東京都の中での旧東京市の部分がCity＝市として開催主体となる）。

だから，リオデジャネイロオリンピックの閉会式で，小池東京都知事が次期開催市としてIOC会長，リオデジャネイロ市長とならんで旗をふっていたのだ。……

「地方自治・まちづくり」の各論は，まだまだつづくが，予定された字数も尽きようとしている。ここまでをもって昇の担当分野の原稿とさせていただこう。

学習課題

1．人間の知的活動の中で学問と宗教は，どこに違いがあるのだろうか？
2．まちづくりのなかで地方自治が果たす役割はなんだろうか？

第**2**章　リスクマネジメントと都市の安全・安心

1．リスクマネジメントが必要となる社会的背景

　本章では題目を『リスクマネジメントと都市の安全・安心』としているが，リスクマネジメントの守備範囲は非常に広く，都市の安全・安心だけではなく，台所から航空宇宙にまでおよんでいる。この二者の間に，都市の安全や交通安全，地域コミュニティや家庭内の安全が含まれる。また，子供から大人，老人までもが対象である。このようにリスクマネジメントは，適用範囲の広い概念であり，社会的に役立つばかりではなく，個人の安全な生活や業務の遂行にも寄与する概念である。リスクマネジメントを習得することによって，仕事だけではなく，自分自身を含む家族や子供の家庭内教育にも役立つことが実感されると思う。

1.1　迫り来るリスク

　我々を取り巻くリスクには多数あるものの，ここでは地震リスクを取り上げる。中部地域に住んでいる諸君にとって喫緊の地震災害は南海・東南海・東海地震である。この海溝型地震の最近の発生は，次のようである。

1）1605年2月3日：慶長地震（東海 東南海 南海連動?）M7.9
2）1707年10月28日：宝永地震（東海 東南海 南海連動）M8.6
3）1854年12月23〜24日：安政東海地震（東海 東南海連動）M8.4
4）1944年12月7日：昭和東南海地震 M7.9
5）1946年12月21日：昭和南海地震 M8.0

　このことから，南海・東南海・東海地震は，発生周期が90年〜150年であり，最近は東海地震が発生していないことがわかる。脅かすつもりはないのである

が，昭和東南海・昭和南海地震ではマグニチュード（M値）を見るとわかるようにエネルギーが十分に解放されておらず，発生周期から考えて近未来では2035年以降はいつ海溝型大地震が発生してもおかしくないことがわかる。この地震に対して我々は備えておかなければならない。この災害に対す減災・防災に有用な考え方がリスクマネジメントである。

1.2　日本を襲う種々の災害

　日本では，地震の名前（例えば2011東北地方太平洋沖地震や1995兵庫県南部地震）と災害の名前（2011東日本大震災や1995阪神淡路大震災）を区別している。19世紀以降，我が国で発生した地震は，1891濃尾地震，1923関東大震災など数多く発生している。『天災は忘れた頃にやってくる』とは，物理学者で随筆家の寺田寅彦の言葉とされるが（寺田寅彦の発表した文章の中にこの文言は発見されていないらしい），『のど元過ぎればなんとやら』という日本人特有の特性を忘れてはならないであろう。地震リスクの他に，伊勢湾台風や洞爺丸台風，2000年東海豪雨などの災害を忘れてはならないのである。

2．リスクマネジメントと危機管理

　ここでは，リスクマネジメントの目的や定義，関連する危機管理について述べる[1]。

（1）リスクマネジメントの目的

　リスクマネジメントの目的は，
1）事故を防止する，
2）プロジェクトを計画通りに遂行し，計画期間中に完了する，
ことである。

（2）リスクの定義

1）その事象が顕在化すると好ましくない影響が発生する。

2）その事象がいつ顕在化するかが明らかでない発生の不確定性がある。

3）リスクは被害規模と発生確率で表現できる。すなわち

　　［リスク］＝［発生確率］×［被害規模］（日本技術士会の定義）

とされる。

（3）リスクマネジメントとは

　リスクマネジメントとは，組織やプロジェクトに潜在するリスク（risk）を把握し，そのリスクに対して使用可能なリソース（資源：人・モノ・資金）を用いて効果的な対処法を検討および実施するための技術体系（日本技術士会）と定義されている。

（4）危機（crisis）の定義

　危機（crisis：クライシス）とは，リスクが顕在化した状態をいう。そこでは，安全，経済，政治，社会，環境等の面で，個人，組織，コミュニティ，もしくは社会全体に対して不安定かつ危険な状況をもたらす，もしくはもたらしかねない突発的な出来事のことである。

　危機（クライシス）の特性としては，以下が挙げられる。

1）想定外である。

2）不確定要素を生み出す。

3）重要な目標に対して脅威となる（以上は，Wikipedia に載っている通りなので各自確認されたい）。

（5）危機管理（クライシスマネジメント）の目的

　危機管理の目的は，以下の通りである。

1）発生中の被害を最小限に食い止める。

2）危機のエスカレーション（拡大）を防止する。

3）危機を正常な状態へ戻す。

（6）リスクマネジメントと危機管理の違い

　リスクマネジメントと危機管理の役割分担は，事故や災害の発生以前ではリスクマネジメントにその役割が，発生以降では危機管理にその役割がある（図表2-1参照）。この役割分担は，日本技術士会の分類であるが，筆者が技術系の人間であることと技術士総合技術管理分野の資格保有者であるので，この分類に従っている。リスクマネジメントと危機管理の『線引き』は，これ以外にも存在し，例えば，東京商工会議所[2]ではリスクマネジメントを危機管理（クライシス・コミュニケーションと呼んでいる）に含めて議論している。

（7）まとめ

　以上，1.と2.をまとめると，事故防止と事業完遂にリスクマネジメントはほぼ有効であることがわかる。リスクマネジメントの重要性と有効性を理解して活用していただきたい。

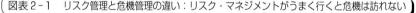

図表2-1　リスク管理と危機管理の違い：リスク・マネジメントがうまく行くと危機は訪れない

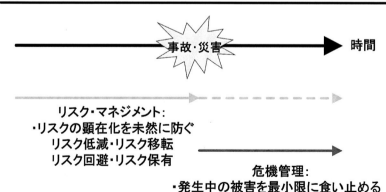

3．リスクマネジメントの方法

3.1　事故防止の対策立案法

　後述するリスクマネジメントの方法に先立ち，読者に早くリスクマネジメントの理解を進めてもらうため，交通事故を具体例として誰でも実行できるリスクマネジメントを紹介する。あなたがドライバーであるという立場で考えていただきたい。

（1）事故は必ず起こるという前提で運転する。

（2）『今，事故が起こるとしたらどんな事故だろう』と考えながら運転する。
　　想像力が重要である。例えば，我が国の交通事故の半数以上は交差点で発生していることから，交差点での右折時を考える

① 　信号待ち時には，後続車による後ろからの衝突が考えられる。ハンドルの方向が悪ければ，対向車線に押し出され，対向車と正面衝突する。このために，押し出されても正面衝突しないように，せめて中央分離帯のクッションドラム（高さ1m程度の黄色のプラスチック製で水で充填されており，衝突の際には運動エネルギーの吸収体となる）に衝突して乗員の命は助かるようにする。

② 　発進時には右直事故の可能性を考える。対向の大型車が停止してもその陰から直進するバイク等が来るかもしれない。

③ 　進入時には横断歩道上での事故を考える。横断歩道で速度を落とさないのは自転車である。横断歩道上での自転車との錯綜を避ける。

④ 　以上のためには，交差点内では会話厳禁である。タクシーに乗車している場合には，運転手さんと会話をしないこと。

⑤ 　自分のクセは治らない，ことを知る。このためには，自分のクセを思い出さしてくれる工夫が必要である。ポスト・イットなどを利用し，注意すべき場所などリマインダーとして活用すればよい。これは，後述のハインリッヒの法則を活用する手段でもある。

　これらを組織内部でのシステム論的に述べれば以下のようになる。

（1）事故は必ず起こる，という前提で対策を立てる。FTA 手法[3] が有効で

ある。

（2）事故の起こりうる状況をシミュレートし，あるいは関係者との対話で再現し，発生確率を最小にする。人間関係も重要である。

（3）リスク・マネジメントの認識と想像力（3.3にて後述する）が重要である。

3.2　リスク図

　図表2-2は，『リスク図』あるいは『リスク対策図』『リスク対応図』と呼ばれている図である。リスク対応には，以下の4種類がある[4]。

① リスク低減

② リスク回避

③ リスク移転

④ リスク保有

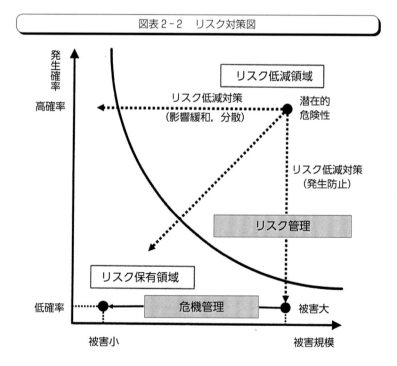

図表2-2　リスク対策図

　①については，一般にリスク対策と呼ばれるものはこの分類に属することとなる。設備投資を行い安全性向上のための設備を導入すること，組織改革による多重チェック体制の確立，運用改善やマニュアル作成によるヒューマンエラーの防止，教育訓練による意識向上などの対策が挙げられる。外国へ貴重品を輸送する場合，事故の少ない航空会社を選択する，あるいは事故の少ない航空機を選択する，などが挙げられる。図表2-2での座標平面においては，下記の②③④以外の領域があてはまる。

　②については，特に新たな事業の開始時における判断として採られる対策である。リスクアセスメントによってリスクレベルが高く，その改善策がないと判断される場合には，新規事業への参入自体を回避するという意思決定を行う場合である。外国へ貴重品を輸送する場合には，輸送そのものをやめる，という判断が例として挙げられる。図表2-2での座標平面では，被害規模，発生確率がともとても高い領域が相当する。

　③については，図表2-2において被害規模が大きく発生確率が小さいリスクは，その対策費用が高額となる場合が多く，その投資負担に耐えられないと判断される場合，保険を掛けることによってリスクの移転を図るものである。

　④については，特定のリスクから結果的に生ずる損失負担および利益を受容することをいう。リスク保有は認知されていないリスクの受容も含んでおり，受容の度合いは様々であり，リスク基準（国際規格では，リスクの重大性を評価するための目安とする条件のこと，Wikipediaによる）に依存する。

3.3　リスクマネジメントと想像力の重要性

　図表2-3a～図表2-3dは，意思決定に伴う結果の関係を表した図である。これらは重要な概念であり，文献1）のp.13の文章を筆者がわかりやすく図化したものである。

（1）図表2-3aは，確定条件下での意思決定である。ある代替案を選択した場合，ある特定の結果が必ず（確率100%で）生じることが明らかなときである。

（2）図表2-3b～3dは，不確定条件下での意思決定の状況である。図表

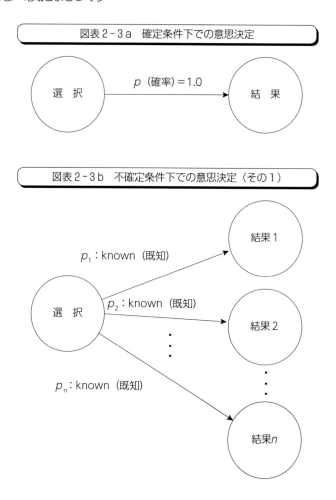

図表2-3a　確定条件下での意思決定

選　択 ── p（確率）＝1.0 ──> 結　果

図表2-3b　不確定条件下での意思決定（その1）

　2-3bは，代替案を選択すると複数の結果が生じる可能性があるが，その結果の生起確率は既知の場合である。一般に図表2-3a，3bは，現実的にあまり存在しないケースであり（3bのケースは，人工的なケース，つまり例えば，宝くじや年賀はがきのくじのように人間が作成したケースが該当する），図表2-3c，3dが自然界に存在するケースである。図表2-3cは，結果の生起確率が未知の場合である。図表2-3dは図表2-3cと似ているが，結

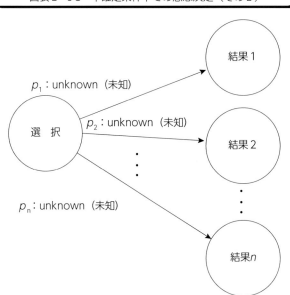

図表2-3c　不確定条件下での意思決定（その2）

果の集合がわからない，という点が異なっている。つまり，図表2-3cでは何が起こるかの結果の集合が有限であるのに対し，図表2-3dでは結果の集合が無限である。つまり何が起こるかわからない状態である点である。

　図表2-3dで重要なことは，選択の結果，生じる結果を事前に想像力で補うことである。この想像力こそ，リスクマネジメントや危機管理で重要なことである。さらに，結果が次の結果を呼ぶケースもあり，この場合も想像力が重要である。この想像力を自分で養うようにすることがリスクへの備えの最短ルートである。

図表2-3d　不確定条件下での意思決定（その3）

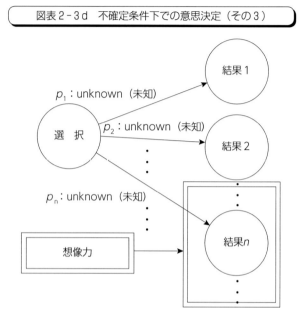

3.4　リスクマネジメントと想像力：リスクマネジメントの練習

クイズ：ここで，リスク対応の想像力を鍛える練習をしよう。2016年10月12日（水）14:55頃，埼玉県新座市の東京電力の地下ケーブルが火災となり都内で58.6万戸が停電した。復旧は16:25頃であった。さて，どうやって消したのかわかりますか？

（出所：http://www.jiji.com/jc/d4?p=tdt112&d=d4_bbb）

> **答え**：ある夫婦の朝の会話：
> 妻「どうやって消したのかわかる？」
> 夫「水かな？」
> 妻「電気通ってるよ」
> 夫（中学で習った『モノが燃えるには①燃えるモノ，②適当な温度，③酸素，の3
> 　つが必要』を思い出し）「泡消化器かな？」。
> 妻「ドライアイスの固まりをたくさん入れたん。」

3.5　リスク認知のバイアス

　迫り来るリスクを正しく判断できない場合がある。以下の代表的なバイアスを示す。

（1）正常性バイアス：リスク認知なし[5)-7)]

　個人レベルでの異常性がある範囲内であれば，一般的に普通と考えられる見方をしようとする傾向のことである。リスク情報の異常性を減じて日常性の中に埋め込もうとするものである。これは，NHK『ためしてガッテン（現番組名はガッテン）』で実験されている。実験協力者を一人ずつ部屋に待機させ，一方の部屋には煙を一度に送り込むと実験協力者はすぐに誰かに知らせようとする。これに対し，もう一方の部屋には同量の煙を少しずつ送り込むと実験協力者は何もしない人が多くなることが明らかになっている。

（2）楽観主義的バイアス：リスク認知あり[5)-7)]

　破壊に至るような見方よりも日常からの軽い逸脱の1つとして楽観的に解釈しようとする傾向のことである。心理的ストレスを軽減しようとする心の働きである。1）の正常性バイアスとの違いが不明確であるが，『リスク認知の有無』は同一著者の文献5)-7）から判断した。

（3）カタストロフィー・バイアス

　極めてまれにしか起きない巨大なリスク（巨大地震，小惑星の地球衝突）に対してリスクの過大視が起こる傾向のことである。

（4）ベテラン・バイアス

　過去のリスク対処により得られたリスク耐性が災いし，新たなリスクに対する判断を誤らせる可能性のことである。

（5）バージン・バイアス

　経験したことのないリスクに対してリスクを過大に，もしくは過小に評価し，正確なリスク認知を得られない可能性のことである。

4．危機管理のあり方

4.1　危機管理の基本

　危機管理の基本は想像力である。
1）『最悪』を想定し，
2）『最悪』に備えたシステムを作る，
3）不必要になれば徐々に縮小する，ことが基本である。

　河田[8]は，「危機管理の基本とは，いかに『災害に想いを馳せるか』ということである。災害の起こり方や被害の発生シナリオに対する貧困な想像力は，それ自体がもう災害である。」と述べている。また，初代内閣安全室長の佐々淳行[9]は，「危機管理では，『自分は何ができるか，何を知っているか』よりも，『誰が何を知っているか，何をできるか』や『どんな装備資機材，技術がどこにあるか』を知っている方がはるかに大事。」と指摘している。さらに，佐々は，危機の宰相のあり方として，「まず想像力です。それから情報への知識欲，決断力，優先順位の決定，国益論を踏まえた国家観，説得力…など，様々な資質を兼ね備えていなければならない」と述べている。組織のトップにあるものとしては心しておくべき心構えである。これは，2011年の東日本大震災時の国

土交通省東北地方整備局長の徳山日出男氏の指揮の基底に流れている思想でもある。

4.2　危機管理に必要なもの

危機管理に必要なものを以下に挙げておく。

1）想像力
2）『最悪』の想定と対応
3）豊富な情報と的確な判断力
4）リーダーシップ
5）ゆとり，（よい意味での）ユーモア等（ロジャー・ムーア主演の007シリーズなどが参考になる）
6）自分を一段高い視点から見る『自分』の必要性（夏目漱石：『こころ』『道草』などを読めばわかる）
7）旅客機の機長の判断が参考になると思う。なぜなら彼らは後ろに大勢の命を預かっているからである。

5．日本の課題

日本の課題は以下のようになる。

筆者は，1989年サンフランシスコ・ロマ・プリエタ地震，1994年ロサンゼルス・ノースリッジ地震，1995年阪神・淡路大震災において文科省および土木学会の地震調査団の一員として調査・研究を行ってきた。以下に，その成果を簡略にまとめる。

5.1　強靭な国土の構築

National Resilience という用語で叫ばれているように強靭な国土の物理的な構築が喫緊の課題である。これについては，国土交通の信頼性向上策等，機会を改めて述べたい。

5.2　我が国のリスクマネジメントと危機管理のあり方

　災害を軽減できる社会基盤の整備が重要である。また，何が起こっても災害対応できる社会の仕組みの構築も重要である。このため，我が国の課題は，

1）迅速な情報把握，

2）迅速な意志決定，

3）迅速な災害管理，

が重要である。また，カリフォルニア州型の指揮系統の構築も災害対応において重要である。カリフォルニア州をはじめ外国では，

①　プレゼンスを示す「災害対策本部長」，

②　実務担当・地域に明るく，任期の長い「防災専門官」，

の役割分担を分けている。我が国では，①と②が同一人物（首長）に集中している。

5.3　災害時のパッケージの重要性

　ノースリッジ地震後の交通システムの運用は，カリフォルニア州交通省（CALTRANS）やロサンゼルス市交通局（LA/DOT），カリフォルニア州ハイウェイパトロール（CHP），ロサンゼルス市警察（LADP）等の密接な連携によって行われた。停電の見込みの情報提供や在宅勤務・時差出勤のお願い等，市民生活に必要な多数の情報がパッケージとして提供された。

　これらは，『交通システムの危機管理』として若林・能島[10] が報告している。カリフォルニア州では，1996年に制定された SEMS (Standardized Emergency Management System) という法律で各対応機関の協調および，資源と情報の効率的利用が義務づけられている。

　政策のパッケージの別の例は，平常時にも見られる。パリの都心部へのマイカー通勤削減策では，1）6車線を2車線にしてマイカー通勤を抑制する，2）真ん中の4車線を芝生にして LRT を走らせる，3）交通の結節点では，地下鉄（メトロ）へ接続する，4）同時に，Velib（ヴェリブ：レンタル自転車）を整備する，5）都心から同心円状に料金体系を設定し，同一料金圏では乗り換え自由である，6）24時間制のチケット制度（日本の多くは1日制）を発行す

る，等施策がパッケージ化されている。これに対して日本のマイカー抑制策と公共交通優先策は，バス優先レーンや乗車券共通化程度の単独政策が多いことが課題である。

5.4　日本の風土（culture climate）に調和した危機管理システムの構築：風土と制度

　制度は，その国の風土の上に成り立っているので，ある国でうまくいっているからと言ってその制度の単純な『輸入』は破綻する可能性があることを考慮すべきである。

6.　まとめ

　以上まとめると以下のようになる。
（1）リスクの存在に気づきましょう。
（2）リスクや危機への対応は想像力が大切です。
（3）身近なことからリスクマネジメントの練習をこころがける（想像力を養う練習をする）。

学習課題

1．FTA による事故解析とはどういうものであるか，各自調べなさい。
2．ハインリッヒの法則とは何か。ハインリッヒの法則を事故防止に生かすにはどうすればよいか，考察しなさい。
3．ブレーキとアクセルの踏み間違いが社会問題となっている。解決策をドライバー，自動車会社，道路行政・交通行政の3者からそれぞれ3個以上考察しなさい。

【注】

1）日本技術士会『技術士制度における総合技術監理部門の技術体系（第2版）』（社）日本技術士会，2004年.

2）東京商工会議所『危機管理対応マニュアル』サンマーク出版，2005年.

3）井上紘一「FTA の基礎理論と数値的解析法」井上威恭監修，総合安全工学研究所編『FTA 安全工学』，第2章，日刊工業新聞社，1979年.

4）前掲1），p.135.

5）広瀬弘忠『災害に出会うとき』朝日選書，1996年.

6）広瀬弘忠『人はなぜ逃げおくれるのか－災害の心理学』集英社新書，2004年.

7）広瀬弘忠『人はなぜ危険に近づくのか』講談社＋α新書，2006年.

8）京都大学防災研究所編『防災学講座4：防災計画論』山海堂，2003年，p.27.

9）佐々淳行『危機管理のノウハウ PART 1 ～ 3』PHP，1984年.

10）若林拓史・能島暢呂「9.交通システムの危機管理」，震害調査シリーズ④，土木学会『1994年ノースリッジ地震震害調査報告』，1997年，pp.231-247.

第**3**章　サービス業の課題と
生産性向上への提言

1．はじめに

　文明が進化していくにつれてサービス業への就業者が増えると提唱したのは，ペティ・クラークであるが，まさに現在のアメリカのサービス業への就業者が80％，日本の就業者が70％というように先進国はその通りになってきている。それまでの日本は自動車やエレクトロニクスといった製造業が経済全体を牽引してきており，欧米に追い付け追い越せの旗印のもと懸命な努力の結果，ついにアメリカ経済の象徴的産業であったビッグ3（GM，フォード，クライスラー）を追い抜き世界一の製造業大国になった。そこでアメリカ経済は意気消沈して衰退していくのかと思いきや，あれよあれよという間もなくIBMやマイクロソフトが隆盛を極め，さらに現在ではグーグル，アップル，フェイスブック，アマゾンという新興企業群がその頭文字をとってGAFAと命名されるITビッグ4があっという間に世界中を席巻してしまった。このアメリカのイノベーション力はもはや世界のどこの国も太刀打ちできないほど強力なものと言えるのではないか。

　一方日本はいまだに自動車が全産業のトップを占めている状況にあり，まだまだ製造業で世界を制覇した時の余韻に浸っている状況で，アメリカのIT大手の成長からすると随分時代遅れの感が否めない。そんな過去の栄光に浸っているからか，スイスのIMD研究所の発表する世界競争力ランキング表をみると，毎年25位〜30位の間を行ったり来たりしている。その理由はGDPはアメリカ，中国に次いで3位の地位にあるのだが，生産性が低いからだという。つまり，日本の製造業は効率化を進めてきて世界でトップクラスの技術大国と言

われてきているが，それは日本の就業者の25％を占めているだけで，70％強を占めるサービス業が全体の生産性を低下させている原因ではないかということだ。

　そこで本章では日本の就業者の大半を占めるサービス業の課題を抽出し，その改善策を検討することで，日本全体の生産性を向上する方策を提言することを目指している。

図表3-1　世界競争力ランキング

順位	2015	2016	2017	2018	2019
1	アメリカ	香港	香港	アメリカ	シンガポール
2	香港	スイス	スイス	香港	香港
3	シンガポール	アメリカ	アメリカ	シンガポール	アメリカ
4	スイス	シンガポール	シンガポール	オランダ	スイス
5	カナダ	スウェーデン	オランダ	スイス	ＵＡＥ
日本	27位	26位	26位	25位	30位

資料出所：スイスIMD研究所，2019年。

2．サービス業の定義

　サービス業はサービスを取り扱う産業のことである。広義のサービス業は，第3次産業と同義である。例えば，統計審議会では，「第1次産業，第2次産業に含まれないその他のもの全てを第3次産業として，サービス産業としている」とある。

　日本標準産業分類では，第3次産業のうち，電気・ガス・熱供給・水道業，情報通信業，運輸業，卸売・小売業，金融・保険業，不動産業，飲食・宿泊業，医療・福祉，教育・学習支援業，複合サービス事業，を指す。

図表 3-2　日本標準産業分類の定義(大分類)

1	電気・ガス・熱供給・水道業
2	情報通信業
3	運輸業，郵便業
4	卸売業，小売業
5	金融業，保険業
6	不動産業，物品賃貸業
7	学術研究，専門・技術サービス業
8	宿泊業，飲食サービス業
9	生活関連サービス業，娯楽業
10	教育，学習支援業
11	医療，福祉
12	複合サービス業

図表 3-3　個人向け・事業所向けの分類

個人向け	理容美容
	旅行
	娯楽（映画，サッカー，風俗など）
	自動車整備等
事業所向け	法務，税務
	エンジニアリング
	物品賃貸（リース）等

さらに提供する内容により，次の 3 つに分ける方法もある。

提供する内容	該当する業種（例）
情報	情報通信業（携帯電話会社など，放送業，情報サービス業など）
モノ	運輸業（人を輸送する旅客輸送，モノを輸送する貨物輸送どちらも含む），卸売業・小売業，不動産業および物品賃貸業など
便利さ，快適さ	電気・ガス・熱供給・水道業，金融業，宿泊業・飲食サービス業，教育，医療・福祉，職業紹介・労働者派遣業，警備業，政治・経済・文化団体など

資料出所：キャリアアップマガジン編集部，2017年12月。

　また，個人向け・事業所向けといった分類の仕方も存在する。次はその分類表であるが，日本標準産業分類よりも分類の産業名が異なり，比較はしにくくなっている。

3．サービス業の特性

　サービス業の特性は次の6つがある。

① 同時性

　　売り買いした後にモノが残らず，生産と同時に消費されていく。

② 不可分性

　　生産と消費を切り離すことは不可能である。

③ 不均質性・変動性

　　品質は一定ではない。

④ 無形成・非有形性

　　触ることができない，はっきりとした形がないため，商品を購入前に見たり試したりすることが不可能である。

⑤ 消滅性

　　形のないものゆえ，在庫にすることが不可能である。

⑥ 不可逆性

　　一旦受けたサービスを気に入らなかったとして，返品したり元に戻したりすることができない。

　サービス業は製造業と違い，以上の特性を持つ。生産と消費の同時性，在庫が効かない消滅性，触ることのできない非有形性，品質が一定しない不均質性などの特徴があるため，品質の維持が難しく，輸送が困難，大量生産による規模の経済性を享受できない，などの問題が生じる。そのため，①サービス業は拠点が存在する地域での活動に限定される，②需要を求めて人口が集中する地域に事業化されやすい，③需要が時期と場所によって偏在する，④料金体系が時期と場所で異なる，⑤サービスの品質に対する信頼性が共有されにくい，と

いう傾向にある。

　また上記の特性は全てのサービスに当てはまるわけではないが，一般的には多くのサービス業に存在するということである。例えば，エンターテインメント産業（音楽，映像など）において，ライブパフォーマンス以外は同時性，不可分性を満たさない。修理，メンテナンス，クリーニングなどでは品質が標準化されることがある。情報産業ではサービスを形にして在庫にすることができる。

4．サービス業の業種別利益率と事業所数と就業者数

4.1　業種別売上高経常利益率

　日本標準産業分類の定義でサービス業は12の大分類がなされているが，その中には高付加価値の産業と低付加価値の産業が混在している。そこで，サービス業の業種別の売上高経常利益率を見ることで，高付加価値サービス業と低付加価値サービス業に分けることができる。

　下記の表から，12分類のうち低付加価値産業は3，4，8，9，10，11の半分の6分類，特に低付加価値のワースト4産業は赤字にしている。高付加価値

	産　業	売上高経常利益率%
1	電気・ガス・熱供給・水道業	7.8
2	情報通信業	5.3
3	運輸業，郵便業	2.9
4	卸売業，小売業	1.8
5	金融業，保険業	5.6※
6	不動産業，物品賃貸業	9.1
7	学術研究，専門・技術サービス業	6.1
8	宿泊業，飲食サービス業	1.6
9	生活関連サービス業，娯楽業	2.3
10	教育，学習支援業	0.9
11	医療，福祉	-4.4
12	複合サービス業	3.8

資料出所：『2015年調査　中小企業の財務指標』（同友館）。
※法人企業統計調査，2015年。

産業は1，2，5，6，7の5分類，12の複合サービスは平均レベルと見ることができる。

　その次に大切な分析は収益性に加えてその業種にどれだけの就業者が属しているかという観点である。低付加価値産業に多くの就業者がいれば，それは日本全体の生産性の足を引っ張ることになる。

4.2　サービス業の業種別企業数

　以下の表はサービス業の業種別企業数である。

	産　業	中小企業数	大企業数	企業数合計
1	電気・ガス・熱供給・水道業	975	31	1,006
2	情報通信業	42,454	552	43,006
3	運輸業，郵便業	67,220	236	67,456
4	卸売業，小売業	831,058	4,076	835,134
5	金融業，保険業	27,338	271	27,609
6	不動産業，物品賃貸業	299,961	322	300,283
7	学術研究，専門・技術サービス業	181,763	683	182,446
8	宿泊業，飲食サービス業	509,698	736	510,434
9	生活関連サービス業，娯楽業	363,009	572	363,581
10	教育，学習支援業	101,663	136	101,799
11	医療，福祉	207,043	275	207,318
12	複合サービス業	3,375	1	3,376

資料出所：「産業別規模別企業数」『2016年中小企業白書』。

　上表を見れば，最も企業数の多いのが卸売業，小売業で，835,134ある。次いで宿泊業，飲食サービス業の510,434となる。3位は生活関連サービス業，娯楽業で363,581となり，これらの3業種が企業数の多い順に並ぶ。いずれも（1）の業種別売上高経常利益率では低付加価値産業となる。

4.3　産業別就業者数

　以下の表は全産業の業種別就業者数である。

図表 3 - 4　産業別就業者数（平成30年）

単位：万人

産　　業	就業者数	構成比(%)
総数※	6,664	100.0
卸売業，小売業	1,072	16.1
医療，福祉	831	12.5
サービス業（他に分類されないもの）	445	6.7
宿泊業，飲食サービス業	416	6.2
運輸業，郵便業	341	5.1
教育，学習支援業	321	4.8
学術研究，専門・技術サービス業	239	3.6
生活関連サービス業，娯楽業	236	3.5
公務（他に分類されるものを除く）	232	3.5
情報通信業	220	3.3
金融業，保険業	163	2.4
不動産業，物品賃貸業	130	2.0
複合サービス事業	57	0.9
電気・ガス・熱供給・水道業	28	0.4

資料出所：「労働力調査結果」（総務省統計局，2019年）。

　上表から，サービス業のなかで卸売業，小売業，医療，福祉，宿泊業，飲食サービス業（これらワースト３業種は赤字表示）の低付加価値サービス業の就業者数が上位を占めていることがわかる。これらで全産業の約35％となっている。

　これら上記３つの表を合わせて考えると，卸売業，小売業，宿泊業，飲食サービス業，医療，福祉といった，企業数が多い産業が，就業者数も多い関係性があるため，その産業の売上高経常利益率が低いことは，日本全体の労働生産性を押し下げていることになっている。

5．世界の中での日本の位置

5.1　労働時間の比較
　以下の表は，OECD34か国に４か国を加えた労働時間の多いランキングを抜

粋したものである。

順位	国 名	労働時間
1	メキシコ	2,285
2	コスタリカ	2,212
3	韓国	2,069
4	ギリシャ	2,035
5	ロシア	1,974
16	アメリカ	1,783
22	日本	1,713
26	イギリス	1,676
28	フィンランド	1,653
29	スウェーデン	1,621
33	ルクセンブルク	1,512
34	フランス	1,472
38	ドイツ	1,363

（単位：h/ 年間）
資料出所：Global note, 2018.

　日本は年間1,713時間で22位という結果になっている。平均が1,763時間であるので，意外にも日本の労働時間は主要国の平均よりも短いといえる。主要国中で労働時間トップはメキシコで2,285時間である。逆に労働時間が主要国で一番短いのはドイツで，ドイツは1,363時間と日本よりもかなり少ない労働時間である。

　ドイツは日本と似た構造を持つ国と思われ，先進工業国として第2次世界大戦では同盟国だったという過去がある。日本よりもかなり少ない労働時間で日本と同程度の経済力があるのならば，ドイツを大いに見習う必要があるということになる。

5.2　世界の中の日本の一人当たり GDP （単位：ドル）

順位	国名	1人当たり GDP
1	ルクセンブルク	104,095
2	スイス	80,346
3	ノルウェー	70,553
5	アイスランド	59,629
6	米国	57,608
7	デンマーク	53,745
9	スウェーデン	51,125
12	フィンランド	43,482
14	ドイツ	42,177
16	イギリス	40,050
17	日本	38,883

資料出所：Global note, 2018.

　OECD34か国中の1人当たり GDP ではルクセンブルクが圧倒的なトップである。そしてスイス，ノルウェーと北欧の国が続く。これらの国はそもそも分母としての総人口が少ないというのもあるが，金融業が盛んゆえに豊かという背景がある。金融業は動かす金額が大きいため，一人当たりの稼ぎも高くなるという構造がある。ある程度成熟した先進国は，製造業から金融業へとシフトチェンジしていくことを推奨する経済の専門家が多いのは，こういう事情である。

　34か国中において日本は17位と真ん中くらいの豊かさである。可もなく不可もなくといったランキング順位だが，かつて経済大国として栄華を誇った1990年代などと比較すると，右肩下がりで1人当たり GDP は減り続け，順位は相対的にかなり落ち込んでいる。

　一方で米国は6位，産業構造の似たドイツは14位と比較的善戦しており，GDP も成長している。1人当たり GDP は国民一人当たりの豊かさを表す尺度であるから，これが右肩下がりで減り続ける日本は衰退し続けている国ということになる。

5.3　世界の中の日本の労働生産性

次は労働生産性つまり，労働時間1時間当たりのGDPのランキングである。

順位	国名	労働1時間当たり GDP
1	ノルウェー	86.6
2	ルクセンブルク	82.1
3	アイルランド	71.2
4	米国	64.1
7	デンマーク	59.5
7	フランス	59.5
9	ドイツ	58.3
10	スイス	55.1
11	スウェーデン	54.7
17	イギリス	48.5
20	日本	40.1

資料出所：Global note, 2018.　　　　　単位：ドル

労働生産性の上位国は北欧のノルウェーやルクセンブルク，アイルランドなど，やはり金融業の盛んな国がランキングしている。日本は35か国中，20位と中の下くらいだ。

日本の労働生産性が低い理由としてよく言われるのは，ホスピタリティが強すぎるゆえに，サービス料金以上の過剰サービスを供給させてしまう，サービス業のあり方が影響していると言われる。

しかしおもてなしの心で，誠意あるサービスを提供するのは，顧客にとっては良いことなのだが，過剰サービスということで労働生産性が低くなるのはつらいところである。ホスピタリティの低いサービスを受けたいと思う人はいないだろう。ということは，日本の飲食店などは，もっと販売価格を上げるべきなのか，それともセルフサービスの場面を増やすべきか，いずれかの検討が必要になってくるかもしれない。

日本よりも労働生産性が低い国を見てみるとメキシコ，ロシア，韓国などが並ぶ。これは上記の（1）にあるように，軒並み労働時間が長い国と一致している。分母の労働時間が増えるのだから，結果が悪くなるのは当然だが，1人

当たり GDP と比例関係にあるのは労働生産性が 1 人当たり GDP を労働時間で除しているだけだからである。

　つまり労働時間を減らして，労働生産性を上げることに努力している国は，むやみに長時間労働する国よりも豊かになる，という傾向があると見ることもできる。このことから，日本はもっと労働時間を減らし，密度の濃い仕事に改善していき，労働生産性を上げていけば，それが国民の豊かさへとつながる可能性は高いと言える。

6．日本のサービス業の課題

6.1　就業者数が多い低付加価値サービス業の存在
　3．で国内の分析を行った結果，わかることは卸売業，小売業，医療，福祉，宿泊業，飲食サービス業といった低付加価値でなおかつ企業数や就業者数の多い産業が，日本全体の労働生産性の元凶となっていることを，理解し認識する必要があるということだ。国民全体で理解し，その業界の経営幹部層は特に強く意識しなければならない。そして自ら改善しようと努力する方向にもっていかなければならない。しかし，現実は必ずしもそうなっていないことが問題である。特に卸売業に当たるアパレルなどではパート比率も高く，業務も単純なものが多く低賃金労働者が多い。こうした分野では特に労働の質を高めるようにIT化を促進することは必須と思われるが，残念ながら業界団体が問題意識をもって改善できているとは思われない状況である。となると経済産業省や学識経験者が共同して指導する必要があるのではないだろうか。

6.2　サービス業への改革投資の少なさ
　政府は，製造業の技術力維持も重要だが，サービス業の技術革新に対する支援も真剣に考えなければならない。政府はサービス業を「次世代を担う産業」と位置づけ，その育成のために近年さまざまな施策を打ち出している。また，中小企業政策においてもいくつかの支援策を提供している。サービス業においてIT化推進の大方針として「IT新改革戦略」を打ち出し，中小企業庁も企業

のIT化の支援を積極的に進めている。

　しかしサービス業の大半を占める中小企業には十分に浸透しているとは言えない。中小企業はこれらの施策について積極的に情報収集を行う必要があるが，最低限のIT利用方法の教育から行わなければならない。かつて製造業の技術革新には多くの支援をしてきた政府だが，サービス業にはほとんど支援してこなかった。そのツケが回ってきているといえる。また，新しく生まれてくるサービス産業の多くは，既存の業界の枠に収まりきれないものが多いため，規制改革も重要である。サービス業は人の手によるサービス業務が多いからと言ってIT化をほとんどしてこなかった業界であり，遅れた産業と言わざるを得ない。

6.3　サービス業の業務改革不足及び人材不足

　日本の労働集約的サービス業の生産性低下の原因に，優秀な人材の不足がある。それは，付加価値が低いために，給与の低い業界となってしまったからだ。もちろん業務内容の魅力も少なく，単純作業が多い。経営者は優秀な人材が採用できないため，いつまでも改革が進まないと嘆くことになる。そこで，筆者は次の4点を提案する。

①　労働集約的な業務はIT化を促進するなどして徹底的に合理化する。
②　合理化の手段として，機械化，ロボット化を行い，政府はサービス業の合理化に全面的な支援を行う。
③　業務の効率化については，標準化，マニュアル化を促進する。
④　優秀な人材を1人でも良いから，外部からスカウトし，改革を全面的に任せる。

　以上の提案を実行できれば，サービス業の生産性は確実に向上すると考えられる。

6.4　圧倒的に高い中小零細企業比率

　日本では企業全体に占める小規模企業（零細企業）の割合が高いということに加えて，中小企業が支える雇用の比率は先進7カ国（米・英・独・仏・伊・

日・加）の中で最も高い。日本は全企業の99.7％が中小企業であり，アメリカも99.7％，ドイツは99.5％，イギリスは99.4％である。しかし，日本の卸売業・小売業などのサービス業では，アメリカやドイツ，イギリスと比べて小規模の企業の割合が高く，国土が狭いにもかかわらず事業所数が多すぎるという難点がある。例えば卸売業・小売業の分野では，従業員が10人未満の事業所数のシェアはアメリカでは50％程度であるのに対して，日本では80％程度とかなり高い状況にある。

　中小企業の定義は，従業員数で判断すれば，アメリカは500人以下，ドイツは500人未満，イギリスは250人以下，日本は製造業・建設業が300人以下，卸売業・サービス業が100人以下，小売業は50人以下となる（※各国の中小企業の定義は，従業員数や売上高，総資産でも違いがあり，厳密には一律に比較できない）。その上，日本では中小企業が支える雇用の比率が一貫して70％前後で推移しているのに対して，アメリカでは50％前後，ドイツやイギリスでは60％前後と日本より少ない状況にある。そのために，日本の中小企業はアメリカの中小企業と同じ付加価値を生み出すために，2倍以上の従業員を雇っている計算になっている。

　現実に，卸売業・小売業のサービス業で従業員が5人以下，運輸業などで従業員が20人以下の小規模企業は企業全体の90％近くを占めていて，雇用全体の25％を担っている。中小企業または小規模企業は平均的に生産性が低く，日本全体の労働生産性の水準を大幅に引き下げているということだ。

　日本経済にとってグローバルに活躍する企業が増えるのが好ましいという前提では，労働生産性を必ずしも大幅に引き上げる必要性はなくなってくる。現時点では日本とアメリカの労働生産性は30％超の開きがあるが，今後の日本企業による海外進出の増加を加味すれば，およそ半分の15％程度の差に縮めるだけでも経済の底上げは十分にできる。ただし，アメリカとの差をおよそ半分の15％程度に縮小するだけでも，どうしても避けて通ることができないことがある。それは日本のサービス業に属する中小企業が，アメリカの中小企業に比べて圧倒的に生産性で劣っているため，中小企業の中でも小規模企業を今の半分に淘汰しなければならないということである。

　地方ほど小規模企業の割合が大きいので，小規模企業の大幅な削減は地方の
疲弊に結びついていく。たとえ経済全体で合理化を進めるためとはいえ，職の
確保が保障できない状況下において，多くの小規模企業をドラスティックに淘
汰しても良いとは言いがたい。心配なことは，労働生産性の国際比較では日本
の生産性が低めに出るという要因をあまり考慮することなく，生産性の向上そ
のものが大事であると強調されているが，その考え方の中には，中小企業の大
半を合理化した先の視点が含まれていないことである。中小企業の思い切った
淘汰を進めるためには，それによって失われる雇用を容易に他の産業に移動で
きるようにしておかなければならない。すなわち，雇用の受け皿となる新しい
産業がいくつも作り出されていなければならない。それは，労働市場の流動性
を高める前にやらなければならない。そうでなければ，今度は失業者対策で混
乱してしまう。

7．サービス業の課題に対する改善策

7.1　人材育成

　優秀な人材は一般的に自己の成長が見込まれる職場，報酬の高い職場に集ま
る。したがって，優秀な人材を集めるには，創造性豊かな業務があり，仕事と
ともに自己の成長が感じられる職場であることが必要だ。そのためには単純作
業をロボットや機械に代替させ，創造性の高い業務の多いサービス業に改革し
なければならない。付加価値の高いサービス業はそれがある程度できているが，
問題は付加価値の低いサービス業の業務改善である。それは次の節で詳述する
が，ここでは現在の職場でどのように人材を育成していくかという点を検討す
る。

　まずは自己啓発に頼ることなく，企業内研修，企業外研修への教育投資であ
る。下の表を見てもらえば，先進国の米国，欧州，日本の中で日本が最も従業
員にかける研修費用が少ないことがわかる。2011年度ではなんと日本は米国の
3分の1の費用しか掛けていないのである。こんな状況であれば生産性が高く
ならないのもうなずける。早急な対策が必要であろう。

図表3-5　従業員一人当たり研修費用（年間）

単位：円

	日　本	米　国	欧　州
1998年 根本孝　明治大学	53,137	79,577	106,071
1999年 産業能率大学	47,322	99,235	95,285
2011年 産労総合研究所	34,000	100,000	－

資料出所：経済産業省，2014年，サービス業の生産性向上資料4。

7.2　経営者支援の強化

　卸売業，小売業，宿泊業，飲食サービス業といった低付加価値でなおかつ企業数や就業者数の多い産業は過去数十年間ずっと低付加価値でなおかつ単純作業が多く，労働集約的な産業という特徴を持っていた。つまりは数十年間にわたり労働生産性が低いままであった。

　これは，これらの産業の経営者がIT化も遅れ，業務改革もほとんど出来ずにいたということではないだろうか。その間製造業は世界に冠たる技術革新を遂げた企業が続出したにもかかわらずである。これはサービス業の中でも付加価値の低い産業の経営者の無作為，怠慢と言われかねない由々しき問題である。

　この問題を解決するには経営者の意識改革か，経営者への強力な支援か，経営者を外部からスカウトして交代してもらうか，そんな方策しかないのではないだろうか。数十年も旧態依然とした業界の改革はもちろん一筋縄ではいかないし，結局は無理だったということになるかもしれない。それほどの難問である。

　筆者は政府の強力なバックアップ体制の下で，経済産業省や学識経験者が共同して経営者に取って代わるくらいの勢いで指導する必要があると考えている。

7.3　業務改革のためのIT投資への政府支援

　岐阜県美濃加茂市にヤマザキマザック㈱の工場がある。そこはマザーマシンと呼ばれる工作機械の工場である。鉄の塊をCAD及びCAMを駆使して球体

にしたり，ロダンの彫刻のようにしたり自由自在にロボットの手で削ることができるのである。この技術というか付加価値はとても素人が行えるものではない。一方，卸売業や小売業，さらには飲食といった低付加価値のサービス業は素人でもすぐに働くことのできる仕事が多い。そのため結果としてパート・アルバイトが多く勤務することになる。すなわち，業務の質や難易度が高度なほど高付加価値産業となり，低度なほど低付加価値産業となる。

　例えば，アパレル等でワゴンに陳列されたセール品を袋から取り出して，そのまま放置された商品を，店員がきれいにたたんで袋に入れ直す作業に時間がかかるというケースがあるが，自動でたたみ袋詰めまでする機械を開発すればよいものを，全くそのようなことを考えない経営者ばかりだから，いまだにそんな機械は日本に存在しない。

　事程左様にいま問題となっている低付加価値のサービス業には，単純労働を低賃金のパートやアルバイトに従事させたり，正社員で行ったりしているが，結局は単純繰り返しの作業を機械化せずに人の手に頼っているという怠慢が経営者にあるのだ。これを工夫し，改善しないからいけないのである。

　今後は，小売業では無人店舗の導入を促進させ，飲食のサービスも高級店以外はセルフ化を進める。物流では無人トラックの導入，全自動配送システム，在庫量を自動調整する全自動移動型倉庫，商品補充や品出しロボットの開発など，やることは無限にある。

　これらのAI（人工知能）を使ったIT投資は，いままで出来ていなかったサービス業の経営者にやれと命令するわけにいかないので，政府が投資資金の援助や税金の減免などで支援するしかないのではなかろうか。

学習課題

1．諸君は日本企業の生産性向上を図るにはどんな方法が最適と考えるか，提案しなさい。
2．サービス業の改善策でテキスト以外に提案できることがあれば，考えてみて提案しなさい。

第4章 持続可能な地域づくりと再生可能エネルギー事業

1. はじめに

　太陽光，風力，水力，地熱，バイオマスなどの再生可能エネルギーによる発電事業は，これまでの石炭，石油，天然ガス，原子力などの枯渇性エネルギーに対する依存からの脱却を図るものであり，持続可能な循環型社会の形成に大きく貢献することが期待されている。また，石炭，石油，天然ガスなどの化石燃料による発電事業は温室効果ガスを排出することから，再生可能エネルギーによる発電事業は地球温暖化に対する緩和策（温暖化しないように温室効果ガスの排出量を削減するなどの政策）として知られている。さらに，再生可能エネルギー事業では種々のエネルギー源が提供されること，これらのエネルギー源がローカルに生産・消費されることから，特に東日本大震災以降，当該事業は地球温暖化に対する適応策（温暖化してもよいように災害の影響を軽減するなどの政策）としても注目されている。

2. 再生可能エネルギー事業を取り巻く社会情勢

　このような再生可能エネルギーによる発電事業は日本の各地で検討されているが，多くの地方都市では少子・高齢化や地域経済停滞などの問題が喫緊の課題となっており，当該事業が優先され難い状況にある。また，地方都市には太陽光，風力，水力，森林などの自然資源が豊富にあるにもかかわらず，自治体の財政難により当該事業のための資金が調達できない状況にもある。しかし，再生可能エネルギーによる発電事業がなかなか進まない本質的な原因は，持続可能な地域づくりに資する環境経済政策の在り方に関する議論が未成熟である

ことと考えられる。

　疲弊した経済・財政状況の下で限られた資源・資金を投入することにより持続可能な地域づくり（低炭素社会，循環型社会，自然共生社会）を目指すためには，環境経済政策のメニューを幅広く捉え，持続可能性の3側面（経済面，社会面，環境面）や地域区分などに着目した統合的な評価を行い，その結果に基づいて地域政策の実施可否や優先順位などに関する意思決定を合理的に実施することが必要不可欠である。

3．再生可能エネルギーの現状

　日本では，再生可能エネルギー（大規模水力，小水力，バイオマス，地熱，風力，太陽光）による発電量が着実に増加しており，総発電に占める割合も9.8％（2010年度）から16.6％（2017年度）に増加している。それは，2011年3月に発生した東日本大震災に伴って起きた福島第一原子力発電所事故が契機となった。

　図表4-1は，日本国内の発電量全体に占める一次エネルギー別発電量の割合を示したものである。原発事故前の国内発電全体の原子力の割合は24.8％（2010年度）であったが，原発事故後の2014年度には一旦ゼロ％となり，2017年度には0.9％まで戻った。その代わりに火力（石炭，天然ガス，石油，等）の割合が65.4％（2010年度）から84.7％（2027年度）に増加した。それにより二酸化炭素排出量の大幅な増加が予想されたため，日本政府は電力の「固定価格買取制度（通称FIT：Feed-in Tariff）」を制定し，2012年7月より企業や家庭への再生可能エネルギーの導入を積極的に推進した。その結果，特に太陽光発電システムが次々と導入され，太陽光発電の割合が0.4％（2010年度）から5.8％（2017年度）に増加した。しかし，2019年6月，経済産業省は固定価格買取制度を2019年11月より順次終了する方向で検討を始めた。そのため，再生可能エネルギーの普及にブレーキが掛かりそうである。

　ここで，固定価格買取制度とは，「電気事業者による再生可能エネルギー電気の調達に関する特別措置法」に基づき，再生可能エネルギーを用いて発電された電気を一定の期間・価格で電気事業者が買い取ることを義務付けるもので

図表 4 - 1　国内の発電量全体に占める一次エネルギー別発電量の割合
（上：2010年度，下：2017年度）

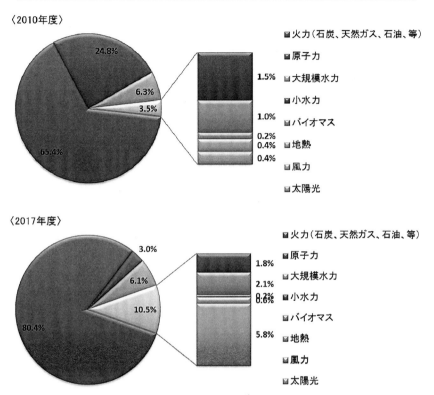

出所：環境エネルギー政策研究所（2019）に基づき[1]，著者作成

ある。その際，電気事業者が買取るための費用は，原則として使用電力量に比例した賦課金によって回収されており，電気を使用する全ての国民が電気料金の一部として負担している。産業用太陽電池（10kW 以上）からの買取価格は40円 /kWh（2012年）から18円 /kWh（2018年）へ減少した。一方，電気使用に対する賦課金単価は，0.22円（2012年）から2.90円 /kWh（2018年）へ増加した。標準家庭では，月額66円（2012年）から月額754円（2018年）へ増加したことになる。これより，（1）買取価格の減少により後から参入した法人や個人が不

利になるという不公平感，（2）賦課金単価の増加により家計の負担が大きくなるという不満感，などが問題となっている。

4．小水力発電事業の事例

　岐阜県郡上市の西端に位置する石徹白（いとしろ）地区は，2015年現在で人口総数252人，世帯総数114世帯の小さな村である。1964年の人口総数が約1,200人であったことから，現在の人口はその約1/5となっている。写真1・2は，石徹白に設置されたマイクロ（小）水力発電施設である。

　写真1は2009年6月に設置された「らせん型水車」である。落差は0.8mで，0.8kWの電力を生成する。その電力は水力発電事業の事業主体「やすらぎの里いとしろ」の事務所一軒分の電気を賄っている。

　写真2は2011年6月に設置された「上掛け水車」である。落差は3.0mで，2.2kWの電力を生成する。その電力は隣接する農産物加工所「白鳥ふるさと食品加工伝承施設」に送られ，加工品開発が行われている。近年では，外部からの加工委託も受けるようになり，夏季および冬季の雇用が生まれている。

　その後，2015年6月には石徹白1号用水発電所（落差：53.6m，発電出力：最大

写真1（左）　石徹白の小水力発電施設「らせん型水車」
写真2（右）　石徹白の小水力発電施設「上掛け水車」

出所：著者撮影（2014）

63kW，年間発電量：約38.6万 kWh，一般家庭の約81世帯分）が設置され，2016年 6
月には石徹白番場清流発電所（落差：104.5m，発電出力：最大125kW，年間発電量：
約61.0万 kWh，一般家庭の約130世帯分）が設置された。

　枝廣（2016）によると[2]，その昔，石徹白には川が流れていなかったため，
明治時代に村人が川から水を引くために 3 km の水路を手掘りで建設した。そ
れにより，石徹白で米を育てることができるようになった。そして，春の田植
前と秋の収穫後に村人全員で水路を掃除して，自分たちで水路を維持管理した。
大正時代には，石徹白に電力利用組合が設立され，谷から水路を通って引かれ
た水を動力として水車を回し，昼間は製材工場の動力源となり，夜間は集落の
電力源となった。もし動力や電力の状態が悪くなると，昼夜問わず村の誰かが
水車のところへ行き，水路に溜まったゴミを取り除いたり，水車を調整したり
した。このようにして，村人は水路と水車を自分たちで作り，維持管理し，水
も電気も自分たちで賄っていた。2007年，石徹白の村人はマイクロ水力発電
（写真 1 の左側）の誘致を決定した。その理由は，村人が環境やエネルギーの問
題に興味を持っていたというより，状況が変わらなければ集落が消えてしまう
と恐れていたとのことである。

5．小水力発電事業の提案

　小水力発電とは，農業用水路や小さな河川を利用する小規模の水力発電を指
す。また，わずかな落差を利用して発電するので，河川の未利用水資源を有効
活用することができる。したがって，小水力発電には次のようなメリットがあ
る。1）河川や用水路をそのまま利用するため，新たに大規模なダムを造る必
要がない。2）河川の未利用水資源を活用するため，河川環境の改善につなが
る。3）日本には水力発電に関するノウハウと技術が確立されているので，容
易に導入できる。

　小水力発電では，地域の河川や用水路に小規模な発電施設を設置するととも
に，適正な流水を確保するために河川や水路を整備・維持管理することが必要
になる。特に，小水力発電を効率的に稼働させるためには，日常的な施設の見

回りや河川ごみの清掃などの維持管理が重要になる。

　そこで，持続可能な地域づくりに資する再生可能エネルギー事業として，次のような地域住民の参画に基づくコミュニティ型小水力発電事業を提案する。1）河川や用水路の整備と小規模な発電施設の設置は，地域住民の有志が地域の活性化に役立つ事業として立ち上げた地域小水力発電会社が行う。2）日常的な維持管理（施設の見回り，河川ごみの清掃など）については，小水力発電施設を設置した地域住民の参加・協力により行う。3）発電施設の維持管理などの技術的な専門性が必要な作業については，専門業者に委託する。4）小水力発電事業の売電収益の一部が小水力発電施設を設置した地域に還元される。

　以上を図解したものが図表4-2である。ここで，提案事業の特徴は，出資や寄付などの金銭面だけでなく見回りや清掃などの活動面での参加・協力も期待できること，地域資源を活用した取り組みで得た利益が地域内に還流できること，これらにより地域住民の満足度が向上する（地域活性化に資する）こと，などが挙げられる。

　ここで，日本の中山間地域への導入を想定し，一定の条件下で先の提案事業の経済波及効果を分析してみた。その際，地域住民の参画形態として，当該事業の維持管理に関わる作業を地域住民の奉仕労働（ボランティア労働）で代替することを想定した。また，地域住民の参画を促すために，当該事業の営業余剰

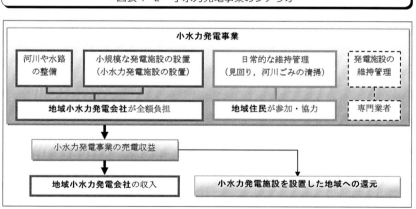

図表4-2　小水力発電事業のシナリオ

から奉仕労働に対して謝礼金を支払うことも検討した。

　分析の結果，まず奉仕労働に対して謝礼金を支払うことにより，雇用者所得が増加し，さらなる奉仕労働が見込めることがわかった。また，当該事業の中間投入コスト（維持管理に関わるコスト）を代替することにより，中間投入業者の生産額は減少するが，地域産業の営業余剰が増加する。一方，設定される謝礼単価と提供される奉仕労働の質によっては，当該事業がうまく機能しない場合がある。そこで，設定される謝礼単価の上限，設定される謝礼単価に応じて参加者に求められる作業能力の範囲，設定される謝礼単価に応じて任意の作業能力を達成するための講習会の費用に充てられる予算，などを示した。

　そして，当該事業の営業余剰の増加分を自らの事業に再投資して補助金を削減（財政負担を軽減）したり，他の地域事業へ投資したりすれば，地域経済の活性化や住民サービスの向上などが期待される。また，地域住民の環境意識が高まり，多方面において二酸化炭素削減が期待されるとともに，コミュニティ強化による住民満足度の上昇も期待される。そこで，このような期待を実現するための利益還元のあり方について，事業の採算性が良好である場合と良好でない場合に分けて紹介する。

　事業の採算性が良好である場合には，豊富な自然資源をもつ地域において高度なノウハウを持つ事業者によって進められる事業であることが多い。このタイプの事業は，住民参加の余地がほとんどないので，水利権などに対する地域住民の合意形成において課題をもつ。そのため，住民参加の可能性を担保することにより，地域住民にも利益のある形の事業構造とし，事業性・地域経済性・地域主体性のバランスのとれた事業とすることが重要である。その際，事業者利益（営業余剰）や雇用者所得を削減して住民参加に対する謝礼に充てることが考えられるが，単に利益や所得を地域住民に配分するだけでは事業者のインセンティブになりにくいので，事業者のコスト（対事業所サービスにかかる費用）の一部を住民参加（奉仕労働）によって代替するなどの工夫が必要である。その際，行政の役割として，事業者に利益還元の仕組みを提案したり，地域住民に参加を呼びかけたりするなどの働きが求められる。

　一方，事業の採算性が良好でない場合には，自然資源のポテンシャルがそれ

ほど大きくない地域において住民の創意工夫で進められる事業であることが期待される。このタイプの事業は，地域住民の参加意識が期待されるので，地域住民の合意形成において有利である。このような事業においては，事業の計画段階から地域住民の参画を得て，事業による利益のどの部分をどのような形で地域住民に還元するのかを考えていくことが必要である。例えば，地域住民は無料の奉仕労働を提供して，できるだけ事業者利益を確保し，そこで節約された金額を事業者利益として溜め込まず，地域のコミュニティ事業に投資するという方法がある。また，事業者利益や雇用者所得をほとんど掃き出して，奉仕労働者にできるだけ謝礼金を渡すことで，地域住民に還元するという方法もある。さらに，行政との連携を含めると，事業者利益を内部留保しておき，これを初期投資時や更新時の補助金の削減に充て，これによって節約された予算を地域の公共サービスに回すなどの政策シナリオも考えられる。

6. 持続可能な地域づくりに資する 再生可能エネルギー事業のあり方

　現在の地方都市では，再生可能エネルギー事業の評価について経済面での持続可能性が重要な視点である。その際，地域の経済循環構造を把握することが重要となり，その要点を以下に整理する[3]。

6.1 地域外への資金流出の抑制

　地域経済において，財（原材料，製品など）・サービスの地域外への依存により，地域内で活用すべき資金が地域外に流出していることが大きな課題となっている。これに着目し，地域外への資金流出を抑制し，地域内で活用可能な資金を留保させることが重要である。

　例えば，エネルギーについて，そのほとんどが地域外・国外の化石燃料（重油，軽油，ガソリンなど）に依存しており，その購入による地域外への資金流出が認められる。また，系統電力についても，多くの地域では地域外の大規模発電所に依存しているため，電力の使用も地域外への資金流出につながる。エネ

ルギー費用の地域外への流出を最小限に食い止めるためには，地消地産の再生可能エネルギーを導入したり，地域全体としての省エネルギー化を推進したりすることが重要である。

　さらに，エネルギー以外の財・サービスについても，地域外依存度を低減し，その購入による地域外への資金流出を抑えることが望ましい。例えば，地域内のリサイクル資源の活用，地域内市場におけるリサイクル製品の普及などは，地域外からの財の購入による資金流出の抑制にもつながる。

6.2　地域外からの資金獲得の促進

　より積極的な取り組みとして，地域内で生産した再生可能エネルギーやリサイクル製品を地域外へ販売（移出）することにより，地域外からの資金獲得を促進することも考えられる。また，新たなタイプの財・サービスとして，地域内での事業による温室効果ガス削減量を価値化した二酸化炭素クレジット（環境価値）を創出し，地域外に販売（移出）するという取り組みも考えられる。このような取り組みを実現するためには，事業者による再生可能エネルギーやリサイクル製品等の地域外市場の開拓を支援することが必要である。さらに，市場を開拓するためには，先進的な環境施策の実施や実績を背景とした地域ブランドを形成することも重要である。

6.3　地域内の産業連関の強化

　地域経済において，地域内産業間の連関構造が弱いことも大きな課題となっている。地域内で再生可能エネルギー事業，省エネルギー事業，リサイクル事業などを展開し，資金流出の抑制や資金獲得の促進を図っても，その事業形態によっては地域内での資金留保の効果が十分に得られない場合も考えられる。そのため，次のように地域内産業間の連関構造を強化し，地域外への資金の再流出を防ぐことも重要でなる。

【中間投入における地域内産業連関の強化】　事業が地域内で展開されても，当該事業へ中間投入される財・サービスを地域外に依存している場合，当該事業に係る経費の多くが地域内で循環せずに地域外の事業者に流出することになる。

これを避けるためには，当該事業への中間投入に係る事業者との地域内連携を強化することが重要である。そして，地域内で中間投入事業者（エネルギー設備のメンテナンス事業者，バイオマス燃料の供給事業者など）を育成することも重要でなる。

【地域内からの資金調達】 事業の立ち上げにおいて，地域外の金融機関からの融資等で資金を調達している場合，その利子や手数料の支払いという形で事業費の一部が地域外に流出することになる。これを避けるためには，地域内の金融機関（地方銀行，信用金庫など）からの融資や住民からの出資等により，地域内からの資金調達を増やすことが重要である。そして，地域内の金融機関が当該事業へ融資しやすい環境を整えること（地域経済活性化への寄与に関する啓発，手続き簡素化によるコスト削減など）も重要である。

【地域内の本社機能の強化】 事業者の本社部門が地域外にある場合，事業による利益（営業余剰）が一旦地域内の事業者に帰着するものの，実質的にはその多くが地域外の本社部門へ流出することになる。これを避けるためには，地域内に本社をもつ事業者が中心となって当該事業を実施することにより，地域外の資本に対する依存度を低下させることが重要である。なお，当該事業との連関の強い産業の本社部門が地域外にある場合も同様に，事業による利益の地域外への流出が起こるため，連関する産業においても地域内の資本による事業者の育成が重要である。そして，地域内の事業者の出資による事業の立ち上げも重要である。

【地域内の人材活用】 事業が地域外の労働者により支えられている場合，彼らに支払う給与等の雇用者所得は地域外へ流出することになる。これを避けるためには，地域内の人材活用による地域内での雇用創出を図ることが重要である。そして，事業者が地域内の人材を雇用しやすい環境を整えることも重要である。

【雇用者所得の地域内消費の促進】 雇用者所得を地域外の店舗等で消費したり，移入品の購入に使ったりする場合，地域内での経済波及効果は限定的になる。これを避けるためには，地域内の店舗等で魅力的な財・サービスを提供できるような産業振興策を図ることが重要である。そして，地域振興券等を導入して地域内の消費を促進することも重要である。

７．おわりに

　本稿では，再生可能エネルギー事業を持続可能な地域づくりのための重要な要素として位置付け，当該事業の背景・事例・提案を紹介し，また事業の在り方を整理した。実際には，持続可能な地域づくりは日本の各地で検討されており，経済面・社会面・環境面より，観光産業の振興，コミュニティ活動の活性化，エネルギーの低炭素化など，多種多様な取り組みが展開されている。これから「まちづくり」を勉強する学生諸君には，幅広い知識と豊富な経験を身に付け，温暖化と少子高齢化に立ち向かう日本社会のための「まちづくり」を提案・実践してもらいたい。

学習課題

１．地球温暖化に対する『緩和策』の趣旨を説明し，まちづくりに関連する緩和策を提案せよ。(キーワード：排出削減，吸収増大)
２．地球温暖化に対する『適応策』の趣旨を説明し，まちづくりに関連する適応策を提案せよ。(キーワード：撤退，順応，防護)

【注】

1）環境エネルギー政策研究所「自然エネルギー白書2018/2019　サマリー版」，2019年。
2）枝廣淳子「住民が作り守ってきた水路の水と住民の出資で小水力発電を！」JFSニュースレター，No.162，2016年。
3）名城大学・南山大学・高知大学・青森中央学院大学・東京大学・エックス都市研究所「低炭素地域づくりに資する温暖化対策の地域経済への影響・効果の把握，統合的評価，及び環境経済政策への反映に関する研究」平成26年度　環境経済の政策研究　最終研究報告書，2015年。

第 **5** 章　景観・環境デザインと　　　まちづくり

1．景観とは

　「景観」という言葉は，日常的によく使われており，我々にとって馴染みが深い。それは，平たく言えば，「目に見えているまわり一帯の様相」を示した言葉である。しかし，似たような言葉に，風景，景色，…などがあり，我々は，普段，特に気にかけることもなく，区別せず，これらの言葉を用いている。これらの言葉に違いはあるのであろうか。本節では，景観の意味とその意義，さらには，景観にかかわる事項について概説する。

1.1　景観とは

　景観，風景，景色，…という言葉が示している内容は，ほぼ同じであるといってよい。ただ，景観は，都市計画学上の技術用語（テクニカル・ターム），すなわち，専門用語として用いられており，一方で，風景，景色，…は，日常用語として，叙情的な意味を込めて，ふつうに使われていることが多い。実際，都市計画の分野においては，特別な場合を除いて，風景や景色という用語は用いられず，景観という用語が用いられている。

　景観を専門的に取り扱うのは，学術上，「景観工学」であるが，我々をとりまいている環境（都市環境，自然環境，住環境，生活環境，…）を計画的に扱い，よりよい環境を創出していくという意味で，「環境デザイン」とよばれることも少なくない。

　「景観」は，英語では 'landscape' である。日本語で景観というと，何となく分かったようで解らないのであるが，英語では，その意味は明快である。この単語を分解してみると興味深い。'land' はいうまでもなく，「土地」や「場

所」を意味する。一方，'scape' は「眺め」を意味する。それ故，'landscape' という一語で，「その土地の眺め」，「その場所での眺め」という意味になる。つまり，我々をとりまいている環境の眺めという意味である。また，「景観」は，ドイツ語では 'landschaft' であり，'land' と 'schaft' に分解すると，英語と同じ構造と意味であることがわかる。

　上述したように，景観は「環境の眺め」であり，環境を目で見て，鑑賞・評価することであり，端的に言えば，「環境に対する視覚的な評価」であるといえる。つまり，景観は環境問題の一部としてとらえるのが適切であるといえよう。景観は「環境と人との接点」であるとよくいわれる。このことは，次のように理解することができる。人がおらず，まわりの環境だけがあっても，景観は成立し得ない。また，環境がなく，人だけがいても，景観は成立し得ない。環境があり，さらに，そこに人がいて，環境を眺め見るという行為があって，景観がはじめて成立するのである。

1.2　景観の重要性

　景観が環境に対する視覚的な評価であることは，すでに述べたとおりであるが，ここでは，その重要性や意義の深さについて説明する。

　人には，「五感」があることは広く知られている。五感とは，人が外界を感知する感覚機能のことであり，人がまわりの環境の様相に関する情報を取り入れる手段やその経路のことである。言い方を換えれば，「人の環境との接し方」であるともいえる。

　ここに，興味深いデータがあり，図表5-1に示す。五感による知覚の割合である。

```
┌──────────────────────────────┐
   図表5-1　五感による知覚の割合
└──────────────────────────────┘
```

視覚…83%（そのうちの80%以上が色の情報）
聴覚…11%
嗅覚…3.5%
触覚…1.5%
味覚…1%

　このように，視覚は，他の感覚よりも突出して割合が高く，このことから，「環境に対する視覚的な評価」である景観の重要性が理解できよう。さらには，景観においては，色彩が大きな意味をもっていることも，あわせて理解できる。デザインというと，一般的には，形と色の問題と考えられがちであるが，色の方がより重要であることは，たとえば，形があって色がないものはなく，逆に，色があって形がないものはあるという身近な例を考えればわかりやすいであろう。

1.3　景観の分析・評価と景観計画

　景観の分析とは，色彩や形などに代表される視対象の性質やその視知覚特性，構成要素や構図などの視知覚様相を分析することである。景観の評価とは，視覚現象・心的現象，つまりは「見え方」としての景観の価値を評定することである。

　また，景観計画とは，景観の設計を含む，景観全般への技術的操作に関する計画の総称である。すなわち，新しい景観の創出，既存の景観の修復・改善（「修景」とよばれる），景観の維持・管理・保存などにかかわる技術的操作の方針や具体的計画であり，景観にかかわるさまざまな計画全体をさしている。それらの計画に，景観の分析・評価で得られたさまざまな知見が広く反映されることはいうまでもない。都市の景観計画は，都市のアイデンティティを反映するものであり，都市の個性を演出する手法の1つの「鍵」となりうる。この点については，3節で詳しく説明する。

　これらの過程は，ずいぶん昔から，必要に迫られて行なわれてきた。ただ，それらを支え，推進していく法的な整備が整っていたかというと，そうではない。時代とともに世の中が豊かになり，物がまわりに氾濫するようになるにつれ，人々の物に対する意識は，その関心が量から質へと変わってきた。今や，物の高級化，個性化が進み，物の付加価値が問われる時代である。それに呼応して，人々の環境に対するアメニティ（快適さ，心地よさ）の意識が高まり，近年，「景観問題」が社会的に取り上げられ，人々の注目を集めることも少なくない。良好な環境を創出していくことが社会的要請となり，これを受けて，

2004年（平成16年）6月に景観法が制定された。景観の分析・評価や景観計画が，必要に迫られて，ずいぶん昔から行なわれてきたことを考えれば，法整備の追いついたのがごく近年であるという事実は，驚くべきことではある。景観法は，良好な景観を現在及び将来における国民共通の資産と位置づけ，景観行政団体が景観に関する計画や条例を作る際の法制度であり，景観計画の策定その他の施策を総合的に講ずるものである。都市緑地法・屋外広告物法とともに景観緑三法とよばれる。景観緑三法は2005年（平成17年）6月に全面施行となった。これを受けて，その後，各自治体が積極的に取り組むべき課題として，景観を挙げるようになり，景観条例の制定や景観計画の策定が多く行なわれるようになった。

2．景観の分析・評価と景観計画における情報技術

　近年，コンピュータやインターネット（Internet）に代表される情報技術（IT: Information Technology）の進展が著しい。その技術は，さまざまな分野に大きく影響し，それまで用いられてきた手段・方法や，それまでの理念や価値観までをも大きく変えるほどの影響をもたらしている。本節では，景観の分析・評価と景観計画の分野において，IT がもたらした顕著な影響について概説する。

2.1　画像処理による景観の色彩分析

　IT がもたらした変化に，アナログからデジタルへの移行がある。特に，写真やビデオ，テレビなどの映像の世界が，従来と根本から変わったことは周知のとおりである。たとえば，写真は，フィルムカメラからデジタルカメラへと移り変わり，今やそのほとんどがデジタルカメラによって画像ファイルとして記録されるようになっている。このことは，景観の分析における環境色彩の分析手法に多大な影響を及ぼした。従来，まわりの環境で用いられている色彩を定量的に測定するためには，「色票」を利用するのがふつうであった。色票とは，さまざまな色が規則に沿って並べられている色見本である。この見本にあ

234 第 2 部　地域とまちづくり

るさまざまな色と観察される色（あるいはフィルムカメラで撮影された写真に記録されている色）とを比較し照合することで，色が同定され，記載された記号や数値を読みとることで，色が定量的に把握されていたのである。したがって，色票は，デザインにかかわる実務者や色彩の研究者には欠かせないものとなっていた。

　いうまでもなく，まわりの環境に含まれる色彩は 1 つや 2 つではなく，無数の色彩によって環境が構成されている。それ故，景観の色彩分析を行なうとは，それらの種類や割合，分布をもれなく把握し明らかにすることであるが，前述した方法では，限りある数の色彩についてはとらえることができても，すべての色彩についての把握は到底できないことであり，試みることは現実的でなかった。

　しかしながら，デジタルカメラの出現と一般的利用への普及で，状況は一変した。なぜなら，記録されたデジタル画像に対して，画像処理技術を用いて，色彩分析を行なうことが可能となったからである。昨今のコンピュータの処理能力では，これらの処理は瞬時に完了する。このことの影響と意義は多大である。例として，デジタルカメラで記録された画像ファイル（まちなみの景観写真）と，その色彩分析の例を図表 5 - 2 と図表 5 - 3 に示す。

　図表 5 - 2 と図表 5 - 3 の分析結果（右図）では，それぞれ，まちなみにどのような色が含まれているのかが容易に見てとれる。すなわち，色相（色合い：この例では，円周360°にさまざまな色合いが配置されている）や，彩度（あざやかさ：この例では，円周の外へいくほど，あざやかな色が配置されている）の情報が，定量的に把握できるのである。これらの色彩分析結果を比較すると，図表 5 - 2 のまちなみに含まれる色の数が多く，図表 5 - 3 のまちなみに含まれる色の数が少ないことは一目瞭然である。近年策定される自治体の景観計画や景観ガイドラインでは，彩度（あざやかさ，言い方を換えれば，景観を害する「けばけばしい」色）のコントロールを意図する場合が少なくないが，そのような場合においても，デジタル画像に対する色彩分析を用いることで，現状の把握と，それにより明らかにされる対処すべき課題への対応が容易になった。

図表 5 - 2　まちなみの色彩分析の例 1

図表 5 - 3　まちなみの色彩分析の例 2

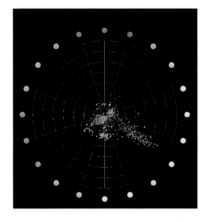

2.2　CG による景観のシミュレーション

　近年，CG（Computer Graphics）がさまざまな分野で利用されている。CG は
コンピュータによって演算され生成される仮想の静止画像や動画像である。コ
ンピュータの処理能力が高くない時代では，CG は限られた分野での利用にと
どまっていたが，コンピュータの処理能力が格段に進歩した昨今では，CG は

さまざまな分野で，いろいろな用途に広く利用されている。たとえば，CGによる映画は，（観る者として）1つの身近な例であるが，CGの活用はそれだけにとどまらない。

　都市計画，特に，景観や環境デザインの分野においては，CGの普及によって，それまで当たり前のように用いられてきた手法が大きく変わった。従来，構想や計画をもとに設計図を作成したうえで，それによって実現されるデザイン，特に，実際の「見え方」を検証するため，「建築模型」を作成し，さまざまな角度からの見え方を検討するのが常識であった。このことを「景観シミュレーション」という。模型以外にも，「パース」（Perspective Drawing），すなわち「透視図」などを作成して，見え方の検討は行なわれていたが，模型にせよ，パースにせよ，表現される臨場感や現実感（リアリティ）に関して，限界があるのが欠点であった。しかしながら，CGを用いると，表現の精度が著しく向上する。CG作成のソフトウェアに与える条件によって，対象物の方向や見る角度はもちろん，対象物のもつ質感，光線の加減や陰影さえも意図するように表現でき，そのリアリティは現実さながらである。

　CGによる景観シミュレーションの例を図表5-4に示す。

　　これらはいずれも，動画像から抽出した静止画像である。左の例は，都心街路におけるカラーアスファルト舗装のデザイン検討にCGを用いたものであり，

図表5-4　CGによる景観シミュレーションの例

（使用ソフトウェア：3D Studio Max　制作：亀井研究室）

右の例は，都市高速道路の街路灯照明のデザイン（照明色）の検討に CG を用いたものである。これらの例に見られるとおり，CG を用いた景観シミュレーションは，その表現の精度が非常に高いのが特長である。

3．景観とまちづくり

　都市景観とは，人間が社会活動の場として環境を操作してつくり上げた都市の可視状態であり，その歴史的経緯はもちろんのこと，そこに営まれる人々の生活や社会秩序を反映したものである。平たく言えば，都市景観とは，そこに住む人々の思いや価値観，ライフスタイル，活動などが目に見える形となって表われたものであり，それらを映し出す「鏡」であるといえる。まちなみの姿は，そこに住む人々の意識や思いと無関係に存在するものでは決してない。このことは，近年のまちづくりに大きく影響を与えている。本節では，景観の観点からのまちづくりについて概説する。

3.1　まちづくりとは

　「まちづくり」とは，まちの建物やさまざまな施設，道路などの構造物をつくっていくことではない。まちのそのようなハード面の整備はもちろんのこと，まちの歴史や文化などのソフト面を保護し改善することによって，さらに住みやすいまちにしていく活動全般を意味する。その活動の目的は，人々の環境（ここではまち）に対する意識，特に，良好な環境を望む要望と要求に応えて，よりよい環境を創出し，それによって，さらに「よい」生活，「上質」な生活をおくることができるようなまちをつくり出していくことにある。

　まちづくりの手法には，いくつかのタイプがある。それらの違いは，まちづくりの計画や，それにもとづく具体的な施策を策定し，進めていく主体が何であるかにあり，以下に示す。

　①　自治体主導のタイプ…県や市町村などの自治体によるもの
　②　公企業主導のタイプ…「まちづくり公社」，「まちづくりセンター」など

　の公企業によるもの

③　民間企業主導のタイプ…「デベロッパー」（Developer）などの不動産関係企業，「ゼネコン」（General Contractor）などの建設関係企業によるもの

④　住民主導のタイプ…住民が自分の住むまちについて考え，住みやすいまちだけでなく，次世代へ受け継がれるまちをつくっていこうとする意識の高まりのもとに，「まちづくり協議会」，「まちづくり委員会」などを組織したうえで，さまざまな活動を展開し，自治体がそれをサポート・後押しするもの

　従来，①，②，③のタイプが大半を占めていたが，近年，④のタイプが急速に増えつつある。そのことは，前述したように，人々の環境に対する関心や意識の高まりを反映した状況であるといえよう。

3.2　景観まちづくり

　景観がそこに住む人々の意識や思いを反映したものであることは，前述したとおりである。誤解を恐れずに言えば，「美しい」景観は，そこに住む人々の「美しい」意識や思いをもとに，生み出されているのであり，逆に言えば，そうでない景観は，そこに住む人々の意識や思いがそのまま，まちなみの姿として現れ，現況をかたちづくっているといっても，決して過言ではない。

　このような背景をもとに，近年，景観を土台とするまちづくりの機運が高まってきている。前項④に関して述べたとおり，近年，景観を取り組みのきっかけ・取り組みの対象とする活動が増加しており，それらの活動は，総じて「景観まちづくり」とよばれている。まちの景観が，そこに住む人々の思いから成り立っているとするならば，景観を通じて，自分の住むまちを改めて思い，あるべき姿を考えるという視点からのまちづくりは，自然なことであり，かつ望ましい姿であるといえよう。

　景観まちづくりに注力されている住民の思いを端的に表せば，次のようになるであろう。

　人の体は毎日食べる物に育まれている。それと同じように，人の心は毎日見

る「もの」に育まれている。そうであるからこそ，まわりの環境（ここではまち）を美しく豊かにしていくことは非常に大切である。なぜなら，体を育む栄養素が食物として口から摂取されるのと同じく，「心を育む栄養素」は景観として目から摂取されるのであるから。

　景観まちづくりが今後も一層活発になっていくことは想像に難くない。

学習課題
　あなたの住むまちの景観について，あなたの考えを述べなさい。

[発展課題]
1．どのまちにも，従来から発展・存続してきた商店街が存在するが，近年，さまざまな事情から，閉店・移転する店舗が多くなり，いわゆる「シャッター街」の様相を呈しているまちは少なくない。このことに関して，まちづくりの観点から，あなたの意見を述べなさい。
2．高齢化社会が進むにつれ，さまざまな事情から，住む人がいなくなった住宅が，徐々にではあるが確実に増加し，いわゆる「空き家」が，社会が抱える深刻な問題となっている。このことに関して，まちづくりの観点から，あなたの意見を述べなさい。

第 6 章　子育て費用の地域間格差
一等価尺度法を用いた子育て費用の計測一

1．はじめに

　厚生労働省「人口動態統計」によると，2018年に生まれた子供の数は91万8,397人で過去最低を更新し，3年連続で100万人を割るという状況になっている。もう少し掘り下げて少子化の状況を把握するため，2018年の都道府県別の合計特殊出生率を見てみよう。最高が沖縄県の1.89で最低が東京都の1.20である。このことから，出生率は地域によって差があり，東京都など都市部で低い傾向があることがわかる。

　一方，国立社会保障・人口問題研究所「第15回出生動向基本調査」が，夫婦が理想の子どもを持たない理由を調査したところ，「子育てや教育にお金がかかりすぎるから」という理由が一番多く，56.3％の人が挙げている。このことから，家計において育児・教育費などの経済的な負担が大きいことが出生率低下の原因の一つであることがわかる。

　「どのような家庭にどのくらいの経済的な支援を行えば出生率は増加するのか？」この問題を解くためにはまず，子供を育てるのにどのぐらいのお金が必要なのか把握する必要があるだろう。合計特殊出生率に地域間格差があることから，子育て費用においても地域間格差があることが予想される。従って，本稿では，地域を東京都などの「都市部」と「その他の地域」に分けて子育て費用の計測を行い，その値を比較することにより子育て費用に地域間格差があるか否かの検証を行う。子育て費用を計測する方法として様々な方法があるが，本稿では国内外の先行研究で一般的に使われている等価尺度法を用いる。

2．子育て費用の計測方法

　子育て費用の計測方法としては，財団法人こども未来財団の「子育てコスト
に関する調査研究」や内閣府の「インターネットによる子育て費用に関する調
査報告書」で行われているような，各家計の子育てにかかる支出項目を足し合
わせ，その合計金額を子育て費用とする方法が世間では広く知られている。し
かし，このような方法では居住費，自動車，冷蔵庫，洗濯機などの家族が共同
で使用する項目の費用は，一人あたりの金額を算出することが難しいため，子
育て費用として含まれていない。このような家族が共同で消費する項目も考慮
に入れて子育て費用を計測する方法として等価尺度法（equivalent scale）がある。
この等価尺度法は子育て費用の計測を行なっている国内外の先行研究では最も
一般的な方法である。

2.1　等価尺度法（equivalent scale）

　等価尺度法とは，家族構成が異なる家計が同一の厚生水準（満足度）を達成
するために必要な支出の差を表す。等価尺度法を使って子育て費用を計測する
場合には，夫婦のみの世帯に子供が一人加わったときに，子育て世帯の夫婦が
以前と同様の効用水準（満足度）を達成するために必要な追加的な支出を計測
し，それを子育て費用とする。

　等価尺度では第 i 世帯の夫婦が財の消費から得る効用水準が，次のように表
されると仮定する。

$$u^i = \alpha + \beta \ln C^i + \sum_{k=1}^{m} \gamma_k n_k^i + \sum_{l=1}^{q} \omega_l x_l^i, \tag{1}$$

$$\alpha \in \mathbb{R}, \beta > 0, \gamma_k < 0 \ \forall k = 1, 2, \cdots, m, \omega_l \in \mathbb{R} \ \forall l = 1, 2, \cdots, q.$$

　但し，u^i は夫婦が財の消費から得る効用，C^i は世帯全体の支出額，n_k^i （k=1，
2，…，m）は年齢階級 k の子供の数，x_l^i（l = 1，2，…，q）はその他の要因を
表している。子供の数が右辺に入っているのは，家族構成が異なれば，世帯全

体での支出額が同一であっても夫婦による財の消費量や消費する財の構成が変化するためである。

ここで，夫婦二人世帯の効用水準を u^*，支出額を C^* とする。また，第 i 世帯には年齢階級 k の子供が一人だけおり，夫婦二人世帯と第 i 世帯ではその他の要因 $\{x_1, x_2, \cdots, x_q\}$ が全く同じであったと仮定する。この時，もしも夫婦二人世帯と第 i 世帯の夫婦の効用水準が同一であったとすると，

$$u^* = u^i \Leftrightarrow \frac{C^i}{C^*} = (1 + \mu_k), \ \mu_k \equiv \exp\left(-\frac{\gamma_k}{\beta}\right) - 1, \quad (2)$$

が成立する。（2）式は年齢階級 k の子供が一人だけいる世帯の夫婦が夫婦二人世帯の夫婦と同一の効用水準を得るためには，夫婦二人世帯と比べて $\mu_k \times 100\%$ だけ追加的に支出をしなければならないことを表す。これは年齢階級 k の子供が一人いることによって必要となる追加的な費用の大きさを表しており，等価尺度で測った年齢階級 k の子供一人の子育て費用である。夫婦二人世帯の支出額 C^* が既知である場合には，貨幣単位で子育て費用を表すことも可能である。年齢階級 k の子供が一人だけいる世帯の夫婦が夫婦二人世帯の夫婦と同様の効用水準を達成するために必要な追加的支出額は，（3）式のように表される。

$$C^i - C^* = \mu_k \cdot C^*, \quad (3)$$

これが，貨幣単位で表された子育て費用である。

等価尺度には，夫婦の厚生をどのように計測するかによって，様々な推計方法があるが，Engel（1895）によって提唱されたエンゲル法と Rothbarth（1943）によって提唱されたロスバース法は計測が簡単なためよく使われる評価方法である。

2.2 エンゲル法とロスバース法
2.2.1 エンゲル法

エンゲル法とは夫婦の効用水準を家計の総支出に占める食費の割合を用いる方法である。エンゲル法は夫婦の効用水準と支出に占める食費の割合（エンゲル係数）には負の関係が存在するという前提に基づき，支出に占める食費の割

合が等しい家計の夫婦は同じ効用水準を達成していると考える方法である。

2.2.2 ロスバース法

　ロスバース法とは夫婦の効用水準を酒，タバコ，成人用の衣服など大人のみが消費する「成人財」の支出額を用いる方法である。ロスバース法は，夫婦の効用水準と「成人財」には正の関係が存在するという前提に基づき，「成人財」が等しい家計の夫婦は同じ効用水準を達成していると考える方法である。

3．ロスバース法による子育て費用の計測

　本節では都市部の子育て費用がその他の地域の子育て費用よりも高いか否か検証を行う。具体的には，都市部を表す「特区および政令指定都市」と「その他の地域」の2地域にわけ，等価尺度法を用いてそれぞれの地域の子育て費用を計測し，「特区および政令指定都市」と「その他の地域」の子育て費用の値の比較を行う。夫婦の効用水準は「成人財」を代理変数として用いる，ロスバース法によって計測を行う。

3.1　データ

　本稿の推計で用いたデータは，公益財団法人家計経済研究所（当時）が行った「消費生活に関するパネル調査」の個票データである。本稿では2003年から2013年までの11年間のパネルデータを用いて分析を行う。（1）等価尺度法のところで説明したように，等価尺度法を使って子育て費用を計測する場合には，夫婦のみの世帯に子供が一人加わったときに，子育て世帯の夫婦が以前と同様の効用水準を達成するために必要な追加的な支出を計測し，それを子育て費用と考える。本稿で用いた「夫婦二人世帯」は夫婦が同居しており，かつ子供がいない世帯を指す。また，「夫婦二人と子供がいる世帯」は夫婦が同居しており，かつ18歳以下の子供がいる世帯を指す。また，本稿では「消費生活に関するパネル調査」のデータの制約のため，2003年時点で妻の年齢が24歳から44歳の世帯を分析対象としている。

3.2　推計モデルと推計結果

　本稿で用いるモデルは（4）式の通りである。

$$
\begin{aligned}
\text{AdultExp} = \alpha + \beta \cdot \ln(\text{TotalExp}) \\
+ \gamma_{0-2} \cdot \text{Children} 0-2 + \gamma_{3-6} \cdot \text{Children} 3-6 \\
+ \gamma_{7-12} \cdot \text{Children} 7-12 + \gamma_{13-15} \cdot \text{Children} 13-15 \\
+ \gamma_{16-18} \cdot \text{Children} 16-18 + \boldsymbol{\omega} \cdot \textbf{YearDum.}
\end{aligned}
\tag{4}
$$

　「成人財」の代理変数を示す AdultExp として，本稿では「1カ月間の夫のための支出額」と「1カ月間の妻のための支出額」の合計金額を用いている。「世帯全体の支出額」の代理変数を示す $\ln(\text{TotalExp})$ は「1カ月間の生活費その他の支出額とローン返済額の合計」の自然対数値を用いている。「世帯全体の支出額」が増えると成人財への支出額は減少する。従って，$\ln(\text{TotalExp})$ の係数の値は負であると予想される。Children「年齢階級別の子供の数」を表しており，ここでは子供を2歳以下，3歳から6歳，7歳から12歳，13歳から15歳，16歳から18歳の5つの年齢階級に区分している。子供が増えると支出の一部を子供に振り分けなくてはならなくなるため，成人財への支出額は減少する。従って，Children の係数は負であると予想される。YearDum は該当年には1，それ以外の年にはゼロをとるダミー変数をまとめたベクトルである。（4）式の推計式を推計した結果が図表6-1である。1列目には推計に用いた変数が示されている。「特区および政令指定都市」に居住する世帯のデータを用い，（4）式を推計した結果が2列目である。「その他の地域」に居住する世帯の推計結果は3列目である。下記では，子育て費用を計測する際に重要となる「1カ月間の生活費その他の支出額とローン返済額の合計額」の対数値 $\ln(\text{TotalExp})$ と年齢階級別の子供の数 Children の推計結果に関する説明をする。

図表6-1　推計結果		
変数名	都区および政令指定都市	その他の地域
ln（TotalExp）	42.06***	38.62***
	(2.78)	(1.24)
Children0_2	-8.16***	-7.91***
	(2.22)	(1.05)
Children3_6	-8.92***	-7.68***
	(2.35)	(0.85)
Children7_12	-6.87**	-6.57***
	(2.84)	(0.77)
Children13_15	-8.89**	-7.05***
	(3.76)	(1.00)
Children16_18	-10.30**	-8.92***
	(4.26)	(1.16)
YearDUM_2004	10.32***	1.702
	(2.89)	(1.43)
YearDUM_2005	4.53	0.14
	(3.00)	(1.47)
YearDUM_2006	3.44	-1.610
	(3.14)	(1.53)
YearDUM_2007	3	0.34
	(3.28)	(1.58)
YearDUM_2008	4.3	-2.05
	(3.51)	(1.61)
YearDUM_2009	1.09	-2.87*
	(3.77)	(1.67)
YearDUM_2010	2.32	-1.42
	(3.97)	(1.70)
YearDUM_2011	5.01	-2.98*
	(4.18)	(1.78)
YearDUM_2012	4.23	-1.90
	(4.45)	(1.88)
YearDUM_2013	4.96	-2.37
	(4.75)	(1.92)
定数項	-177.30***	-154.99***
	(15.69)	(6.93)
Adj-R^2（within）	0.11	0.11
Adj-R^2（between）	0.28	0.23
Adj-R^2（overall）	0.25	0.18
標本数	2570	6733

（注）　＊は10％，＊＊は5％，＊＊＊は1％水準でそれぞれ有意であることを表す．括弧内
　　　は標準誤差を表す．

　「1カ月間の生活費その他の支出額とローン返済額の合計額」の対数値 ln（TotalExp）の係数は，「特区および政令指定都市」そして「その他の地域」ともに上記で示した予想通りに統計的に有意にかつプラスに推計された。これは世帯全体の支出額が増えると「成人財」への支出額が増加することを示している。

　年齢階級別の子供の数の係数は「特区および政令指定都市」そして「その他の地域」ともに，いずれの年齢階級においても上記で示した予想通りに統計的に有意にかつマイナスに推計された。すなわち，どの年齢階級の子供であっても，世帯に子供が増えると成人財への支出が減ることを示している。

3.3　子育て費用の計測

　上記の推計結果を用いて「特区および政令指定都市」と「その他の地域」における各年齢階級別の子育て費用の計測を行う。ただし，本項ではデータの制約から13歳以上の子供がいる世帯は観察数が極端に少ない。そのため，「13から15歳」「16から18歳」の計測される子育て費用にはバイアスが生じる可能性が高い。従って，以下では「0から2歳」，「3から6歳」と「7から12歳」の3つの年齢階級の子育て費用のみ計測を行う。

　（2）式より，年齢階級 k の子供についての等価尺度 μ_k は次のように産出される。

$$\mu_k \equiv \exp\left(-\frac{\gamma_k}{\beta}\right) - 1, \quad k = \{0\text{-}2, 3\text{-}6, 7\text{-}12\}. \tag{5}$$

　上記で説明したように，等価尺度 μ_k は「年齢階級 k の子供が1人いる世帯の夫婦が夫婦2人の世帯の夫婦と同一の効用水準を得るために，夫婦2人世帯と比べて $\mu_k \times 100\%$ だけ追加的に支出をしなければならない」ことを表している。従って，夫婦2人世帯の平均支出額を基準として，金額で計った子育て費用を算出することもできる。金額で計った年齢階級 k の子供1人の子育て費用 M_k（月額）は次のように算出される。

$$\begin{aligned} M_k &= \mu_k \times 夫婦2人世帯の平均支出額（月額）, \\ k &= \{0\text{-}2, \ 3\text{-}6, \ 7\text{-}12\}. \end{aligned} \tag{6}$$

（6）式より，金額で測った子育て費用は，等価尺度及び夫婦2人世帯の平均支出額に依存して決まるため，等価尺度で測った子育費用の変化と金額で測った子育費用の変化が同様の傾向をもつとは限らない。

3.3.1　「特区および政令指定都市」の0－2歳の子育て費用の算出

　図表6-1の2列目を見ると，「特区および政令指定都市」のβの値は42.06，γ_{0-2}の値は-8.16である。この値を（5）式に当てはめると，μ_{0-2}は21.41% となる。

　金額で測った子育て費用（M_{0-2}）は（6）式よりμ_{0-2}に「夫婦2人世帯の平均支出額（月額）」を掛けた値となる。「特区および政令指定都市」の「夫婦2人世帯の平均支出額（月額）」は29万2,840円である。従って，金額で測った子育て費用は6万2,719円となる。

3.3.2　「特区および政令指定都市」の3－6歳の子育て費用の算出

　「特区および政令指定都市」のβの値は42.06，γ_{3-6}の値は-8.92である。この値を（5）式に当てはめると，μ_{3-6}は23.63% となる。

　金額で測った子育て費用（M3-6）はμ_{3-6}に「特区および政令指定都市」の「夫婦2人世帯の平均支出額（月額）」である29万2,840円を掛けた値である6万9,210円となる。

3.3.3　「特区および政令指定都市」の7－12歳の子育て費用の算出

　「特区および政令指定都市」のβの値は42.06，γ_{7-12}の値は-6.87である。この値を（5）式に当てはめると，μ_{7-12}は17.73% となる。

　金額で測った子育て費用（M_{7-12}）はμ_{7-12}に「特区および政令指定都市」の「夫婦2人世帯の平均支出額（月額）」である29万2,840円を掛けた値である5万1,930円となる。

　「その他の地域」の子育て費用の算出は章末の【学習課題】としている。ただし，「その他の地域」の「夫婦2人世帯の平均支出額（月額）」は25万6,091円

である。

3.4 子育て費用の計測結果の解釈

　図表6-2は「特区および政令指定都市」と「その他の地域」の等価尺度で
測った子育て費用を示している。図表6-3は「特区および政令指定都市」と
「その他の地域」の金額で測った子育て費用を示している。

　まず，等価尺度で測った子育て費用を比較する。0−2歳については「特区
および政令指定都市」では21.42%，「その他の地域」では　22.74%と「特区お
よび政令指定都市」より「その他の地域」での子育て費用の方が大きくなって
いる。3−6歳については「特区および政令指定都市」では23.63%，「その他
の地域」では　22.00%と「特区および政令指定都市」の方が「その他の地域」
より子育て費用が大きくなっている。7−12歳については「特区および政令指
定都市」では17.73%，「その他の地域」では　18.55%と「特区および政令指定
都市」より「その他の地域」での子育て費用の方が大きくなっている。

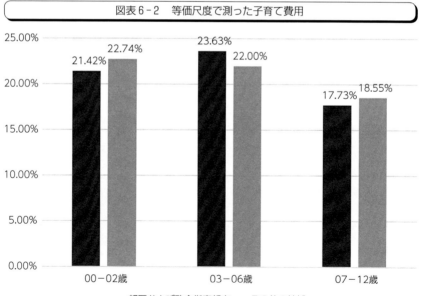

図表6-2　等価尺度で測った子育て費用

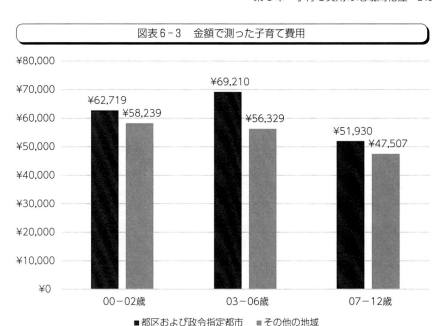

図表6-3　金額で測った子育て費用

■都区および政令指定都市　■その他の地域

　次に，金額で測った子育て費用を比較する。0－2歳については「特区および政令指定都市」では6万2,719円，「その他の地域」では　5万8,239円と「特区および政令指定都市」の方が「その他の地域」より子育て費用が大きくなっている。3－6歳については「特区および政令指定都市」では6万9,210円，「その他の地域」では　5万6,329円と「特区および政令指定都市」の方が「その他の地域」より子育て費用が大きくなっている。7－12歳についても「特区および政令指定都市」では5万1,930円，「その他の地域」では　4万7,507円と「特区および政令指定都市」の方が「その他の地域」より子育て費用が大きくなっている。金額で測った子育て費用ではいずれの年齢階級においても「特区および政令指定都市」の方が「その他の地域」よりも子育て費用が高く計測された。

　子育て費用を等価尺度法と金額で計測した結果，全ての年齢階級において，都市部の子育て費用がその他の地域の子育て費用よりも高い。しかし，等価尺

度で見た場合は，どちらの地域の子育て費用が高いかは年齢階級によって異なっている。

（参考文献・資料）

[1] Engel, E. (1895) Die lebenskosten Belgischer arbeiter-familien fru ¨her and jetzt. International Statistical Institute Bulletin Vol.9, pp.1-74.

[2] Rothbarth, E. (1943) Note on a method of determining equivalent income for families of different composition. In War-time pattern of saving and spending (cd Madge, C.), Cambridge University Press.

（学習課題）

1．「その他の地域」の等価尺度法での子育て費用を求めなさい。
2．「その他の地域」の金額で計った子育て費用を求めなさい。

［発展課題］

「都市部」での子育て費用と「その他の地域」の子育て費用を比較してどのようなことが言えるかあなたの解釈を述べなさい。

第 **7** 章　「住みよさ」と
　　　　リバブルシティ（Livable City）

1．はじめに：都市計画と「住みよさ」の希求

　都市・地域づくりにおいて，「住みよさ」は最も基本的な要件の一つであり，古くから議論されてきた。近代都市計画が生まれた産業革命時代の英国では，劣悪な居住・衛生環境の改善を図るために公衆衛生法（1848）が生まれ，都市計画・建築法制度の端緒を開いた。E. ハワード（E. Howard）はロンドンの過密・不衛生・公害から逃れるために，都市と田園の双方の魅力を融合した「田園都市」を構想し，ロンドン近郊にレッチワースとウェリンという二つの田園都市を実現させる。それは郊外ニュータウン開発のモデルとなり，世界に広まっていった。田園都市は都市化・都市膨張の時代に「住みよさ」を追求した空間計画的な試みといえる。1961年には，健康的な人間的基本生活要求として，「安全性」「保健性」「利便性」「快適性」という４つの理念が WHO（世界保健機関）によって提唱され，住環境整備に標準的な指標を与えた。この理念は「住みよさ」を示す基本概念として今日でも重要な意義をもつ。

　1970年代の欧米では，戦後のモータリゼーションが進む中で機能性・効率性を重視した近代都市計画が進展すると，その反動から都市における「人間性の回復」が主張されるようになる。社会的・空間的デザインとして，人間にとっての「住みよさ」とは何かが問われた。デザイン的には「ヒューマンスケールな空間」「歴史的環境やアイデンティティの保全継承」「混合的用途」などの重要性が再認識され，社会的には「コミュニティ」「社会的混合・多様性」などの重要性が指摘された。1980年代に入ると，欧米諸都市で顕在化しつつあったインナーシティ問題に対応するかたちで，都市中心部や旧来の産業地域の再生のアプローチとして，「アーバン・ルネッサンス」戦略や，「リバブルシティ

(Livable City)」戦略がとられるようになった。荒廃したインナーシティをどのようにして，活力ある，住みよい街に再生するかが模索された。こうしたアプローチは今日でも継続して取り組まれている。1990年代になると，地球環境問題への関心の高まりとともに，都市の「住みよさ」に加えて，「持続可能性」が併せて問われることになる。

　このように，「住みよさ」は都市計画・まちづくり分野の中心的なテーマとして常に追求されてきた。また，「住みよさ」は地方自治体や専門家だけでなく，広く一般の関心事でもある。国内外には多くの「住みよさ」「リバブルシティ」ランキングがあり，市民や企業の関心を集めている。しかし，この「住みよさ」の定義が曖昧であり，データの制約もあることから，ランキング毎に対象都市の評価はまちまちである。「住みよさ」という概念のもつ包括性，誰にとっての「住みよさ」を議論しているのか，どのような社会経済的な文脈や観点から「住みよさ」を議論しているのかが「住みよさ」の明確な定義を困難にしている。

　一方で，学際的に都市を認識し，その問題解決やあり様を模索する「都市情報学」にとって，「住みよさ」は格好の学術的テーマである。本章では，「住みよさ」についての理解を深め，この議論を通じて「都市情報学」を学ぶ意義を読者に再認識してもらうことを狙いとしている。具体的には，マズロー（A. Maslow）の欲求の5段階説をもとに人が何を求める存在かを確認したうえで，「住みよさ」を超えた概念として「リバビリティ（livability）」を提起し，現在の社会経済文脈のもとでの「リバブルシティ」のあり様とその創造に向けたアプローチについて議論したい。

2.「人－環境系」の枠組みからのアプローチ

2.1　人－環境系

　住みよさを考えるためには，その主体である「人」にとって好ましい環境とは何かを考える必要がある。この場合の環境とは，自然環境，建造環境，社会・文化環境，経済環境など多面的な要素を含む。都市では特定の地形・気

候・植生・生態系のもとに，建造環境や社会基盤施設などの人工的物理環境が造られる。その上に生産・消費・生活・廃棄・交通などの様々な都市活動や都市サービスが展開され，地域独自の社会・文化環境，経済環境が生み出される。人の居住・生活空間をカスケードとして捉えるならば，屋内・宅地環境－相隣環境－街並み・街路環境－近隣住区－中心市街地－都市という連続した空間として認識することができる。

　「人－環境系」から「住みよさ」を捉えたとき，その対象とする空間的な広がりをどのようにみるべきであろうか。通勤・通学，娯楽，買回り品の購入など，人々の生活領域は自分が居住する市町村を越境していることが多い。従って，「住みよさ」を考える際には，自分の住む市町村を中心に置きながらも，都市圏（生活圏）レベルでの「住みよさ」も考慮する必要がある。

2.2　環境評価に関する二つの視点

　進士五十八（1992）は，環境の評価の視点として，人間の基本的ニーズに基づく客観的評価と特定の個人やコミュニティの価値に基づく主観的評価の二つがあると指摘する。前者は，保健衛生・安全性，自然性・生態学的環境性，機能性・利便性，快適性などがあり，客観的な評価指標で評価できる（快適性は一部主観的な部分を有する）。一方，後者には地域性・地場性・時代性などの社会性や，景観性・視覚性，原風景・ふるさと・記憶・癒しなどの精神性などがある。自分の居場所や環境の形成・維持への主体的な関りを示すオナーシップ（所有感）も主観的な環境評価として位置付けられる。

2.3　WHO の健康的な人間的基本生活要求と持続可能性

　前述した「安全性」「保健性」「利便性」「快適性」という WHO の健康的な人間的基本生活要求は客観的な環境指標として位置付けられる。浅見泰司（2001）は，この 4 領域を拡大的に解釈しつつ，さらに「持続可能性」を加えて，住環境の基本要件を示した。「安全性」とは生命・財産に危険がないことであり，自然災害や都市火災からの安全性，交通安全性，防犯性などからなる。「保健性」とは健康に対する悪影響がないことであり，衛生的な環境が保持さ

れ公害などの環境問題が制御されていること，日照・通風など本来享受できる自然の恵みが過度に制限されないことが主な要件となる。「利便性」は，日常的な生活サービス，公共施設，公園・緑地，交通・情報などの環境が整い，適切にアクセスできることを指す。「快適性」には美観的な快適性，開放性，プライバシーの確保，自然とのふれあいなどが含まれる。この「快適性」は「アメニティ」とも表現され，旧環境庁は「緑の豊かさ，空気の爽やかさ，自然環境の身近さ，静けさ，町並みのまとまり・美しさ，文化的雰囲気など，総合して快適な環境をさす」と定義した。

　また，住環境領域における「持続可能性」という概念は，今日の居住者が将来の地域社会の持続的発展に対してどのような貢献が可能かを問うものである。都市活動の持続可能性，まちの魅力，住宅地の適切な更新，環境負荷軽減，生物的豊かさの確保，循環型都市づくり，などが含まれる（浅見泰司，2001）。

3. 「人」を理解する：マズローの欲求の5段階説から「環境：住みよさ」を考える

3.1　マズローの欲求の5段階説と「住みよさ」

　人－環境系としての住みよさを理解するためには，そもそも人はどのような欲求をもつ存在なのかを考える必要がある。そこには，WHOが規定する健康的に生きる住環境を超えた「人として希求する環境概念」があると考える。そこで，心理学者のA.マズロー（A. Maslow, 1954）が提唱した欲求の5段階説をもとに，「住みよさ」について考えてみたい。マズローは，「人間の欲求には，1段階：生理的欲求，2段階：安全欲求，3段階：社会的欲求（所属と愛），4段階：承認欲求，5段階：自己実現欲求の5段階がある」という。人の欲求は低次の段階の欲求，言い換えれば，基本的な欲求が満たされることで，より高次な欲求に移っていくとされる。

　第1段階の生理的欲求とは，人間の生命維持・存続に係る欲求である。そのためには，安全な水・空気，必要な栄養，睡眠・休養，生命の再生産のための機会と環境などが含まれる。第2段階の安全欲求は身体的な安全を基本とする

が，本論では，「住みやすさ」という観点からこの概念を拡大し，身体と財産の双方において安全・安心な暮らしが保障されることにしたい。ここでは，防災・防犯面で安全・安心な状況にあり，医療・福祉サービスなどのセーフティネットが整っていることが求められよう。また，第 1 段階の生理的欲求段階では，睡眠・休息のための基本的な住まい（Shelter）が求められるが，第 2 段階では，環境面での寛ぎやプライバシーの確保なども含めて安心して住める居住の質が求められる。第 3 段階の社会的な欲求では，集団への帰属と愛情が求められる。ここでいう「愛情」とは，カール・ロジャーズが定義する「深く理解され，深く受け入れられること」である（F.ゴーブル，1972）。従って，社会的欲求では家族，コミュニティ，職場などに帰属し，理解され受け入れられることを指す。これを「住みよさ」という観点から解釈すれば，家庭，職場・学校，コミュニティのなかに自分の居場所があること，社会的な包摂性，寛容性，ソーシャルキャピタル（社会的関係資本）に富んだ地域社会あることが求められる。第 4 段階の承認欲求には，自尊心（高次尊重欲求）と他者からの承認（低次尊重欲求）の二つがある。自尊心には，自信・能力・熟練・有能・自立などが含まれ，他者からの承認には名声・表彰・受容・注目・地位・評判・理解などの概念を含むとされる（A.Maslow, 1954, F.ゴーブル，1972）。こうした欲求を満

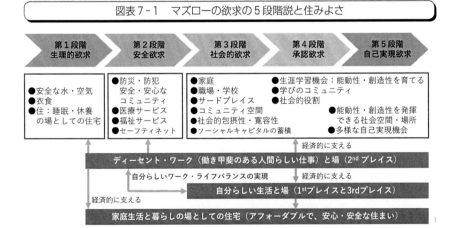

図表 7-1　マズローの欲求の 5 段階説と住みよさ

たしやすい社会環境とは，成長の機会が与えられる教育機関や職場の存在，生涯学習機会や学びのコミュニティに恵まれることや，コミュニティのなかで社会的な役割が得られやすい環境である。第5段階の自己実現欲求とは，「人は自らの可能性を最大限に引き出し，成れるものに成ろうとする欲求」である。第3段階や第4段階を適度に達成したのちに発生する欲求であるとされる。この自己実現欲求を達成させやすい環境とは，自らの能動性や創造性を刺激し，育て，発揮できる社会空間や場所があり，多様な自己実現機会が開かれている環境である。

3.2　日本人の生活における重点の置き方

　内閣府は，「国民生活に関する世論調査」において生活における重点の置き方について定期的に調べている。この調査では「これからは心の豊かさやゆとりある生活をすることに重きを置きたい」か，あるいは「まだまだ物質的な面で生活を豊かにすることに重きを置きたい」かを質問している。1970年代初頭までは物質的な豊かさを重視する人が多かったが，高度成長期を経て1970年代

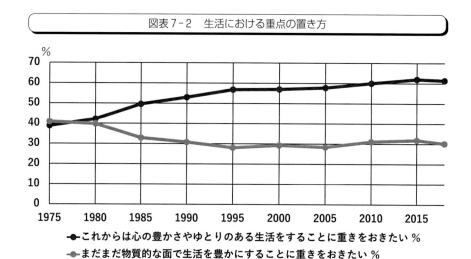

図表7-2　生活における重点の置き方

出所：内閣府：「国民生活に関する世論調査」。

半ばに双方が拮抗し，1980年代以降は「心の豊かさやゆとりある生活」を重視する人が多くなった。1995年以降はその差は2倍程度に拡大している。「住みよさ」にも心の豊かさやゆとりをもたらす環境がより強く求められている。具体的には，収入や貯蓄などの経済的なゆとりをベースに，レジャー・余暇生活，食生活，住生活などの生活を楽しむことや，自己啓発・能力向上に重みが置かれ，耐久消費財や衣生活はあまり重視されていない。マズローの欲求の5段階説からみれば，日本では第3段階以降の社会的欲求，承認欲求，自己実現欲求がより重みを増していることがわかる。とりわけ，自己啓発・能力向上や自分らしいライフスタイルの実現は，自己実現欲求に沿うものである。

3.3　3つのプレイスとワーク＆ライフバランス

　マズローの欲求の5段階説からみて，「住みよさ」の鍵を握る要素とは何だろうか。家庭（ファースト・プレイス），職場・学校（セカンド・プレイス），そしてそれ以外の自分が自分らしく過ごせる居場所（サード・プレイス）の3つのプレイスと，それらをつなぐ自分らしいワーク＆ライフバランスの実現が重要である。これら3つのプレイスは，住民一人ひとりとっての社会を形成し，社会的欲求，承認欲求，自己実現欲求を満たす場ともなる。

　家庭生活と暮らしの場としての住宅と住環境には，安心・安全でアフォーダブルな住宅にアクセスできること，子育て支援や医療サービス・高齢者福祉が充実していること，健全な地域コミュニティや住環境の整備・管理が求められる。住まいは生理的欲求と安全欲求を満たすうえで大切な役割を有する。

　地域産業の振興を通じて，多様な経済機会が生まれ，ディーセントワーク（働き甲斐のある人間らしい仕事）にアクセスしやすいことも重要である。ディーセントワークは経済的ゆとりだけでなく，時間的なゆとりも生み出す。自分の住む都市や近郊にそうした雇用機会があることは職住近接で時間的なゆとりを生むだけでなく，子の地元での就業と親子の近居を可能とする。それは，家族の絆を保つことを容易にし，高齢の親にとっては頼りになる存在が身近にいる安心感につながる。

　多彩なサードプレイスは誰もが自分らしく過ごせる場を見出し易くする。魅

図表7-3　ワーク&ライフバランスの支援と住みよさの関係

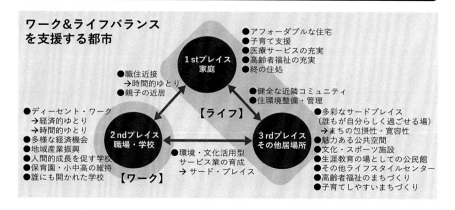

力のある公共空間，文化・スポーツ・レクリエーション施設，生涯教育の場としての公民館・図書館，カフェ・レストラン・居酒屋などや，その他のライフスタイルセンターなどはいずれもサードプレイスとしてのポテンシャルを有している。こうしたサードプレイスは，自らのライフスタイルを形成する場であり，それぞれコミュニティに所属することで，居場所や社会的な役割を担い，承認欲求や自己実現欲求を追求する場でもある。国連の「持続可能な開発目標（SDGs）」では，「誰一人取り残さない」という開発目標が設定されているが，学校・職場でのマイノリティや障がい者の受入れや，多彩なサードプレイスはそうした包摂性のある社会形成を可能にする。

　この3つのプレイスを「ワーク&ライフ」という概念から捉えなおせば，ワークの場はセカンドプレイスであり，ライフの場はファーストプレイスとサードプレイスとなる。すなわち，その都市，都市圏を含む地域が住民のワーク&ライフの質とそのバランスを支援するような環境であるかどうかが住みよさを決定づける一つの要因となることがわかる。

4．リバブルシティ（Livable City）とは： 「住みよさ」から「リバビリティ（Livability）」への転換

　前節ではマズローの欲求の５段階説から「住みよさ」を考えてきた。本節では，これを踏まえてリバブルシティ（Livable City）について定義付けを行いたい。livable という用語は，live（生きる・住む）と able（できる）から成る合成語である。そこには，日本語の「住みよさ」という語感以上に，より積極的で能動的なイメージが浮かび上がる。それは live には，「住む」だけでなく，「生きる」「暮らす・生活する」「人生を十分に楽しむ」「記憶に残る」「生き生きとしている」などの積極的な意味があり，able という可能を表す語尾が付加されることで live の能動性が強調されるためである。日本語の「住みよさ＝人にとって住みやすい環境」とは語感がかなり異なる。リバビリティ（livability）

図表 7-4　人間－都市環境－ライフスタイル

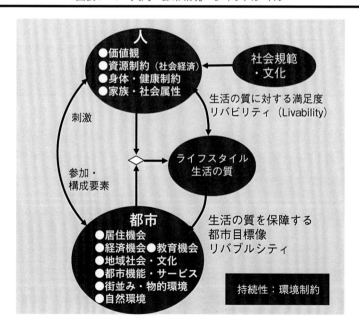

はマズローが欲求の最終段階に位置付ける「自己実現」を支援する環境を含む概念として捉えたい。

　人はそれぞれに異なる価値観，家族・社会属性と社会経済的な資源制約，身体・健康上の制約をもつ。都市は，居住・経済・教育・地域社会・文化や都市機能・サービスの機会を多様な住民に与え，また，それらを生み出す場ともなる。住民は都市から刺激を得て，仲間を見出し，都市の様々な社会・経済・余暇・家庭活動に参加し，ライフスタイルを生み出していく。そうしたライフスタイルの質，生活の質がリバビリティにつながってくる。また，持続性という環境制約が前提になることは言うまでもない。

　リバビリティには，地域固有の魅力資源，アイデンティティ，コミュニティを舞台に，「健康・安全・安心環境」「生活利便性」「良好な住環境」が保障され，「ディーセントワーク」の機会に恵まれていること，誰もがこうした機会に参加できる「社会的・経済的な包摂性」がある社会であること，「学びの文化・機会」「社会参加を共に行う仲間」の存在，住民の「能動性・創造性」が発揮され，「多様なライフスタイル」が生み出される環境が求められている。

　これらを踏まえ，本論ではリバブルシティを以下のように定義したい。

• 　地域固有の環境のもとで人間らしく自分らしく，生き生きと暮らせるまち

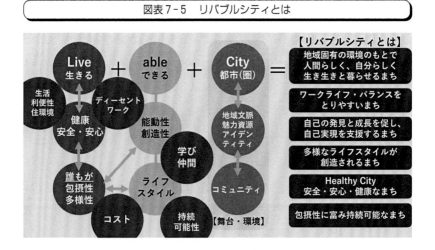

図表7-5　リバブルシティとは

- ワーク&ライフバランスを取りやすいまち（生活利便性を含む）
- 自己の発見と成長を促し，市民の自己実現を支援するまち
- 多様なライフスタイルが創造されるまち
- 安全・安心・健康なまち
- 包摂性に富み，持続可能なまち

5．リバブルシティをどう創造するか

5.1　都市空間戦略としてのリバブルシティと持続可能性

　第 1 節で示したように，現在のリバブルシティ戦略は，機能性と効率性重視の近代都市計画の反動から始まった「人間性の回復」，急速な郊外化の抑制と荒廃するインナーシティの社会経済開発と住環境改善，地球環境問題に端を発した持続可能な都市（サステナブルシティ）の構築が重層的に継承されて構成されている。サステナブルシティは，環境・経済・社会のバランスがとれた都市発展を通じて，「生活の質」を向上させるアプローチである。リバブルシティ戦略も同様に「生活の質」を高めることを目標としてきた。地球環境や都市の持続性が問われるなかで，リバブルシティ戦略もサステナブルシティのコンセプトを取り込むことになった。

　リバブルシティやサステナブルシティの都市空間像がコンパクトシティである。米国やカナダは人口増加のもとでどのようにコンパクトで持続可能な都市・都市圏を形成させるかを試みているのに対して，日本は縮減社会や高齢化への対応として，欧州では地球環境問題を踏まえた持続性の観点からコンパクトシティが模索されている。その狙いとして共通しているのは，①都市圏レベルでの環境との調和がとれたスマートな空間管理，②自動車依存の低減と省エネルギー・省資源型社会の構築，③既成市街地での住み継がれとそのための環境整備と投資誘導，④自然・農地の保全と都市・田園連携，⑤センター・近隣住区における混合用途による生き生きとした自立的なコミュニティや場所性（センス・オブ・コミュニティ）の形成，⑥職住近接や利便性の確保，⑦ウォーカブル（walkable）で健康的な市街地形成などである（海道清信，2001，OECD,

2012)。

　米国版リバブルシティを模索するニューアーバニズム運動は，①成長管理
（無秩序な郊外開発の抑制），②公共交通を軸とした都市開発，③伝統的な近隣住
区の再生，④地域固有の自然・文化・建造環境の継承，⑤コミュニティを育む
公共空間の充実，⑥歩いて楽しいまちづくり，⑦コミュニティ・土地利用・機
能・デザインの多様性と自然との共生，⑧ヒューマン・スケールな空間・社
会・経済を重視し，都市を計画・マネジメントする方向性を打ち出した（Con-
gress for New Urbanism, 2000）。ニューアーバニズムは，エッジ・シティに代表
されるように都市圏が外延的に拡大する一方で，インナーシティやその周辺部
への投資が進まず荒廃していく現状は持続的ではないとし，都市圏レベルで経
済・社会・環境を適切にマネジメントすることを提案している。リバブルシ
ティの世界ランキングのトップ10の常連都市であるカナダのバンクーバーとそ
の都市圏では，リバブルリージョン戦略計画（Livable Region Strategic Plan）を
策定し，①自然地・農地の保全，②自律的なコミュニティ形成，③コンパクト
で多極分散的な大都市圏の形成，④公共交通・自転車・徒歩に配慮した交通選
択の拡大，という4つの目標を掲げて，持続可能な発展を目指してきた（福島
茂，2010）。

5.2　創造性と能動性を発揮できるまちづくりとライフスタイル

　第3節では，マズローの欲求の5段階説を敷衍しつつ，「自己の発見と成長
を促し，自己実現を支援する都市」がリバブルシティの要件の一つとなること
を示した。多様なサードプレイスがあり，自分が自分らしく過ごせる場があり，
また，仲間やコミュニティと一緒になってそうした場や機会を生み出すことで，
自分にあったライフスタイルを選択・創造できることが大切である。福岡孝則
（2017）はリバブルシティの創造にむけてパブリックスペース（公共空間）が鍵
を握るとする。実際，生き生きとして魅力のある街には，パブリックスペース
に多様な「ライフ」が溢れている。オープンカフェなどを含めて通りと店の関
係が親密であれば，そこにはストリートライフが生まれる。公園でのパーク・
ライフ，海岸・川辺・湖畔には水辺を散策し，水上スポーツを楽しむウォー

ターフロントライフ，スポーツセンターやスタジアムを中心とするスポーツライフ，劇場・ギャラリーなどを拠点する文化芸術ライフなど，多彩なライフスタイルが地域固有のパブリックスペースに生まれれば，シビックプライドの醸成にも有効であろう。市民は自分に合ったライフスタイルや居場所を選択でき，そうしたライフスタイルを創造するメンバーになれる。パブリックスペースが自由で，開放的で，快適であれば，そこに人が集い，能動的で創造的な活動が生まれ，都市のライフスタイルが醸成される。そのためには，パブリックスペースの環境デザインとともに，その利用については当初に設定された利用目的のみにとらわれず，適切な承認手続きのもと柔軟な利用を認めることが求められる。また，公園×カフェ×図書館・ギャラリーなどの機能を組み合わせれば，様々な人々との交流を生み出しやすくなる。パブリックスペースでの多彩なライフスタイルが都市空間や社会空間に浸透することことで，都市は生き生きとし，より多くの人々に刺激を与え，市民は自らのライフスタイルを確立していくことができる。

5.3　スマートでクリエイティブな地域経済の発展

　コンパクトシティ・アプローチは都市空間管理を目的としており，本論で定義したリバブルシティの要件である経済・産業発展やディーセントワークの創出という面では弱い。一方，情報社会と知識社会の進展のもとでクリエイティブな才能のある人材を惹きつけることは，地域経済の持続性の上でも重要になっている。その意味で，生活の質の向上を目的とするリバブルシティ戦略は才能のある人材の獲得や地域への定着につなげるアプローチともなっている。地域資源やネットワークを生かした地域産業振興とともに，地域の大学や研究開発機関との連携によって地域経済の振興を図っていく必要がある。また，地域に学びのコミュニティがあることはますます重要になっている。生涯学習や新しいスキルの習得機会の創出，地域の問題やその解決方法を一緒に考える機会や場をつくりソーシャルイノベーションにつなげること，起業のための産業エコシステムの構築などが求められている。

5.4　包摂社会と福祉のまちづくり

　都市の「住みよさ」や「リバビリティ」を考える際，常に「誰にとって」という問いかけが発せられる。特定の富裕層を対象にした街のみに「住みよさ」が実現されるのでは意味がない。包摂社会，とりわけ社会的弱者に配慮したまちづくりが求められている。多様性の受容，公平な機会の保証，選択性は包摂社会の基本要件である。誰もが尊厳のある生活を送れるような社会や制度基盤を整えることは国の責務である。しかし，現実と理想には乖離があり，地方自治体やコミュニティの果たす役割も大きい。格差社会，超高齢社会，少子化，外国人居住者の増大，ひとり親家庭の増加などの社会トレンドに，国・地方自治体・民間・市民社会が協働で対応することが求められている。

　国連は高齢者のための5原則「自立」「社会参加」「ケア」「自己実現」「尊厳」を提唱している（United Nations, 1991）。こうした概念は障がい者にも適用できるものである。高齢者や障がい者の自立・社会参加・自己実現を支援し，必要に応じて介護することで，尊厳のある生活を保障することを指す。地域包括支援センターや在宅・施設介護サービスの充実はもちろん，都市空間におけるユニバーサルデザインの導入や交通弱者に配慮した公共交通の整備など，社会参加のための物的基盤の整備も必要となる。

　また，格差社会にはソーシャル・セーフティネットを多面的に拡充することが重要である。経済的格差は高齢化，身体・心身的障がい，一人親世帯などと重層的に表れる場合も少なくない。障がい者や高齢者に優しい就労機会の創出，公営住宅，共稼ぎの子育て世帯やひとり親世帯を支える保育施設・サービスの充実，子ども食堂や子供の居場所づくりの支援など，包括的に弱者を支える仕組みを整えることが求められている。

学習課題

1．様々な住みよさランキングから自分のまちの住みよさについて考えてみよう。
2．既存の住みよさランキングの評価項目について，ここで提案されたリバビリティの観点から批評してみよう。

3．自分のまちの総合計画や都市計画マスタープランを理解し，それらがリバ
　ブルシティの実現にどう貢献しようとしているか考察してみよう。

参考文献・資料

[1]　浅見泰司「居住水準の指標」『都市住宅学』33号（2001年春），2001年，pp. 39-44。

[2]　海道清信『持続可能な社会の都市像を求めて　コンパクトシティ』学芸出版社，2001年。

[3]　進士五十八『アメニティ・デザイン──ほんとうの環境づくり』学芸出版社，1992年。

[4]　福岡孝則・遠藤秀平・槻橋修編著『Livable City をつくる』マルモ出版，2017年。

[5]　福島茂「カナダの広域計画」大西隆編著『広域計画と地域の持続可能性』学芸出版社，
　　2010年，pp.194-204。

[6]　フランク・ゴーブル著，小口忠彦監訳『第三勢力──マズローの心理学』産業能率大学
　　出版部，1972年。

[7]　Congress for the New Urbanism, *Charter of the New Urbanism*, McGraw-Hill, New
　　York, 2000.

[8]　Maslow, A., *Motivation and Personality*, Harper & Row, New York, 1954, pp. 80-106.

[9]　OECD, *Compact City Policies – A Comparative Assessment*, 2012.

[10]　United Nations, *United Nations Principles for Older Persons*, Adopted by General As-
　　sembly Resolution 46/91 of 16 December 1991.

[11]　WHO, *Expert Committee on the Public Health Aspect of Housing*, WHO Technical Re-
　　port Series No.225, 1961, pp.17-39.

第8章 農村地域の計画論

1. 日本の国土構造と農村計画

　農村計画とは，一般的にいえば，長期的な展望に立って農村地域のあるべき姿（将来像）を構想し，現実の状態をその将来像に可能な限り近づけるべく，総合的な視点に立つ各種のプログラムを法制度に基づいてつくり，具体的な事業として実施していくことである。

　このように捉えると，農村計画は世界中どこの国，地域でもつくられている普遍的な政策であるかのように思われる。しかし，ウィキペディアで調べてもわかるが，農村計画を直訳した "rural planning" は一般的な英語ではない。これに対し，都市計画 "urban planning" や，農村開発 "rural development" あるいは農業開発 "agricultural development" はふつうに使われる。

　日本でも「農村計画」という用語が農政で使われるようになったのは，1970年代からである。ちなみに，研究分野としての農村計画は，農業工学（農業土木）の中に位置づけられており，農業土木学会（現農業農村工学会）に農村計画研究部会が設けられたのは1971年である。そして，その約10年後に農業経済・農村社会・建築・造園など多様な分野の研究者が集まり農村計画学会が発足している。

　農村計画学の教科書を読むと，そこには農村計画の歴史として明治・大正期の「町村是運動」（村おこし的運動）や，「適産調」（土地，人口，農作業，農業収入，生活習慣などに関する詳細な農村調査），また八郎潟干拓新農村建設（1957〜77）などが取上げられている[1]。しかし，これらは農村開発あるいは農業開発のための計画・事業であり，現代的な意味での農村計画とは区別すべきである。

　ではなぜ，農村計画という政策は，日本で，しかもこの50年の間に取組まれるようになったのだろうか。そこには日本特有の国土構造，そして1950年代後

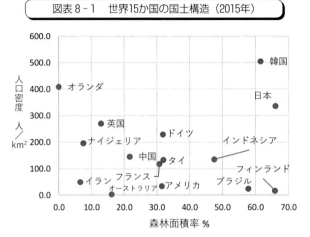

図表 8-1　世界15か国の国土構造（2015年）

資料：総務省「世界の統計2019」。

半以降に起こった国土空間の大きな変化がある。

　図表 8-1 は，日本を含む世界15か国の国土構造をみたものである。日本は，韓国と同様，国土の大部分を森林が占め，しかも人口密度が高いことがわかる。これは，急峻な山地が多く可住地が限られていること，そしてそこに多くの人びとが暮らしていることを意味する。ドイツ，フランス，タイでは国土の1/3は農地であるが，日本では1割程度に過ぎない。つまり，日本では見渡す限り農地が広がる人口が疎な農業地帯は限られており，平坦な可住地では人口が密な都市的空間が優占しているということである。

　日本は非常に都市化が進んだ国である。図表 8-2 は，OECD（経済協力開発機構）がまとめている地域統計から，日本が欧米先進国と比べ都市化の点でどの位置にあるかをみたものである。図中の数値は地域類型別の人口比率であり，日本は，ここで取上げた国々の中では英国，オランダに次ぎ，都市的地域に居住する人口の比率が高いことがわかる。

　ただし，この図については若干の注意が必要である。それは，都市・農村の区分についてである。日本を例に少し具体的に説明すると，地域はまず市町村のレベルで人口密度により都市か農村に区分される。そして，都道府県のレベ

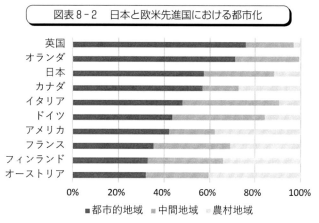

図表 8-2　日本と欧米先進国における都市化

■都市的地域　■中間地域　■農村地域

資料：OECD Regional Database（2017）。

ルで農村市町村の人口割合（15％未満，15〜50％，50％以上）により，図に示した3つの地域に分類される。ここで重要なのは人口密度の基準であり，日本について特例的に500人/km²とされている点である。原則は150人/km²である。この原則に従うと，日本では「農村市町村≒農山村」となり，平地農村のほとんどは都市に区分される。そうなると，例えば長野県の場合，農村市町村の人口割合は17.2％にとどまり（2019年1月），長野県は都市的な中間地域となる。これは私たちのイメージに合わない。そこで上記の特例が設けられたのである（長野県は農村人口割合が97.1％に増え農村地域に分類される）。しかし，農村を農地が広がる農業地帯と捉えるのであれば，150人/km²という基準には一定の普遍性があるように思われる。

　国土利用計画法に基づく都市地域は日本全土の27.4％，三大都市圏に限れば52.9％を占める（2014年3月末）。農山村（森林地域）を除けば，日本の国土はほとんどが都市的空間ともいえる。実際，都市郊外（通勤圏）の先にあるのは，農業地帯ではなく人口が減り続ける農山村である。もともと日本は都市と農村との境界があいまいで，そこには農業を介した有機的なつながりがあった。そして，1950年代後半からの高度経済成長期，そしてバブル期を経て，市街地の爆発的な拡大とともに都市と農業の混合地帯が形成された。そこは，都市計画

図表8-3　郊外で続く開発の現状

写真左（1982年）：圃場整備（後述）により生産性の高い水田が造成され，それを貫くように集落内を通っていた道路のバイパスが建設された。
写真右（2018年）：2000年頃から大規模な商業施設がロードサイドに集積し，水田を蚕食していった。河川の北側では，宅地の造成が徐々に進んでいる様子もわかる。

資料：国土地理院空中写真を使用した（場所：岐阜県可児市坂戸）。

の対象となるが，農業との調整が必要な地域でもある。その調整を図るのが農村計画である。

　ジャン＝ベルナール・シャリエは，郊外の外側に「都市周縁地区」というゾーンを考えた[2]。そこは「都市と農村の人間どうしの接触には非常につごうのよい」地帯で，週末別荘などがあり人口面で安定的な地域とされる。フランスやドイツなどの国土構造から考えれば，この「周縁化」は農業地帯の開発のあり方を示すものである。しかし，日本では農業地帯は非常に限られた空間であり，その考え方はむしろ僻地農山村の地域経営戦略として取り入れられている。

　だが，「周縁化」は郊外における持続可能な開発においてこそ，重要である。人口減少時代に入っても，郊外開発は続いている（図表8-3）。その行く先が不透明な開発を「野放し」にしたらどうなるか。現代の農村計画に課せられた大きな課題といえる。

2．計画単位としての農村集落

　農村計画を進める際，合意形成の基礎となるのは集落（むら）という地域社

会である。この小さな社会が必ずしも「計画の論理」ではうごかないという点に，農村計画の根源的な難しさがある。この点については，専門的に農村計画を学ぼうとする人への研究課題としておこう。

　日本には全国でおよそ13万8千の集落がある。これは，農水省が5年ごとに実施している農業センサスにおいて，「農業集落」として捉えられた数である。農業集落とは，農業上自然発生的に形成された地域社会であって，家と家とが地縁的，血縁的に結びついた社会生活の基礎的な単位とされる。集落については，社会学，民俗学，地理学などで多様な定義づけがなされているが，キーワードとしては，「対外排斥性」（⇔情緒的和合），定住的な土地の「占有」（単なる所有ではない），封建制度のもとで築かれた「領域」性などをあげることができる。

　合意形成の面では，家の代表が集まる寄合いが重要な機能を果たしてきた。今では行政指導のもと自治会がその機能を代替するようになっているが，隣近所の家々からなる組や班の単位で，伝統的な寄合い（例えば念仏講）が開かれることは少なくない。かつての寄合いにおいて中心的な議題となったのは，農業に関連した地域資源の管理である。農業用水路や農道の管理は，各家からの出役によるむら仕事であった。こうした農業上の共同を核として，祭などの農

図表8-4　集落空間の構成

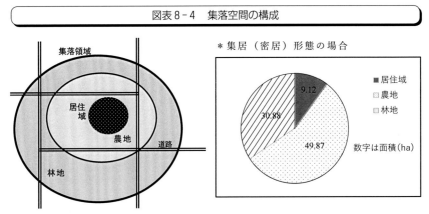

資料：農村開発企画委員会（1979）『集落空間計画』（北海道・沖縄を除く全国175集落の調査結果）。

村文化が生まれ，継承されてきている。

　農村集落は，空間的には大きく生活空間である居住域と，生産空間である農地および林地から構成される。面積の構成比は，日本の集落の約6割を占める集居もしくは密居形態の場合，居住域：農地：林地≒1：5.5：3.5という調査結果がある（図表8-4）。集落の全体面積は90haで，70

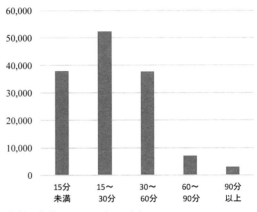

図表8-5　DIDまでの所要時間別農業集落数

資料：農業センサス（2015年）。

戸が暮らす。1戸あたり4.5人で計算すると，人口密度は350人/km²となる。ちなみに，19世紀末に英国のハワードが描いた「田園都市」のプランでは，都市域1,000エーカーに対し農（林）地4,000エーカー，人口（農家を含む）32,000人で，人口密度は約1,300人/km²となる。日本の農村集落には，空間構成の点で一定の「田園都市」性がある。

　農業集落の2/3は，DID（人口集中地区）まで30分圏内にある（図表8-5）。このため，農林地の中に住宅団地が建設されたり，図表8-3でみたようなスプロール開発が進んでいたりする集落は少なくない。

　今日の農村集落は，かつてのような農家の集まりではなく，むしろ他所からの来住者を含めて多くの非農家が暮らす居住空間としての性格を強めている。農水省がウェブ上で公開しているデータベースによると，例えば愛知県の「集落人口」は374万人であり，これは全人口のちょうど半数である（2015年）。もちろん，その中には単に住んでいる家が集落境界の中にあるというだけで，社会生活上，集落とは関わりがないという人もかなり含まれている。しかし，来住者が子どもと神社の祭りを見に行くことはあるし，犬を連れて農地の中を散歩している姿はよく見かける。中には，個人的に畑を借りて野菜づくりを楽しむ人もいる。また，近年，郊外の住宅開発が緩やかに進む中で，集落居住域の

図表8-6　身近な農村集落の事例（1）

●名古屋市内の農村集落

農業センサス（2015年）によると，名古屋市内には計39の農業集落がある。

中川区旧富田町榎津は，海抜ほぼ0mの水田集落である。都心から30分圏内にあるものの，伝統的な農家住宅がかなり残されている。しかし，その一方，集落に隣接する農地では集合住宅などの建設も進んでいる（写真A・B）。

守山区旧志段味村東谷は，戦後開拓によって小高い山の麓につくられた集落である。現在は市の施設（東谷山フルーツパーク）とともにブドウなどの果樹園芸地区となっている（写真C・D）。

写真A

写真B

写真C

写真D

図表8-7　身近な農村集落の事例（2）

●大都市郊外に残る里山集落

里山とは，丘陵地に細長く入り込んだ水田（谷津田，谷戸などと呼ばれる）と雑木林，小川やため池などの水辺から構成される空間をいう。集落の家々は，水田を前面に山を背に点在する。

川崎市麻生区黒川では，東京の郊外として周辺が激しく開発される中で，今も里山の風景が至る所に残されている。

1957年

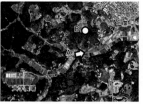

2017年（印は写真の撮影場所）

写真A

集落にはJAの農産物直売所があり，水田での農業体験なども行われている。消費地に近接した都市農業のあり方を示すものといえる。

写真B

← 左：丘陵地では畑が造成されたが，遊休地化も進んでいる。一方で，「市民農」により使われている土地が少なくない。大学の付属農場もある（2017年空中写真の左下）。

資料：国土地理院空中写真を使用した。

空地（空家）を利用して移り住み「むら入り」するようなケースも増えている。こうしたうごきを，むらを基礎としたコミュニティ形成へいかにつなげるかは，集落地域整備の中心的テーマである。

　農村集落というと遠く離れた田舎というイメージが強いが，身近な異世界として存続する事例も少なくない（図表8-6・7）。

3．圃場整備から農村計画へ

　都市計画には，その「母」といわれるものがある。それは，土地区画整理事業であり，住宅地のインフラを総合的に整備するものである。土地区画整理事業は，農地のスプロール開発が進む都市郊外でも実施できるが，地域指定上の制限がある。そこで今日，その機能を部分的に担うようになっているのが，圃場整備事業である。この事業は「農村計画の母」といえるかもしれない。

　圃場整備とは，トラクターなどの機械の普及により労働生産性を向上させる

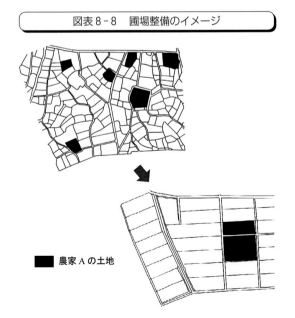

図表8-8　圃場整備のイメージ

■ 農家Aの土地

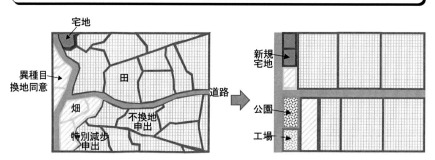

図表8-9 圃場整備と非農用地創設

ための，農地（主として水田）の整備事業である。小農生産を基調とする日本
では，分散錯圃（さくほ）とよばれる農地所有形態がみられる。圃場整備では，
その解消のため，大型区画の造成や用排水路などの整備とともに，換地（かん
ち）による集団化が行われる（図表8-8）。

　ここで重要なのが，工事前の土地（従前地）と工事後の土地（換地）との法的
対応関係を定める換地処分において，宅地などの非農用地を創設できる仕組み
が設けられていることである。これを模式的に示したのが図表8-9である。
ここでは，「異種目換地」により畑から新規宅地が，また「不換地・特別減
歩」の申出があった（農業経営の縮小などのため換地を不要とした）土地を原資と
して公園と工場の用地が，それぞれ創設されている。

　圃場整備は，農業の生産性向上とともに，農業と都市的土地利用との調整機
能をもつ。そして，下水道などの生活環境施設の整備を一体的に進めることに
より，農業的生活空間としての集落地域の整備が図られる。林地を活かした緑
地整備も考えられる。これらの指針となるのが，農村計画なのである。

4．農村計画の事例

　ここでは，筆者自身が1990年頃に関わった計画事例を紹介する。そして，地
域の計画を立てるという社会的行為の意義を少し検証してみたい。
　事例地域は，滋賀県蒲生町（現東近江市）横山集落である。琵琶湖の東に広

図表8-10　集落土地利用構想（滋賀県蒲生町（現東近江市）横山，1988年）

資料：全国土地改良事業団体連合会（1988）：『農村地域における整備技術調査：横山地区
　　　農業集落計画』，国土地理院空中写真（1985年撮影）を使用した。

がる湖東平野の中にあり，戸数は40戸ほどである。人口密度は200人/km²程
で広々として農村らしい。京都都市圏の縁辺部に位置するが都市化の影響は小
さく，明治期以来，地縁・血縁的なまとまりの点でほとんど変化がない。

　農業は水稲中心で，農家が9割を占めるものの専業農家はいない。集落を貫
通する高速道路建設にあわせ，1960年代に圃場整備は済んでいたが，区画が小
さく用排水路の老朽化も進んでいた。しかし，多くの農家はその再整備に対し
て消極的であった。そこで，生活の場としての集落全体の将来像（ビジョン）
を考えるというむらづくり活動が住民有志により開始された（1987年）。

　そうした地元のうごきに呼応して，町・県行政を介し学際的な事例研究チー
ムが結成され作成したのが，図表8-10に示す土地利用構想である。構想の要

図表8-11　里山管理をめぐる自他の意見

自分の意見	他の人の意見				計
	現状容認	行政による 維持管理	村人による 自発的管理	無回答	
現状容認	0	1	1	2	4
行政による 維持管理	2	5	4	2	13
村人による 自発的管理	5	4	1	4	**14**
無回答	0	1	0	4	5
計	7	**11**	6	12	36

資料：前掲計画書，p.88。

点は，次の通りである。

（1）圃場の再整備は，低コスト生産が可能な1haの大区画整備とし，整備後の営農は集落の協業組織が担う。

（2）家屋が密集した既存の居住域については，空間的なゆとりとして発展用地を確保し，その外周を道路で囲うことにより高生産性農地との線引きをする。発展用地には新規宅地や住民交流の場としての菜園などを誘導する。

（3）高速道路北側の里山エリアは，県立自然公園に指定され散策路整備などが計画されていることから，農地（水田）と一体的に緑地環境整備を図る。

　その後の展開であるが，農地利用・営農については，1989年に圃場整備の工事開始と同時に生産組合が設立された（2009年に農事組合法人化）。この組織には，2016年現在，30戸の農家（耕作者の9割以上）が加入している。また，組合員には出資（5万円）とともに面積に応じた出役が求められるが，働き盛り世代の参加が多いことが特徴である。その背景には，横山集落では今も，かつての青年団に相当する組織があり集落活動を支えていることがある。生産組合も，農業を中心として集落を維持する組織と位置づけられている。

図表8-12 集落環境・土地利用の現況（滋賀県東近江市横山，2019年）

集落のシンボルになっているのは，**神社**とその北側につくられた鎮守の森である（写真A）。手入れがなされ，全体的に明るい感じが強い。
集落内にはブロックごとに**祠**（ほこら）があり，集落を守るという人びとの願いが込められた場所になっている（写真B，津島講中により2014年に再建された）。

写真A 　写真B 　写真C

集落内道路は，微妙なカーブを描いていることと，建物や樹木，あるいは山などのアイ・ストップがあることが特徴である。生け垣はあまり見られない（写真C）。

大区画に整備された**水田**は，汎用化水田として野菜も導入されるなど，利用効率が高い。そこでは，集落農家で結成した**生産組合**が精力的に活動している（写真D・E）。

里山は，住民により林地の下刈りや除伐などの手入れがなされ，明るいレクリエーション空間となっている（写真F）。水田も荒廃していない。

外周道路に沿って内側に設けられた**集落発展用地**では，新しい住宅の建築がみられる。景観的な違和感はなく，介在する農地は，家庭菜園的な利用がなされている（写真G）。生産組合の施設も，主要地方道沿いの集落発展用地を活用して建てられた。

写真D　写真E　写真F 　写真G

　計画当時，住民（特に家の代表である高年男性）の間にはコミュニケーション不足の状況が認められた。計画に際し実施した世帯主アンケートによると，社会的な住みやすさの評価は，100点満点で平均63点であった。また，図表8-11は里山管理をめぐり住民同士で本音の話し合いができていない様子を示している。すなわち，自分の意見としては「村人による自発的管理」と答える人が多いが，他の人も同じと考えることはほとんどなく，他の人の意見としては「行政による維持管理」の方が多くなっている。

　現在の横山集落には，落ち着いた雰囲気の中に人びとの活動性が感じられる（図表8-12）。圃場整備など集落空間構造の再編が，生産組合の活動展開を通して，集落の社会的構造変化をもたらしているようである。その出発点となったのが，集落全体の発展目標を定めた土地利用構想である。

5．農のフィールドワークへ出かけよう

　フィールドワークとは，現地に関する一定の知識としっかりした観察眼をもっていることを前提に，現地での体験を通して「総合的知性」を鍛える学びの方法といえる³⁾。農村計画では必修である。

　例えば，上述した集落計画作成には，筆者を含む専門分野が異なる3名の大学院生が参加した。そうした地元住民を交えての学際的な学びは，上級レベルのフィールドワークである。また，筆者のゼミでは，学部学生が里山保全活動に参加したり，自分たちで耕作放棄地を再生し子どもの自然体験イベントを企画したりしてきた。これらのボランティア活動は，専門的な研究への動機づけになる中級フィールドワークである。

　初級者には，「まちづくりウォッチング」がお勧めである。最近，都市の中に，市民農園やビル屋上の養蜂場など，農的な空間が増えている。その「なぜ」を探求していくことは，都市と農業との調整を図る農村計画への入口となろう。

学習課題

1．下記の参考文献①などを手がかりに農のフィールドワークへ出かけよう。身近な農村集落を訪れてみるのもよい。
2．下記の参考文献②や③などを読み，集落（むら）とはどのような社会空間であるのか考えてみよう。

【参考文献】
①　高橋淳子『東京「農」23区』文芸社，2007年。
②　守田志郎『日本の村：小さい部落（人間選書248）』農山漁村文化協会，2003年。
③　川本彰『むらの領域と農業』家の光協会，1983年。

【注】

1）農業土木学会『改訂農村計画学』，2003年。

2）ジャン＝ベルナール・シャリエ著，有本良彦・田辺裕訳『都市と農村（文庫クセジュ
　408)』白水社，1966年。

3）小池聡「地域づくりのフィールドへ出よう」名城大学都市情報学部編『入門都市情報
　学』日本評論社，2004年，pp.149-159。

第 **9** 章　人口減少時代の都市の再生政策とデザイン

1．日本における都市化と都市政策

　我が国の最新の国勢調査（2015年）では，1920年の調査開始以来初めて人口減少（5年間で96万人，年平均0.16％）した。47都道府県のうち人口増加は8都県，全国1,719市町村のうち人口増加は17.5％，300市町村に留まり，約半数48.5％の市町村は5年間で5％以上人口が減少した。総人口に占める15歳未満の人口割合は12.6％と世界で最も低く，65歳以上人口の割合は26.6％と世界でもっとも高い（総務省「国勢調査人口等基本集計結果」）。日本の人口は2030年からすべての都道府県で減少し，2045年には2015年を100として全国人口は83.7，最も減少率の高い秋田県では58.8となる。65歳以上人口割合は2045年には全国で36.8％，最も高齢化率が高い秋田県では50.1％となると予測されている（国立社会保障人口問題研究所，2018年推計）。

　地域における人口変化には，自然増減（出生数から死亡数を引いた値）と社会増減（人口の転入者数から転出者数を引いた値）の2つの要因がある。人口減少を引き起こす原因として，①経済的要因（産業の衰退や雇用の喪失など），②社会的要因（高齢化や出生率低下などの人口構造，地域の魅力喪失による転入減少・転出増加，戦争による人口流出など），③環境的要因（災害・公害や住環境の悪化による転出増加），④空間的要因（市街地スプロールによる域外転出など）がある。都市政策と直接関連するのは，環境的要因や空間的要因への対応である。さらに都市政策は，基盤整備や地域的魅力の向上によって企業を誘致したり，子育て環境の改善による若い世代の誘引など，経済的要因，社会的要因とも関係している。

　我が国の20世紀の都市・国土政策の発展を振り返ると，人口の変化と都市化が重要な鍵となっている（図表9-1）。第二次世界大戦以前は都市人口は相対的に少なく，巨大都市も誕生しておらずいわば都市と農村社会は明確な差が

あった。戦災復興期を経て，1960年代は全国人口の増加と急激な都市化の中で新しい都市計画法が制定され大規模なニュータウンが開発される一方では農山村の過疎問題が深刻となった。70年代にはひきつづき都市の拡大傾向の中で，日本列島改造ブームと地価の急激な上昇がみられた。80年代は人口増加傾向に急ブレーキがかかり都市計画分野でも従来の都市成長対応からの転換が模索され始めた。90年代には人口増加の頭打ちと人口減少社会の到来が明確となり，国土計画でも首都一極集中問題や人口減少社会への対応が位置づけられるようになった。00年代には中心市街地の空洞化が社会問題となり，都市活性化政策

図表 9-1　日本の都市化と都市政策の推移

期間	期末全国人口1000人	全国人口増加率年率　%	世帯数増加率年率　%	市部，DID人口増加率年率%	期末，市部，DID人口割合%	国土・都市政策テーマ
1920～30	59,737	1.5%	1.3%	5.3%	24.0%	都市対農村。1 次産業就業率53.6%（1920年）
1930～40	64,450	1.3%	1.3%	7.8%	37.9%	
1940～50	69,254	1.5%	1.6%	1.3%	37.5%	戦時体制。1 次産業就業率48.3%（1950年）
1950～60	93,419	1.2%	2.0%	3.1%	43.7%	戦災復興，国土再建。1 次産業就業率30.2%（1960年）
1960～70	104,665	1.2%	3.6%	3.7%	53.5%	経済高度成長，新都市計画法，大規模ニュータウン開発
1970～80	117,060	1.2%	3.3%	2.5%	59.7%	大都市対地方，定住圏構想，産業の地方分散
1980～90	123,611	0.6%	1.4%	1.2%	63.2%	東京一極集中対策，狂乱地価対策，バブル経済
1990～00	126,926	0.3%	1.5%	0.6%	65.2%	大都市リノベーション，中心市街地活性化法
2000～10	128,057	0.1%	1.1%	0.4%	67.3%	人口減少・超高齢社会，都市再生法，災害対策，中心市街地活性化，集約型都市構造コンパクトシティ
2010～15	127,110	-0.1%	0.2%	0.2%	68.3%	少子高齢化，ICT 情報化，空き家対策，グローバリゼーション，地球環境問題，景観法，地方創生，レジリエント，コンパクト・プラス・ネットワーク
2015～20（予測）	125,324	-0.4%	0.0%	－	－	

としてコンパクトシティが望ましい将来像として位置づけられた。2010年代には人口減少社会が始まり，消滅都市を予言した『増田レポート』（2013年）[1] が社会に衝撃を与え，地方創生政策を政府が推進するようになった。望ましい将来の地域像として「コンパクト＋ネットワーク」が掲げられ，全国の自治体ではこの将来像に沿って，計画策定と実行が現在進められつつある。

2．ドイツにおける縮小都市政策

　日本を含めた先進国では，20世紀後半以降，人口減少とそれに伴う都市の機能と空間の衰退・縮小や空洞化が顕著な都市，すなわちシュリンキングシティ（縮小都市）がはばひろく見られるようになっている。ドイツの人口は，1950年6,934万（東西合計）から2003年以降減少傾向に転じ，2005年8,244万，2013年8,077万となった。今後，2060年には6,756〜7,307万人に減少すると予測されている（ドイツ統計局，2015年）。こうした長期的な人口減少傾向は日本と似ている。ドイツではどのような地域変化と都市政策が進められているのだろうか。

　シュリンキングシティ研究会（筆者が代表）は，2019年10月に京都市と岐阜県白川郷で二国間交流事業・セミナーを開催した。旧東ドイツから11名の研究者が来日し，「シュリンキングシティ再考－人口変化の新パターン・地域での多面性と多層のガバナンス」を主テーマとした。セミナーでは，「シュリンキ

写真1　旧東ドイツにおける集合住宅の除却

ングシティの形成と展開」，「縮小から再成長へ」，「縮小都市における概念的課題」，「都市政策とその手段」，「移民と再成長」をセッションのトピックにした。セミナーで明らかになったことは，ドイツにおけるシュリンキングシティをめぐる状況はより複雑になっていることである。ドイツで進められているシュリンキングシティをめぐる政策的課題は極めて多彩で，多様な側面での課題を有しており，トップダウンでの画一的施策では，あまり効果が期待できない。また，縮小時代においては（再）成長をめざす需要喚起型の政策がほとんど意味を持たず，むしろ新たな地域的な価値を創造するアプローチこそが有効であることなども明らかとなった。

　旧東ドイツ地域では1990年の東西ドイツ統合以降，急速に人口減少が進み，社会主義時代に開発された郊外集合住宅団地で空き家が急増した。ドイツ政府は都市再生政策として「都市改造－東」政策を強力に進めた。中心的な政策は，集合住宅の除却や減築などの大規模な縮造と残された住宅の修復改善である。また，2010年以降，急増した移民や難民がさまざまな地域で社会変化をもたらしている。一方で，都市改造による魅力向上や若い世代のライフスタイル変化などもあり，人口が再び増加に転じた都市もみられるようになった。たとえば，人口減少が続く約10万人のコットブス市は，中世に形成された都心の修復が進められているが，社会主義時代に建設された大規模な郊外住宅団地で約9,000戸がすでに除却され，今後さらに4,000戸の取り壊しが計画されている。一方，人口約60万人のライプチッヒでは人口が回復しており，市当局はもはやシュリンキングシティではないと宣言し，郊外住宅団地での住宅除却の中止と新規住宅建設がすすめられつつある。人口減少によって荒廃した空きビルに，新たな投資や新規入居が見られるようになり，ジェントリフィケーション[2)]が課題となっている都市もある。一方で，多くの農村や中小規模の都市では依然として，人口減少が継続している。

3．日本におけるコンパクトシティ政策の展開

　日本では「コンパクト・プラス・ネットワーク」をキャッチフレーズにした

写真2　コンパクトシティ政策の成功例とされる富山市中心部

「立地適正化計画」が，国土交通省の主導によって多くの自治体で策定が進められている（2019年12月時点で283団体が策定）。「医療・福祉施設，商業施設や住居等がまとまって立地し，高齢者をはじめとする住民が公共交通により生活利便施設等にアクセスできるなど，福祉や交通なども含めて都市全体の構造を見直し，『コンパクト・プラス・ネットワーク』の考えで進めていくことが重要」とされる（国土交通省ホームページ）。同計画では，都市機能と居住機能の誘導集約区域を設定して，各拠点を公共交通で結ぶことを柱としている。

　我が国でのコンパクトシティ政策のはじまりは，自治体レベルでは阪神淡路大震災後の神戸市のコンパクトタウン構想や，青森市のコンパクトシティ計画などがあるが，政府が本格的に推進したのは，「まちづくり三法」（都市計画法，中心市街地活性化法，大店立地法）改正（2006年）からであった（図表9-2参照）。「郊外開発にブレーキ，中心市街地の活性化にアクセル」のかけ声で，郊外へのスプロール拡散を抑制して，都市の中心市街地の活性化をねらいとしたもの。郊外に大規模なスーパーマーケットを始めさまざまな都市施設が分散立地し，多くの都市の中心商業地，商店街がシャッター通りとなっている状況に対する政策としては，基本的な方向は間違っていない。しかし，民間開発に対する規制誘導の力が弱い都市計画制度の現状では，郊外スプロールをコントロールすることは困難である。商業活性化と公共施設整備が中心となった政策では，都心部に新たな投資と人々をふたたび呼び戻すことは，ほとんどの地域で成功し

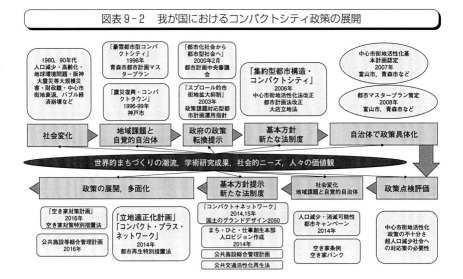

図表9-2　我が国におけるコンパクトシティ政策の展開

ていない。

　「コンパクト＋ネットワーク」をコンセプトとして展開しているコンパクト
シティの考え方は，国土計画である「国土のグランドデザイン2050」で導入さ
れた。国土交通省は都市計画分野で「立地適正化計画」として推進し，総務省
による「公共施設等総合管理計画」(2014年)，厚生労働省による地域包括ケア
システムの構築などでも強調されている（図表9-2）。

　コンパクトシティ政策を政府が各政策で強調しているのには理由がある。ま
ず，基本的な都市のあり方の面である。今後の成長分野である知識集約産業や
創造産業の人材を引きつけるためには，魅力的な都市空間がふさわしい。それ
は，ジェイン・ジェイコブスが『アメリカ大都市の死と生』で繰り返し強調し
た都市空間の密度の高さ，さまざまな人々がコミュニティで交流できる多様さ，
ヒューマンな都市構造，人々の目が届く公共空間の安全性などを備えた都市空
間である。さらに，頻発している自然災害に対して防災・減災に取り組みやす
く，災害の危険な地域での開発や居住を縮小し，災害が発生しても回復しやす
い都市や地域空間，深刻化する気候変動や地球温暖化の原因物質である CO_2
を減らすために自動車交通の依存度を下げる交通政策，財政困難や広域合併で

膨らんだ公共施設のスリム化。こういった21世紀の都市課題に対処するための方向性として,「コンパクト＋ネットワーク」はたしかに望ましい方向であるには違いない。

　しかし,かつてヨーロッパでコンパクトシティ論争が展開されたときに提起された基本的な疑問,すなわち,実現可能性,市民の合意形成,政策効果,政策の総合性・統合性などからの疑問が,日本でも広がりつつあるように見える。具体的には,公共交通の利便性が乏しく自動車利用に依存せざる得ない地方都市の現状,多様な生活環境・住環境を密度を低下させないように居住機能を集約するといった単純で画一的な都市像,財政的なゆとりが乏しい中で機能集約化のための建設的整備的な政策手法偏重,といった疑問がある。「立地適正化計画」は,地域地区制や開発許可制などとの整合性が十分にはかられていない状況では,多くの自治体では補助金目当てで,策定を進めているという状況が見られる。長期的には都市のコンパクト化と公共交通によるモビリティの向上は重要であるが,具体的な成果を評価するには,もう少し時間がかかる。

4．ウォーカブルタウンへ―公共空間のデザイン原理

　都市空間をコンパクトにすることは,さまざまな都市政策の基盤を形成する抜本的な都市空間構造政策ではあるが,実現には長期間を要する。一方で,都市の成長拡大期に整備された公共空間,特に通りの環境を改善したり歩行空間を拡充することは,実現可能性が高く効果の発現もわかりやすい。都市の中心部に歩行者専用空間を整備して,都市的な魅力を高める手法は,20世紀後半からヨーロッパで進められている。魅力ある都市の形成のための定番の都市空間デザインである。郊外拡散した都市では味わえず,コンパクトシティがめざす都市の魅力を具体化した空間であり,都市生活の質を高めることができる。都心部の歩行者空間ネットワークは,その都市の文化的歴史的,都市的な魅力が集約された場所である。アメリカのアーバンデザインでは「プレースメーキング」という概念でも知られる。また,コペンハーゲンのストロイエ,ドイツやイタリアの諸都市,アメリカのポートランドなど,多くの観光客を引きつけ都

写真3　ウォーカブルタウンとして魅力的なポートランド・アメリカ

市経済にも寄与している。

　公共空間を歩行者重視のアーバンデザインで改装し，特に都市中心部の公共空間の質を，歩きやすさ＝ウオーカビリティ Walkability の視点で高めていく流れは欧米からはじまり，日本でも次第に強まっている。

　スウェーデンの研究者・プランナーのヤン・ゲール Yan Ghel は，歩行空間での人々の行為を詳細に調査した。買い物，バス停や仕事への（からの）歩行，警官の仕事等による行為（行動）などの「必要活動」，ジョギング，階段に座る，ベンチに座る，新聞を読む，何かを楽しむといった「任意活動」，さらに必要活動と任意活動の両方から発展して，他の人の存在と関係した「社会活動」，という路上における3つの活動タイプを見いだした。歩行空間の質が良好であれば任意活動が活発になり，任意活動が活発になると，そこで行われる社会活動の量も増加する，といった傾向を見いだした。

　ジェフ・スペック Jeff Speck は，ダウンタウンの歩行環境を高めるためのウォーカブルシティの計画原則を提案した。スペックが提唱する歩ける街 Walkable Cities の4つの原則は次のようである。

　①　有用さ Useful：ほとんどの日常生活が歩いて行ける範囲でできる。

　②　安全さ Safe：通りのデザインは歩行者が自動車と接触しないようにする。

　③　快適さ Comfortable：建物と景観は戸外のリビングルームのように感じ

られるようにする。

④　面白さ Interesting：親しみやすい表情のユニークな建物で囲まれ，魅力
　　的なレストランや商店が立地している。

　日本でも，京都四条通での車道縮小・歩道拡幅，大阪御堂筋での歩道拡幅へ
の取り組み，札幌市での歩行者空間の改善，岡崎市中心部での交通社会実験な
ど，あらたな取り組みが各地で進められつつある。「都市の多様性とイノベー
ションの創出に関する懇談会」（国土交通省）は，「居心地が良く歩きたくなる
まちなか」の実現に向けた都市再生の提言を行った（2019年6月）が，基本的
には，ゲールやスペックの考え方と共通した提案となっている。国土交通省の
施策として，今後各地で具体化されていくことを期待したい。

5．防災建築街区の再発見─都市建築資源の活かし方

　防災建築街区とは，防災建築街区造成法（1961年制定，1969年廃止）に基づい
て整備された不燃共同ビルで，事業は1976年まで継続実施された。筆者らはこ
の数年，中部地方を中心に防災建築街区の実態調査を進めてきた。戦災復興か
ら近代都市へと都市開発が進められた1960年代に，全国37都道府県，105都市
の都心商業地区で，それまでの木造2階建ての商店街が，643街区，延床面積
347ha の不燃共同ビルに建て替えられた。原則として地上3階以上で，ほとん
どの地区では，幹線道路の拡幅（おおむね両側に歩道が付いた2車線道路）と同時
に施行された。防災建築街区の建設が土地建物所有者の合意に基づく組合施行
の事業であったこと，地割りが継承され所有者の経済力や必要性によって建物
の奥行きで調整された。全国では建設時の約4分の3のビルが現在も存続して
いる。約50年という時代経過とともにレトロな雰囲気が新築のビルとは違う雰
囲気を醸し出している。しかも，都市中心部に位置して，都市の再生・活性化
に重要な役割を果たせるとともに，江戸時代の敷地割が活かされ，都市史，建
築史でも貴重な現代文化遺産であると評価できる。

　各地の状況を調べてみると，共同ビルとして部分的な建て替えを進めること
が困難で，老朽化による雨漏りなどがみられ，耐震性に不安を持つビルオー

写真4　マルシェでにぎわいを生み出している氷見市中央町防災建築街区

ナーも多い。多くの地方の中心商店街と同様に，空き店舗が多くシャッター通
りとなっている地区も少なくない。一方で，立地条件の割に低廉な家賃・不動
産価格のため，若い起業家がレストラン，工房，スタジオなどとして新たに入
居している例もみられる。不燃共同ビルは，土地建物の所有権利が強く建築空
間が都市空間のストックとして活用しにくい日本の都市において，いわばヨー
ロッパ型の伝統的な建築空間として貴重な意味を持っている。

　全国の防災建築街区では，行政による活性化の支援や，ビルオーナーたちが
まとまって活性化に取り組んでいる事例はまだ多くない。その中で，氷見市中
央町では氷見市役所が支援して，防災共同ビルに新規入居を促す取り組みや，
通りから自動車を排除して開催するマルシェ開催などによって，新たな賑わい
づくりが進められている。犬山市下本町地区ではビルオーナーの理解もあり，
若い起業家の入居が進んでいる。富士市では，地元不動産業者が積極的なビル
の取得とリノベーションで新たな入居が見られるようになっている。

　なによりも，立地条件と建造物に比べてきわめて安価な家賃によって，資金
力の少ない若い起業家がスタートアップするにはハードルが低い。旧東ドイツ
の事例と同じく，地区衰退のプロセスの中に，あらたな変化を生み出す条件が
準備されている。地区再生の可能性を現実のものとするには，ビルオーナーの
意向，行政による支援，意欲的な市民や住民の活動，外部の専門家の助力も有

効であろう。いろいろな立場のリーダーが戦略的に地域をなんとかしたいという情熱と意欲で活動している地区がある。そうした条件があれば，防災建築街区だけでなく，人口減少が進む全国の地方都市の中心地区で，空き家，空きビルを活用して新たな入居者を迎え，変化が生まれる可能性は高い。

6．まとめ―都市の再生と都市デザイン

　筆者が好きな町のひとつである岐阜県郡上市八幡町。夏の2ヶ月間30夜，繰り広げられる郡上踊りと豊かな水の流れと湧き水，1933年の大火の後に再建され重要伝統的建造物群保存地区に指定されているまちなみは，近年ますます観光客を引きつけている。郡上市は2004年に7つの町村が合併し1,030km²の広域の自治体となった。1960年人口は6万人を超えていたが，2019年現在では4.1万人に減少している。財政的にはきびしく，公共施設の統合再編が進められつつある。市街地の中では空き家が増加しているが，八幡振興公社がサブリース方式で貸し出している空き店舗などに新規入居者が増加している。

　同じく岐阜県可児市や岐阜市などに広がる郊外住宅団地では，世帯数減少が始まりつつあり，入居者の高齢化も急速に進んでいる。自治会やまちづくり協議会，社会福祉協議会あるいはさまざまなボランティア組織が，住民の生活の

写真5　空き家対策による新規入居や町並み修復で賑わう郡上市八幡地区

安全や安心を維持するために，移動支援，高齢者の集まり，見守り活動，終（つい）の棲家づくり，空き家・空き地利用などさまざまな取り組みを進めている。ある団地では，いったん転出した子供世代が元の団地に戻って，親兄弟などの近居による居住が進んでいる。親世代が自分たちの持ち家を新築した団地から，世代交代が徐々に進み，いわばふるさとになりつつある。団地内のミニ開発や住宅の建て替えなどによって，若い家族が転入して，高齢化率が低下した団地もある。美濃加茂市では，外国籍の住民が増加し全体として人口も増加傾向を示しており，多文化共生への取り組みや女性起業家支援活動も積極的に進められつつある。

　いま，日本の多くの地域で，人口減少と高齢化が急速に進んでいる。しかし，若い女性の比率が低くなると自治体が消滅するという「増田レポート」の予言とは異なる，さまざまな状況も見られる。旧東ドイツの事例と同じく，状況は必ずしも単純ではない。意識的な取り組みを継続することによって，地区の衰退は防げる。人口減少と高齢化がただちに地域の衰退にはならないようにすることは可能である。常に変化する地域の状況やあらたな地域課題に，地域の人々が中心となって取り組み，行政が適切に支援して，新たな展望を切り開くことが可能だと信じるに足る多くの事例が見られる。都市のシュリンケージ（縮小）は衰退とは異なる。次の世代へと希望をつなぎ，持続できる地域を形成するために，さまざまな知恵や科学的な知見を総合化し，具体的に行動することがいま，求められている。

　（本文中の図表，写真はすべて筆者が作成及び撮影したもの）

学習課題

1. あなたが住んでいる市区町村の人口変化（過去20年間）と将来人口予測（20年後）を調べて，見やすいグラフを作成しなさい。さらに，その人口変化（人口の増加あるいは減少）の主な要因を考察しなさい。参考資料としては，それぞれの市区町村の「人口ビジョン」「立地適正化計画」「総合計画」「都市計画マスタープラン」など。

2. 最近の新聞（中央紙と地方紙それぞれ1紙，概ね一ヶ月分）に掲載された記事

から，人口減少時代のまちづくりに関連したものを取り上げ，記事の内容を要約するとともに，これからのまちづくりに活かせる教訓をまとめなさい。データソースとしては，図書館などで新聞データベースを利用できる。

【注】

1) 日本創成会議が2014年5月発表。2010年の国勢調査を基に30年後，20～39歳の女性人口が半減すると予測される自治体を「消滅可能性都市」と見なして，大きな社会的な反響を呼び起こした。

2) ジェントリフィケーションとは，インナーシティで住環境の改善が進み，安価な住宅家賃や不動産価格が上昇し，それまで住んでいた低所得，低賃金の住民，欧米では移民が排除されていく状況をさす。

参考文献・資料

[1] 海道清信『コンパクトシティ―持続可能な社会の都市像を求めて』学芸出版社，2001年。

[2] 海道清信『コンパクトシティの計画とデザイン』学芸出版社，2007年。

[3] 中島明子編著，海道清信他『デンマークのヒュッゲな生活空間―住まい・高齢者住宅・デザイン・都市計画』萌文社，2014年。

[4] 浅野純一郎・海道清信他『都市縮小時代の土地利用計画：多様な都市空間創出に向けた課題と対応策』学芸出版社，2017年。

[5] 浅見泰司・中川雅之編著，海道清信他『コンパクトシティを考える』プログレス，2018年。

第**10**章　高齢社会における地域包括ケアシステムの地域的展開

1．現代日本の人口変動と地域包括ケア

　今日の日本をとらえる観点は様々であるが，総人口に占める高齢者の割合（高齢化率）が高まっていく高齢化の現象は，少子化・人口減少とともに，社会の様々な面に影響を与えている。そのなかで，第2次世界大戦の終了から間もない1947～1949年生まれの第一次ベビーブーマーと呼ばれる人々は，出生数が前後の時期より2割ほど多く，年に270万人近くにも達するなど，人口高齢化の動態変化において常に注目を集めている。

　団塊の世代とも称される彼ら彼女らが，2012～2014年に高齢期（65歳以上）を迎えたことは，日本の人口高齢化をさらに加速させている。総務省統計局「人口推計月報」によれば，2019年4月現在，総人口1億2,615万のうち高齢者人口が3,586万を占め，高齢化率は28.4％に達している。また，団塊の世代がすべて後期高齢期（75歳以上）に達する2020年代半ば以降において介護・医療の費用がさらに増加する状況を指す，いわゆる「2025年問題」も2020年代を迎えるなかで現実味を増している。

　こうした高齢化の進展は，介護，医療，年金，雇用，社会参加（生きがいづくり）など，高齢者を取り巻く様々な社会システムの見直しを迫っている。しかも，その見直しに費やすことができる時間は決して長くない。かつて国連は，高齢化率7％に達した社会を「高齢化社会」，14％に達した社会を「高齢社会」と定義したが，日本は前者（1970年）から後者（1994年）へ24年で移行した。これは，フランスの114年，スウェーデンの82年，アメリカ合衆国の69年，イギリスの46年，ドイツの42年など多くの欧米先進諸国と比べて非常に短く，超高齢社会に適合的なシステムへの再構築を急速に進める必要性を生じさせてき

た。

　かつての日本の高齢者向け介護サービスは，1963年の老人福祉法施行とともに制度化された特別養護老人ホームをはじめとする施設系のサービスが大きな割合を占めていた。しかし，財政面の制約や住み慣れた居宅での生活をより重視する傾向が強まり，現在は居宅系サービスの割合が施設系のそれを上回っている。2000年に本格導入された介護保険制度においても，大小の制度改定を重ねるなかで，介護を必要とするようになっても居宅や住み慣れた地域での生活を可能な限り継続できるようなシステムの設計が志向されている。その中心となるのが，2005年度の介護保険法改正による地域包括ケアシステムの本格的導入であり，さらなる高齢化への処方箋として，現在では主要な政策的方針とされている（杉浦，2016）。

　地域包括ケアシステムとは，要介護の状態になっても住み慣れた地域で自分らしく暮らしていけることを目標として，介護や医療だけでなく，住まいや介護予防，生活上の様々な支援を一体的に提供する仕組みであり，それを地域において構築していくことが求められている。高齢化の進み具合や，地域包括ケアに関与する諸資源（行政や関係諸機関の財政的・人的余力，介護を中心とした事業所の量や質，住民の構成・住民組織等）には地域差がある。そのため，地域包括ケアシステムは，市町村など各地域がそれぞれの地域の自主性や主体性を伴いながら，地域の特性に応じて構築する必要性が指摘されている（畠山ほか，2018）。

　地域包括ケアシステムを推進する上で，その地域的展開の基軸として非常に重要な存在が，2006年度から全国で設置されている地域包括支援センターと呼ばれる機関である。介護保険法によれば，地域包括支援センターは，「地域住民の心身の健康の保持及び生活の安定のために必要な援助を行うことにより，その保健医療の向上及び福祉の増進を包括的に支援することを目的とする施設である」と定められている。全国の市町村ごとに1つまたは2つ以上の地域包括支援センターを設置することが義務化されており，設置主体は市町村であるが，運営は，市町村による直営だけでなく，地域の介護・医療関係の法人等へ委託する場合もある。

　また，各地域包括支援センターは，高齢者人口の規模に応じて，3種類の専

門職（保健師，社会福祉士，主任介護支援専門員）の人員配置が義務づけられている（隅田，2018）。これに加えて，地域包括ケアシステムにおいて地域包括支援センターは，行政や介護サービス事業者，医療機関，民生委員，その他の地域住民を含めた関係者と連携する必要性がうたわれている。そうした連携を具体的に実行する場は「地域ケア会議」と呼ばれ，市町村全域で展開する会議のほか，地域包括支援センターの単位またはより狭いローカルな単位で設けられる会議もあり，地域ケア会議の地理的範囲も市町村ごとに設定されている。

　本章では，地域包括ケアシステムが地域でどのように展開しているのかを明らかにするため，福岡県福津市を事例として，地域包括支援センターを中心とした諸機関が同市内でいかに配置され，またその配置がいかに変化しているかについて概観する。さらに，地域包括ケアを支える地域ケア会議の重層性や市内外の他機関との連携について紹介するとともに，今後の地域包括ケアの枠組みをめぐる展望を試みる。

２．地域包括ケアを展開する地域的枠組み

　福岡県福津市は，福岡県の北部に位置する人口58,781（2015年国勢調査）の小都市である（図表10-1）。福岡県の２つの政令指定都市（福岡市と北九州市）の間に位置し，それら２つの大都市を通るJR鹿児島本線が市のほぼ中央を貫いている。福津市は，2005年１月に２つの町（旧福間町と旧津屋崎町）が合併してできた市である。市内には，鉄道沿線の市街化された地域と農村・漁村の特徴を持つ地域とがあるが，鉄道沿線の市南部を中心に，宅地化が現在も進行中である。そのため市の人口は増加しており，2019年８月末現在では，10年前（2009年8月末）と比べて17.4％増の65,831人となっている。また，高齢化率（65歳以上人口の割合）は同年7月末で27.7％であり，地方圏の比較的小規模な都市ではあるが，全国の平均値を下回っている。

　福津市における地域包括ケアの体制を，主に地域包括支援センターの配置から見ると，次のように整理できる。同市では地域包括ケアシステムが全国で導入された2006年時点では，地域包括支援センターを市の直営としていた。その

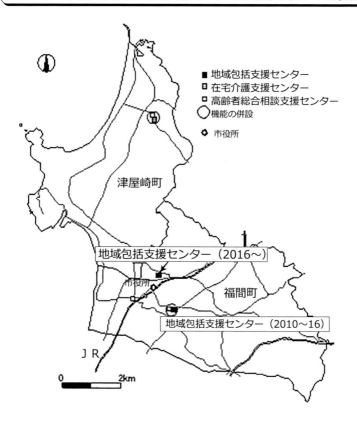

図表10-1　福津市における地域包括支援センターの機能分布（2016年３月現在）

理由は，当時は地域包括支援センターの理念や仕組みが住民にほとんど知られ
ていなかったため，行政が運営者となることが住民の理解や認知を得る上でよ
り望ましく，また，地域包括ケアシステムの運営を中立的におこなう必要があ
ると考えたからであった。このように福津市では，行政機能の一部として，ま
た地域包括ケアシステムの中核的な役割を担う機関として，地域包括支援セン
ターを位置づけた。

　さらに同市では，従来から地域住民の介護に関する相談窓口としての役割を
持つ在宅介護支援センターと呼ばれる施設が，合併前の旧２町に１カ所ずつ設

置されていた。そのため，この２つの在宅介護支援センターを，地域包括支援センターのサブセンターとして位置づけ，相談窓口を増やすことで住民の利便性をはかった。

　このような2006年度当初からの福津市における地域包括ケアの体制は，2010年度に２つの面で変化した。第一は，市の直営体制を廃止して，市内に総合病院（病床数300）のほか，老人保健施設，デイサービスセンター，グループホーム，有料老人ホーム，サービス付き高齢者向け住宅等を持つ医療法人に，地域包括支援センターの運営を委託したことである。福津市が直営から委託へ切り替えた主な理由は，直営では地域包括支援センターに必要な職員を配置する上で問題があったためである。国の定めるルールによれば，地域包括支援センターには，地域の高齢者人口に応じて３種類の専門職（保健師，社会福祉士，主任介護支援専門員）を配置しなければならない。ところが，市の直営の場合，市役所職員には定期的な人事異動があるため，市直営の地域包括支援センターでそれら専門職を継続的・安定的に確保することが難しい。これに対して，2010年度から委託先とされた医療法人は，病院や高齢者向けの福祉施設などのスタッフとして1,000名の職員を雇用しており，市内の医療機関で群を抜く規模を誇っている。それゆえ，当該の医療法人では，地域包括支援センターで確保すべき３つの専門職の資格を持つ職員が雇用されているとともに，地域包括支援センターを市から受託した場合でも，その規模の大きさを生かして柔軟な職員配置を行う余地があると考えられた。こうして福津市は，この有力な医療法人に委託することによって，地域包括支援センターにおける人員配置の問題を外部化した。

　福津市の地域包括ケアの体制に関する2010年度の第二の変化は，地域包括支援センターの窓口機能をより一層増やすことを目的として，高齢者総合相談支援センターという名称のブランチを市内に２カ所，新たに設置したことである。この２つの高齢者総合相談支援センターもまた，合併前の旧２町ごとに設置された。その１つは，旧津屋崎町で1978年に開設された特別養護老人ホーム（介護老人福祉施設）内に設置された。この施設は，旧宗像郡で最初の特別養護老人ホームであり，委託先は，古くから旧津屋崎町を中心とした高齢者福祉の拠

点として役割を果たしてきた社会福祉法人である。もう1つの委託先はNPO法人であり，福津市の玄関口でもあるJR福間駅に近い市街地に窓口が設けられた。

　以上のように2010年度から地域包括支援センターのほかに4カ所（サブセンター2カ所，ブランチ2カ所）の相談窓口を設置したのは，住民の抱える様々な生活上のニーズをできる限り地域包括支援センターにつないで問題に対応することを意図していた。しかし福津市では，2016年度になると，それら4つの窓口を廃止し，地域包括支援センター1カ所に統合した。この理由は，①異なる3種類の名称のついた窓口（地域包括支援センター，在宅介護支援センター，高齢者総合相談支援センター）が混在する状況で，どこに相談すれば良いのか住民に分かりにくかったこと，②計4カ所のサブセンターおよびブランチでの相談件数が少なかったこと，③機能に制約のあるサブセンターやブランチに相談しても問題が解決しないケースでは，結局のところ地域包括支援センターに相談を持ち込まざるを得なかったこと，である。これは，窓口を地域包括支援センター1カ所に統合することによって相談機能のワンストップサービス化という利点を重視した変革でもあった。

　福津市の地域包括支援センターは，市の直営を委託に切り替えた2010年度から2015年度の期間は，委託先医療法人の運営する総合病院に隣接した用地内にあるサービス付き高齢者向け住宅の一角に置かれた。これは，JR福間駅から東南東へ1kmほどの距離にある。しかし，2016年度からは，JR福間駅から北東へ1km弱の距離に立地する市の複合施設内にオフィスが移転している。この複合施設は，福津市において，子育て支援や高齢者デイサービス等を含む住民の健康と福祉を推進する機能の拠点となる総合センターとして位置づけられている。

　上述した医療法人への地域包括支援センターに関する委託は，2010年度当初から1年ごとの更新かつ随意契約であった。しかし，2016年度からは3年間の複数年契約に切り替わった。また，委託先は公募によって決定されることになった。複数年にした理由は，単年度の委託契約に比べて，地域包括支援センターや委託先法人にとって計画的な職員の配置や人材育成がしやすいためであ

る。公募では，委託先事業者の経営の安定性や，地域包括支援センターの業務に必要な人材の確保が可能かどうかが主なチェックポイントとされた。結果として，委託先として選定されたのは，2015年度までの委託先と同じ医療法人であった。

　市の担当者への聞き取りによれば，経営の安定性や人員配置の点以外にも，この委託先法人には信頼できる良い点があるという。それは，この法人グループの経営陣が，グループとして受託した福津市の地域包括支援センターに対して，グループ内で運営する様々な介護関連の事業所によるサービス利用へ，地域包括支援センターに相談をした高齢者を誘導するように指示や圧力を働かせることが全くない点である。この点は，市内で最大規模の病院を中心に事業展開している法人グループとして，当地域における卓抜した存在感や，それに起因する経営上の余裕が背景にあると考えられる。

3．地域ケア会議の開催と他機関との連携

　高齢者がいつまでも住み慣れた地域で暮らし続けられる仕組みとして地域包括ケアシステムが機能することを目的として，地域包括支援センターでは基本的な業務が定められている。それは主として，①様々な相談の受付（総合相談），②権利擁護，③地域における社会資源の整備やネットワークづくり（包括的・継続的ケアマネジメント），④訪問型・通所型・その他の生活支援サービス等のケアを適切に組み合わせる介護予防ケアマネジメント（第1号介護予防支援事業）などである。地域包括支援センターは，これらの業務を通じて担当地域の高齢者がその地域での生活を継続していけるように，様々な機関や事業所，近隣住民との間で必要な環境整備を行っている。その過程では，高齢者ごとの困りごと対策のようなミクロな課題から，それらの積み重ねによる地域全体で取り組むべき課題や，さらには市政レベルでの政策課題などについて，ケア会議と呼ばれる様々な検討の機会を持つことになっている。

　こうした点を踏まえ，ここでは，福津市の地域包括ケアシステムの活動実態を明らかにするため，5種類の地域ケア会議の活動や関連機関との連携実態に

図表10-2　福津市における地域ケア会議の活動実態（2017年度）

	実施回数	主な活動内容
自立支援型地域ケア会議	48回	・自立支援に役立つケアマネジメントの支援
地域ケア個別会議	28回	・支援困難事例等に関する課題の解決に向けた相談や助言
地域包括ケアシステム会議	12回	・抽出された地域課題の共有・明確化・整理
地域ケア推進会議	未実施	・浮き彫りになった地域課題を地域づくりや市の施策にどのように反映させていくかを検討
保健福祉審議会	8回	・課題解決に必要な資源開発や解決策の施策化，介護保険事業計画への反映など政策形成 ・地域包括支援センターの業務に関する評価

出所：福津市高齢者サービス課資料および同課での聞き取りより作成。

ついて考察する。2018年3月に公表された「福津市第8期高齢者福祉計画・第7期介護保険事業計画」によれば，2017年度における福津市では，5種類の異なる役割を持った地域ケア会議が設定された（図表10-2）。それらは，「自立支援型地域ケア会議」，「地域ケア個別会議」，「地域包括ケアシステム会議」，「地域ケア推進会議」，「保健福祉審議会」である。

　このうち「自立支援型地域ケア会議」は，市と地域包括支援センターとが共同で開催している。主な目的は，自立支援に役立つケアマネジメントの支援である。メンバーは，市職員と地域包括支援センター職員のほかに，作業療法士・理学療法士・言語聴覚士・管理栄養士・歯科衛生士・薬剤師・保健師およびケアマネジメント担当者とサービス担当者である。この会議は，2017年度に48回（月4回）開催された。

　「地域ケア個別会議」は，地域包括支援センターが主催しており，これにはセンターの職員のほか，個別のケースに即して関係する機関から職員が参加している。会議の内容は，支援困難事例等に関する課題の解決に向けた相談や助言を行う場であり，年に28回開催された。この会議は，市域よりもミクロなスケールで開催されており，出席者はケースごとに異なる顔ぶれで構成され，近

隣住民など個人に出席を依頼することもあるため，市内の各地域の公民館で開催することもある。また，保健所やおおむね２次医療圏ごとに設置されている福岡県認知症医療センターなど専門機関に，助言を求めて出席を依頼することもある。

「地域包括ケアシステム会議」は，以上の２つの地域ケア会議から抽出された地域課題の共有化・明確化・整理を行うための会議である。この会議には，市職員と地域包括支援センター職員が参加し，年に12回（月１回）開催している。

「地域ケア推進会議」は，市が主催する会議であり，市職員および関係機関がメンバーとして想定されている。この会議の内容は，浮き彫りになってきた地域課題を地域づくりや市の施策にどのように反映させていくかを検討することである。しかしながら，福津市において，この会議はこれまで実施されたことがないのが実情である。

最後に，「保健福祉審議会」は，市の附属機関であり，医師・歯科医師・薬剤師・県機関・福祉団体・介護事業者などの専門的立場の関係者から構成される。この会議は，課題解決に必要な資源開発や解決策の施策化，介護保険事業計画への反映など，政策形成につなげることを目的としている。また，市によって作成された地域包括支援センターの業務に関する評価について審議する役割を持つ。2017年度の場合，８回開催された。

これら５つの各地域ケア会議の関係性は，次のように整理できる。「自立支援型地域ケア会議」と「地域ケア個別会議」は，相互には関係しないものの，いずれも「地域包括ケアシステム会議」に対して個別の検討課題を報告している。「地域包括ケアシステム会議」は，とくに「自立支援型地域ケア会議」に対してそのケアマネジメント業務を支援するための情報をフィードバックする。一方で，「地域包括ケアシステム会議」は，自らが整理した課題を「地域ケア推進会議」および「保健福祉審議会」に報告し，福津市の地域包括ケアシステムに関する政策づくりにつなげることを意図している。

ただし福津市における地域ケア会議の枠組みは，2018年度末に一部で再編が行われた。具体的には，月に１回程度実施してきた「地域包括ケアシステム会議」の機能を，これまで未実施だった「地域ケア推進会議」に一体化させた。

これにより,「地域ケア推進会議」と「自立支援型地域ケア会議」との間で従来通り地域課題の抽出とフィードバックを行い,また,困難事例を扱う「地域ケア個別会議」から従来通り「地域ケア推進会議」に対して地域課題の抽出を行っていくこととなった。また「保健福祉審議会」は,2019年度から既存の介護保険運営協議会と統合され,介護保険だけでなく高齢者福祉施策を一体的に審議する新たな「福津市介護保険運営協議会」にその機能を移管した。

　福津市では,地域包括ケアシステムを機能させる過程において,市内外の様々な機関と連携をはかっている。市内については,地域包括ケアの担当課が,同じ市役所の他の課との間で,障がい・生活保護・生活困窮などの問題を抱える高齢者世帯について,月ごとに会議をしている。とくに,障がいや引きこもり・無職の子供との同居のような高齢者は,いわゆる8050問題と呼ばれる,重複した複雑な課題を抱えている。このような高齢者世帯については地域包括ケア担当の課のみによる解決は困難であるため,他の課との間で相互の連携が必要になっている。このほか,市の社会福祉協議会とも情報共有をしている。

　市内外に渡る他機関との連携は,警察や保健所,医師会,医療機関,他の市との間で見られる。警察とは,高齢者のいわゆる徘徊やご近所トラブルのケースで情報共有をしておくことによって,何らかの問題が生じた際に警察から地域包括支援センターへの情報提供が期待できる。隣の宗像市に立地する県の保健所とは,とくに精神疾患を抱える高齢者について相談をしている。

　福津市と宗像市の2市を範囲とする医師会とは,在宅医療・介護連携推進事業において年6回の会議を持っている。在宅医療・介護連携推進事業とは,医療と介護の連携による一体化した支援が高齢者に必要であることを重視し,「顔の見える関係」を構築しておくことを念頭にして,連携の基盤を各地域で醸成することを目的としている(黒田,2018)。医療機関との間では,福津市内の病院だけでなく,隣接する2市に立地する病院とも,入院患者の相談内容や受診の状況(病歴や受診中断の有無など)について情報共有をはかっている。さらに,福津市の地域包括ケアシステム担当課では,職員が他の市町村における地域ケア会議の見学をすること等によって,参考になる点を学んでいる。

4．地域包括ケアの枠組みをめぐる今後の展望

　すでに述べたように，福津市では，当初は市の直営で，そして2010年度からは市内最大の規模を誇る医療法人に委託して地域包括支援センターを運営してきた。この間，直営か委託かは別として，合併前の旧２町のいずれにも窓口機能を設置してきたが，同一の医療法人に引き続き委託をするとともに，2016年度以降は計４つ設置していたサブセンターおよびブランチ機能を廃止し，単一の地域包括支援センターに集約している。

　このように，市域全体を単一の地域包括支援センターで委託することが可能になっている要因には，主に２つの点が挙げられる。一つは，市域の面積（52.76㎢，2015年国勢調査）が比較的コンパクトな点である。そのため，市役所や現在の地域包括支援センターが設置されている市の複合施設の立地する中心市街地付近からは，市内のほぼ全域が自動車で20分もあればおおむね到達可能である。そしてもう一つは，委託先の法人における職員規模が人的配置の面で比較的余力があり，他方で，そうした規模を持つ医療法人や社会福祉法人が市内に存在しない点である。つまり，福津市全域を担当区域として地域包括支援センターの業務を一手に引き受けることが可能なのは，事実上，現在の委託先の医療法人のみである。このことは，他方では，市内を複数の区域に分割し，区域ごとに委託をする場合は，その区域の高齢者人口の規模に応じた３専門職の配置が可能な法人であれば，受託の可能性があることを意味する。

　「福津市第８期高齢者福祉計画・第７期介護保険事業計画」（2018年３月策定）には，「本市の面積規模，市民にとっての分かりやすさ等に鑑み，当面の間，地域包括支援センターは１箇所としますが，今計画期間中の状況等を踏まえ，来期以降複数箇所とするか否かなど更なる機能強化に向けた検討を行います」（p.64）との記述がある。こうした背景には，高齢化率のさほど高くない同市においても，高齢者人口は着実に増加し，地域包括支援センターへの相談件数も増加の一途をたどる現実がある。それに伴い，現行のような単一の地域包括支援センターの体制が，次第にきめ細やかさを従来ほど確保しづらくなっていく

としても不思議ではない。また，地域包括支援センターの設置運営に関する国の通知（平成30年5月10日一部改正）によれば，担当圏域を設定するに当たって配慮すべき事項の一つとして，おおむね中学校区を意味する日常生活圏域との整合性が挙げられている。したがって，その基準に照らせば，市立中学校が3校ある福津市において，現行のような1カ所のみの地域包括支援センターは，カバーする地理的範囲が比較的広範であるとみなすことができる。

　地域の法人にとって，地域包括支援センターの受託は必ずしも経営上のメリットをもたらさないとも言われる中で，もし分割委託をする場合は，地域貢献の意味合いを理解する法人を確保する必要があろう。それ以上に，他の法人が新たに受託する場合，従来の受託法人がこれまで培ってきた利用者や家族，関係機関との関係性を改めて構築することの苦労など，容易に予想される課題は多い。要介護になっても高齢者が住み慣れた地域で暮らし続けていくことができる環境の整備を目指し，地域の自主性や主体性を伴いながら，地域の特性に応じて構築する必要がある地域包括ケアシステムにとって，その要となる地域包括支援センターの配置は，高齢者人口のさらなる増加が見込まれる中で，今後ますます重要になっていくことが予想される。

※付記

　本稿作成にあたり，福津市高齢者サービス課ならびに福津市地域包括支援センターにはご理解とご協力を賜りました。ここに記して，厚く御礼申し上げます。本研究には，科研費（基盤研究（A）15H01783「「社会保障の地理学」による地域ケアシステム構築のための研究」代表者：宮澤仁）および同（基盤研究（C）18K01158「行財政システムの持続可能性を展望するための望ましい地域的枠組みに関する探究」代表者：杉浦真一郎）を用いた。また本稿の作図の一部は畠山輝雄氏（鳴門教育大）の協力を得た。

学習課題

1．あなたの住む都道府県内の全ての市町村における高齢化率（総人口に占める65歳以上人口の割合）を直近の国勢調査データから算出し，その地域的傾向を調べよう。

2．あなたの住む自治体（市町村）のホームページを見て，地域包括支援センターがいくつ設置されているかを調べよう。また，人口規模の異なるいくつかの自治体と比較しよう。

参考文献・資料

［1］　黒田研二「医療と介護の一体化」隅田好美・藤井博志・黒田研二編『よくわかる地域包括ケア』ミネルヴァ書房，2018年，pp.12-13。

［2］　杉浦真一郎「地方圏における介護サービスの課題と展望」『地理科学』71-3，2016年，pp.144-155。

［3］　隅田好美「地域包括支援センター」隅田好美・藤井博志・黒田研二編『よくわかる地域包括ケア』ミネルヴァ書房，2018年，pp.46-47。

［4］　畠山輝雄・中村　努・宮澤仁「地域包括ケアシステムの圏域構造とローカル・ガバナンス」『E-journal GEO』13-2，2018年，pp.486-510。

第11章　温暖化被害の経済影響評価
—長野県のスキー場を例として—

1．はじめに

　森杉ゼミナールでは，数多くの過去の卒業論文や修士論文において，環境問題に伴う影響を経済学的に評価することを研究テーマとしている。本章では，その中でもとりわけ重要な『地球温暖化問題による自然環境を生かしたレクリエーション・サービス産業への経済被害評価』並びに『適応策の抽出と施策的効果』についての既往研究例を紹介したい。特に，長野県の冬季山間地におけるレジャー（要するに，スキーとスノーボードである）について追及した研究成果は，供田豪氏の学位論文による貢献分が大きい。それらは幾つかの学術論文（供田ら（2018）[1]，供田ら（2019）[2]）として結実しており，さらに環境省（S-4：温暖化の危険な水準および温室効果ガス安定化レベル検討のための温暖化影響の総合的評価に関する研究，S-8：温暖化影響評価・適応政策に関する総合的研究）や文部科学省（SI-CAT：気候変動適応技術社会実装プログラム）による受託研究費に対する主要な成果物として位置づけられる。

　対象地である長野県は，日本において北海道に次ぐスキー・スノーボードのメッカである。特に北部においては3,000m前後の山々に囲まれ，北アルプスを越えた雲からは非常に冷たい冷気にさらされた良質の雪がもたらされる。スキー場数は95箇所（H30）と全国1位を誇り，これらのスキー場に訪れる人たちの数は実に年間591万（H30）を数える。

　しかし一方で図表11-1にあるように，21世紀における県内スキー場への訪問客数は一貫した減少傾向を見せている。冬季アウトドアレジャーに対するこのようなトレンドは全国でも共通しているが，その理由については大きく二つ

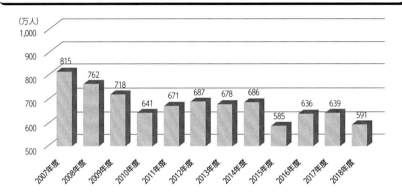

図表11-1　近年の長野県スキー場来客数の推移（2007年度〜2018年度）

の仮説が考えられている。

　一つは温暖化の影響である。最近においては雪の降り始めが12月と遅くなっていることが目立つ一方で，突然ドカ雪が降ることもままあり，降雪パターンが年々極端になっている。特に標高の低いスキー場においては雪が降ってもゲレンデに定着せず，オープンできないことも多い。さらに気温の上昇は雪質に悪影響を与え，ゲレンデの広範囲に半分融けたべちゃ雪が目立つようでは，客足をさらに遠のかせることになりかねない。

　もう一つは社会的な影響である。レジャー白書によれば，全国のスキー・スノーボード人口は，長野オリンピックの開催年にあたる1998年の1,800万人をピークとして，以降一貫して減少し続け，2016年に至っては530万人とかつての約３割にまで落ち込んでいる。長野県には全国の約20％のスキー場を有するとされるが，スキー・スケート場利用者統計調査によれば，1992年に110か所存在した同県内のスキー場は，2013年には95か所にまで減少している。これらの理由には，若者を中心としたアウトドアレジャー離れの影響や，他のレジャーと比べた場合のコストパフォーマンスの悪さなどが考えられている。

　それではどちらの説が本当なのであろうか？　筆者が見る限り，その統計的な検証を試みた研究はここで紹介するもの以外類を見ない。

2．温暖化によるスキー場客数への影響は？

　先ず長野県を北アルプス・長野・北信・松本・上田・佐久・諏訪・木曽，そして上伊那と南信州を結合した地域の計9エリアに分ける（図表11-2）。これらのエリアのスキー場来客数については長野県スキー場・スケート場利用者統計調査より入手可能であり，その2007〜2016年度における冬季（11月〜3月）月別の値を被説明変数とする。気象庁が設置した各エリアを代表するアメダス観測機器において得られた気温・降水量・積雪深・日照時間（ただし，全て営業時間中の月平均値を用いている）の観測値，及び，それらの変数を掛け合わせて定義するクロス項を説明変数の候補群として取り上げた。なお積雪深に関しては，アメダスとスキー場の位置には標高差があるため，これについては長野県が提供する標高補正計算表を元にして補正を施したものを使っている。

　これらの変数には全て対数変換を施してあり，説明変数には一次項とクロス項まで考慮した。（1）式にあるようないわゆる Trans-Log 型の重回帰モデル

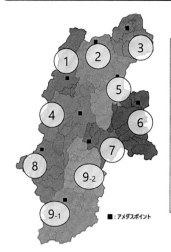

図表11-2　9エリアとアメダスポイント

対象エリア（アメダス名）

① 北アルプス（白馬）
② 長野（信濃町）
③ 北信（湯沢温泉）
④ 松本（松本）
⑤ 上田（菅原）
⑥ 佐久（軽井沢）
⑦ 諏訪（諏訪）
⑧ 木曽（開田高原）
⑨ 南信州、上伊那（飯田）

■：アメダスポイント

を，各エリアの時期列データに対して実行する格好となる。

$$
\begin{aligned}
\ln(Y_{iTt}) = {} & \alpha_i + \beta_{1i}\ln(A_{iTt}+273.15) + \beta_{2i}\ln(B_{iTt}) + \beta_{3i}\ln(C_{iTt}) + \beta_{4i}\ln(D_{iTt}) \\
& + \beta_{5i}\{\ln(A_{iTt}+273.15)\ln(B_{iTt})\} + \beta_{6i}\{\ln(A_{iTt}+273.15)\ln(C_{iTt})\} \\
& + \beta_{7i}\{\ln(A_{iTt}+273.15)\ln(D_{iTt})\} + \beta_{8i}\{\ln(B_{iTt})\ln(D_{iTt})\} \\
& + \beta_{9i}\{\ln(B_{iTt})\ln(D_{iTt})\} + \beta_{10i}\{\ln(C_{iTt})\ln(D_{iTt})\} + \eta_i T + \mu_i
\end{aligned}
\tag{1}
$$

　ただし，Y：スキー場の来客数，A：気温，B：降水量，C：積雪深，D：日照時間，T：営業年度（西暦の年次），i：対象のスキー場，t：対象月ナンバー，α，β，η：未知の係数，μ は誤差項である。η_i はこれら気象説明変数の要因以外で発生する各スキー場来客数の平均年変化率を表す。

　多重共線性の問題に対しては説明変数間の相関係数を算出し，絶対値にして0.8近辺以上のものは積極的に除外した。また，主に t 値から判断される有意性の低い説明変数から優先的にモデルから外したが，その前後で自由度修正済み決定係数（補正R2）が高くなる場合にはそのまま続行して再度重回帰を行い，

図表11-3　重回帰分析と変数選択の結果（積雪深の標高補正あり）

スキー場 （エリア）	A	B	C	D	A×B	A×C	A×D	B×C	B×D	C×D	T	補正 R^2	サンプル数
北信	●		○									0.86	50
長野	●		○	○							●	0.68	40
北アルプス	●		○									0.72	45
上田	●			○								0.82	50
松本	●		○									0.48	40
佐久	●		○								●	0.74	50
諏訪	●	○	○									0.53	41
南信州	●		○									0.58	40
木曽	●			○							●	0.52	41
有意となった スキー場数	9	1	7	3	0	0	0	0	0	0	4		

（2次交差項：A×B A×C A×D B×C B×D C×D）

○：正に有意（95%信頼区間），●：負に有意（95%信頼区間）

低くなる場合にはその直前のモデルを最終的なモデルと判断し，説明変数の取捨選択を終了した．図表11-3にその結果を記す．

このような繰り返し重回帰と説明変数の取捨選択を図った結果，残すべき説明変数は気温，降水量，日照時間，積雪深，営業年度の5つの変数に概ね限られ，気象説明変数の2次交差項については考慮する必要性はないものと判断された．

次に，比較的有意性が高かった説明変数のみを取り上げ，また，これらのデータをプーリングしてパネルデータ分析を行う．推計式は（2）式で示される．

ここでパネルデータとは，先述の各エリアが対応するクロスセクションの数×時系列期間数で構成されるデータのことを指す．これを利用したパネルデータ分析においては，多重共線性の問題が解消され，推計上の自由度は増す一方で，推計の不偏性が向上する，といった効能が考えられている．推定過程では，①全個別主体が共通の定数項を持つような通常回帰モデル，②個別主体が独自の定数項を持つような固定効果モデル，③定数項というよりランダムではあるが，これらが互いに独立である場合，一般化最小二乗法を適用してより効率的な推定が行える変量効果モデル，いずれが最も適するモデルかが判定される．通常は，①と②の比較はF検定で，②と③はHausman検定によってなされる．

$$\ln(Y_{it}) = \hat{\alpha} + \hat{\beta}_1 \ln(A_{it} + 273.15) + \hat{\beta}_2 \ln(B_{it}) + \hat{\beta}_3 \ln(C_{it}) + \hat{\beta}_4 \ln(D_{it}) + \hat{\eta}T + \hat{\gamma}_i + \hat{\mu}_{it} \quad （2）$$

ただし，Y：スキー場の来客数，A：気温，B：降水量，C：日照時間，D：積雪深，T：営業年度（西暦の年次），i：対象のスキー場，t：対象月ナンバー，α，β，η，γ：未知の係数，μは残差である．ηはこれら気象説明変数の要因以外で発生する，長野県スキー場の来客数全体での平均年変化率を表す．また，γは固定効果を表し，スキー場ごとの固有の定数項にあたる．図表11-4に推定結果を示す．

F検定により個別効果を特定しない通常回帰モデルは棄却され，Hausman検定により固定効果モデルより変量効果モデルが正しいとする仮説は有意水準1％で棄却され，結果としては固定効果モデルが採択された．

図表11-4　長野県におけるスキー場来客数変動の要因に関する推定結果（積雪深の標高補正あり）

変数	通常回帰		固定効果		変量効果	
気温	-4.00×10 (-7.55)	***	-3.22×10 (-12.09)	***	-3.22×10 (-12.09)	***
降水量	3.34 (4.19)	***	2.04×10^{-1} (0.56)		2.24×10^{-1} (0.61)	
積雪深	6.42×10^{-1} (1.85)	*	7.06×10^{-2} (3.39)	***	7.25×10^{-2} (3.50)	***
日照時間	2.63 (2.11)	**	5.45 (7.76)	***	5.40 (7.68)	***
営業年度	-3.09×10^{-2} (-1.97)		-3.38×10^{-2} (-5.23)	***	-3.38×10^{-2} (-5.23)	***
定数項	2.98×10^{2} (6.96)		$2.61 \times 10^{2} \sim$ 2.63×10^{2} $(13.33 \sim 13.46)$	***	2.65×10^{2} (13.39)	***
補正 R^2	0.30		0.88		0.18	
Hausman 検定	–		–		0.42	
Fixed model versus Plain OLS	–		$F_{(8,346)}=219.88$		–	

（サンプル数：9 ×40）　　　　　　　　( )：t 値，*…$p<0.1$，**…$p<0.05$，***…$p<0.01$

　固定効果モデルにて推定された係数の内99%信頼区間で有意であったものは，気温，積雪深，日照時間，営業年度変数であった。気温の負の有意性は本研究のいかなる部分においても頑健性を示し，同パネルデータ解析でも同様である。日照時間も気温に次いで正に有意性を恒常的に示す説明変数であった。これは，日照時間が長くなることは，ゲレンデにおいて良好な滑降時の視環境を提供することによる。積雪深は，人々が新聞の情報を見ながらスキー場への訪問を考える上で特に重要な変数と思われるが，本分析結果でもやはり正に有意となった。

　これらの結果の示す重要な論理的帰結としては，温暖化はやはりスキー場客数に対してはネガティブに作用する，ということである。将来温暖化の進展により気温の上昇，積雪深の減少が生じた場合，スキー場来客数がさらに減少し

ていくことは想像に難くない。

　実際，筆者らが独自にスキー場へのヒアリングを行った際には，近年まと
まった安定した積雪量が得られることが難しくなり，人工降雪機など人為的手
段を用いてゲレンデのコンディションを保つ例は決して少なくないことを経営
者側からお聞きしている。また，気象庁によると，RCP8.5シナリオ下のシミュ
レーションでは，降雪深および積雪深は特に日本海側で大きく減少することが
見込まれ，長野県においても降雪量と積雪深は共にほぼ全面的に減少すると予
測されている。

3．影響の要因分解

　それではやはり，近年の長野県スキー場への訪問客数の減少は，主に温暖化
によるものなのだろうか？　実はこの主張にはほとんど同意できないことが証
明可能である。

　21世紀も20年を経ようとしている現在，温暖化の著しい進行によって近年異

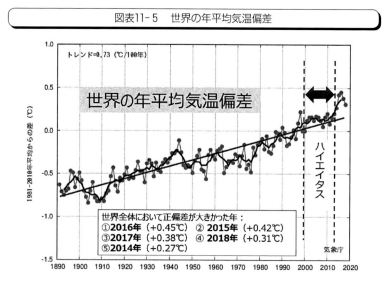

図表11-5　世界の年平均気温偏差

常気象が目立つようになったという考え方は，世界中で定着しつつある。一方で，ハイエイタス（停滞期，21世紀の最初の10年間辺り）と呼ばれる期間においては，世界平均気温偏差での上昇は10年あたり0.03℃となり，これはここ100年間の平均上昇値の半分以下にあたる（図表11-5）。多くの学術研究者たちはその科学的な理由を追求してきたが，今なお完全解明には至っていない。懐疑派の主張根拠にされることも多く，各国で歩調を合わせねば実行は不可能な緩和策（京都議定書やパリ協定）に対しても足枷的な存在となっている。

　日本国内でも，ここ数年こそ際立った温暖化の進展が再び見られるようになったものの，前節で展開した計量モデルの対象となる2007年〜2016年という期間は，大きくハイエイタスに被っている。

　さらに補足すると，温暖化は標高の大きい山岳地帯で冬季においてはさほど進んでおらず，また，冬季の気温がかなり低い山岳域においては，今後はむしろ降雪量が増加する見込みすらある。

　これらの事項を踏まえて，ここではまず，対象期間内におけるスキー場来客数の営業年度あたり変化率（以降，全要因変化率と呼ぶ）を算定する。具体的には，被説明変数をこれまで通りスキー場来客数とし，説明変数は営業年度のみとして，パネルデータ分析を実施する。結果を図表11-6に示す。

　F検定並びにHausmanテストの結果，ここでも採択されたのは固定効果モ

図表11-6　長野県におけるスキー場来客数変動の全要因に関する推定結果

変数	通常回帰		固定効果		変量効果	
営業年度	-2.95×10^{-2} (-1.58)	***	-2.95×10^{-2} (-3.38)	***	-2.95×10^{-2} (-3.38)	***
定数項	7.09×10 (1.89)	***	$6.97 \times 10 \sim 7.24 \times 10$ $(3.97 \sim 4.13)$	***	7.09×10 (4.04)	***
補正 R^2	0.00		0.78		0.00	
Hausman 検定	−		−		1.00	
固定効果モデル VS Plain OLS	−		$F(8,350)=161.62$		−	

（サンプル数：9×40）　　　　　　　　　　　（　）：t値，*…$p<0.1$，***…$p<0.01$

デルであった。また，係数の推定値いずれも99%信頼区間において有意であった。

　営業年度の係数の推定値から，対象期間の全要因変化率は−2.95%となった。これは，長野県スキー場訪問客数は総じて対象期間内において年平均どれだけの割合で変化したのか，を示しており，これを全要因変化率と称する。

　対して，前節のパネルデータ分析における営業年度の係数の推定値は−3.38%であった。こちらの方は，説明変数である各気象の影響以外によって，毎年平均的に訪問客数の減少がもたらされる大きさが示される。非常に大雑把に断じれば，社会経済的な要因による変化率と言えるだろう。

　ここで，これらの差分をとることで，対象期間におけるスキー場来客数の年平均変化率を，気象要因によるものとそれ以外とで分けることが可能となる。図表11-7に示すように，気象以外の要因による変化率は全要因変化率を上回り，それらの差である気象的要因による変化率は正の値として算出されてしまう。この結果から，対象期間におけるスキー場来客数の減少は，主に社会的要因などに基づいていた，と判断される。また気象的要因は，この対象期間では

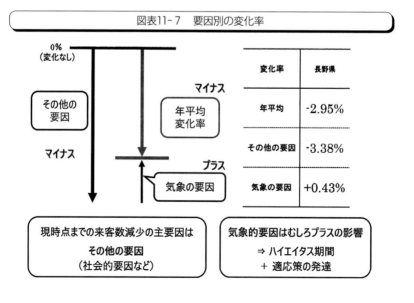

図表11-7　要因別の変化率

変化率	長野県
年平均	-2.95%
その他の要因	-3.38%
気象の要因	+0.43%

来客数の減少をわずかながら軽減させていたと推察される。実際，対象期間全体においては，気温・積雪深・日照時間・降水量のアメダス観測データには明確な増加傾向も減少傾向も確認できない。つまり，温暖化の進展による影響はほぼ見られない。むしろ，対象期間の前半，すなわちハイエイタスと被る期間では，気温の低下と積雪深の増加傾向すらうかがえる。

4．スキー場の経済的価値と温暖化被害の大きさ

　前節の分析結果では，現時点までの長野県のスキー場においては，総じて温暖化の影響はまだ本格化していないことがうかがわれた。しかし，それはあくまで平均的な傾向を指しているにすぎず，各サイトの個別事情まで勘案できているわけでは決してない。また，パネルデータ分析によって得られた気象説明変数への係数の推定値は，いずれも温暖化によるスキー場経営への負の影響を示唆するものであった。よって，将来的にはその被害が拡大することは必至かと思われる。本節ではその定量化を行う。

　まず，一般財団法人計量計画研究所（IBS）に依頼して，2014年における発地点である各47都道府県から，着地点である各地の代表的なスキー場までのOD（Origin Destination）トリップデータ（分布交通量）を作成した。これはスキー場別にナビアプリ（NAVITIME）により検索されたサンプル数の比率を元に利用者数を按分して推計したものである。

　このODデータベースについて着地点が特に長野県であるものだけに着目し，また前節に定義した9エリアごとに同表を集計した。また，移動手段については，自家用の乗用車類，軽乗用車，バスのみが該当するものと考える。その際の一般化交通費用については，高速道路料金や時間価値の他に，国土交通省の資料にもある走行経費（自動車1台が走行した場合に消費する経費，国土交通省の定義では燃料費や油脂費，タイヤ・チューブ費，整備費，車両償却費が該当）を用いた。時間価値については平成20年度道路行政における非業務時の乗用車の時間評価値を参考にしており，1分当たり36.35円を採用した。また，同乗者人数は，H20道路行政における非業務時乗用車平均乗車人員を参考に1.30人と設定した。

　このようなデータに対して，（3）式のような訪問需要関数を推計する。この被説明変数のみ対数変換を施したような同関数形は，筆者らの旅行費用法（TCM：Travel Cost Method）を用いた既往研究（例えば大野ら（2009）[3]，佐尾ら（2018）[4]）においても数多く使用している。その理由には，弱補完性定理（詳しくは栗山（1998）[5] を参照）を満たすこと，消費者余剰（CS：Consumer's Surplus）は訪問回数に比例するため計算上の操作性が高いこと，等が挙げられる。また，各変数への対数変換が有る場合・無い場合と全てのパターンについてt値や補正R2によってモデルの適合性を検証したが，同関数形が最も優れていた。

$$\ln\left(\frac{\hat{X}_{i,j}}{N_i}\right) = \hat{a} + \hat{b} \cdot P_{i,j} + \hat{c} \cdot R_j \tag{3}$$

$$R_j = \hat{\beta}_1 \ln \bar{A}_j + \hat{\beta}_3 \ln \bar{C}_j + \hat{\beta}_4 \ln \bar{D}_j + \hat{\gamma}_j \tag{4}$$

$$P_{i,j} = \frac{TP_{i,j}^d + TP_{i,j}^c + w \cdot T_{i,j}}{PN} \tag{5}$$

　ただし，X：スキー場への訪問客数，N：人口，P：一般化交通費用，R：合成気象指標，A：絶対温度，C：日照時間，D：積雪深，ε：残差，i：発地点，j：着地点，TP^d：往復の走行経費，TP^c：往復の有料道路代，w：時間価値，T：所要時間，PN：同乗者数，a, b, c：未知のパラメータ，である。$\hat{\beta}_1, \hat{\beta}_3, \hat{\beta}_4$ は，（2）式で示されるパネルデータ分析時のパラメータ推計値である。$\bar{A}, \bar{C}, \bar{D}$ は，2014年度（12月～3月）の各気象の平均値である。γは（2）式で示されるパネルデータ分析時に推計された固定効果であり，スキー場ごとの固有の定数項にあたる。なおRとは，2014年現時点における気温や積雪深，日照時間，固定効果から成り，いわば各エリアへの訪問需要関数の中で働く到着地における固有の環境変数を意味している。温暖化の進んだ将来の気象予測値をここに代入することで，同需要関数の任意のシフトを引き起こし，延いてはCSの変化をもたらす。これが減少方向に動くのならば，その変化分が温暖化の当地にもたらす年平均被害額に相当する。

	係数	t値	下限95%	上限95%	下限99.0%	上限99.0%
a	-8.68×10^1	-13.47^{***}	-9.96×10^1	-7.40×10^1	-1.04×10^2	-7.00×10^1
b	-1.72×10^{-5}	-19.45^{***}	-1.90×10^5	-1.55×10^{-5}	-1.95×10^5	-1.49×10^{-5}
c	9.59×10^{-1}	11.79^{***}	7.99×10^{-1}	1.12	7.49×10^{-1}	1.17
補正済み R^2			0.52			
サンプル数			470			

図表11-8　重回帰による訪問需要関数パラメータの推定結果

（　）：t値，$^{***}\cdots p<0.01$

（3）式による推計結果を図表11-8に示す。

将来における気象状況は，使用する気象モデルや GHGs 排出と気象の感応度に大きく影響されるが，ここでは代表的な GCM である MIROC を用い，気候シナリオは RCP2.6 と RCP8.5 の二つの極端なケースを取り上げた。これらのデータはデータ統合・解析システム DIAS（Data Integration and Analysis System）により提供されている第5次結合モデル相互比較プロジェクト（CMIP 5：the Climate Model Inter-comparison Project 5）データ解析ツールから抽出した。ここで，気候モデルと RCP シナリオ下で推計された気象データは，現実のデータとは異なる。そのため，気温は将来推計値から現在再現値を差し引いた値を，収集した現在の2014年度のデータに合算し将来の値とした。積雪深は，気温と同様の処理を行う場合，積雪深が負の値となるエリアが多くある。そのため，推計された現在再現値と将来推計値との変化率を，収集した現在の2014年度のデータに積算し将来の値とした。

なお，日照時間については GCM が将来推計として出力したものが存在しないため，2014年のデータから変化しないものとして扱う。

（3）式及び図表11-8のパラメータの推定結果より，訪問客1人当たりの原単位 CS は58,048円と算出された。このことから，2014年度現在における長野県全体の雪山レクリエーション価値は，約54.2億円／年と見積もられる。

さらにここでは，将来的な気候変動の進展によってもたらされる長野県スキー場への経済被害額を推し量る。具体的には先ず，（3）式における R_j に

図表11-9　県全体での気候変動による経済被害額

期間	RCP	被害額（億円 / 年）	被害率
2031〜2050	2.6	1.32	2.50%
	8.5	4.95	9.12%
2081〜2100	2.6	3.92	7.23%
	8.5	19.31	35.60%

図表11-10　エリア別レクリエーション価値の被害額

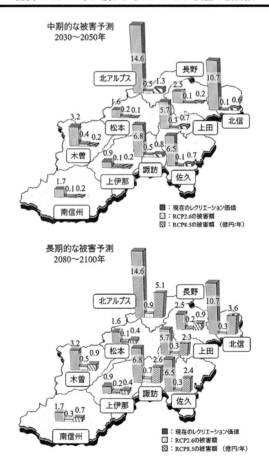

GCMで出力した将来の気象値を代入し，将来の訪問回数を推計する。次に，（3）式によって算出された気候変動後の訪問回数と現在の訪問回数の差分，つまり訪問回数の減少分に対して，訪問客1人当たりの原単位CSの積を求め，気候変動による経済被害額を算定する。ここで算定される被害額とは，あくまで気候変動による影響に限られることには注意されたい。

　上記の手法に沿って，中期的な視野である2031年〜2050年，長期的な視野である2081年〜2100年，それぞれにおいてRCP2.6とRCP8.5シナリオの下，気候変動による経済被害額の推計を行った。結果を図表11-9に示す。なお，エリア別の被害額は図表11-10に示す。

　全体的に，中期的視野より長期的視野の方が被害は大きく，RCP2.6よりもRCP8.5の方が被害は大きい。長期的視野・RCP2.6シナリオの下では，北側の地域では被害は小さいが，南側の地域は被害率が高い。ただし，被害率は中期的視野の下での予測値と比べ，倍程度に拡大している。また，長期的視野・RCP8.5シナリオの下でも，やはり被害の程度には地域差が大きいことがうかがわれた。さらにその被害率は，中期的視野での予測値と比べ，2〜5倍程度まで拡大している。

5．適応策の抽出と施策的効果

　ここまでで算定された温暖化による長野県スキー場への将来被害とは，気温の上昇や積雪深の減少による影響によるものである。これに対して適応策と呼べるものは，現在においても積雪が不足している場合，あるいは早期にスキー場をオープンさせたい場合，稼働される人工降雪機（氷点下付近で圧縮した空気と水を散布することで人工雪を降らせる）や人工造雪機（氷を細かく削り出し雪の代わりとする）のことであろう。これらによって人工雪を蓄え圧雪車で整地することで，ゲレンデのコンディションを保つことができる。

　しかし，人工降雪機は1台1,200万円〜1,800万円程度のものを10機以上設置し運用する必要があり，人工造雪機に至っては諸インフラ施設も含めて1台2億円ほどの整備費用が伴う。比較的低費用で導入可能な前者については，既に

図表11-11　積雪深と気温による被害への寄与率			
期間	RCP	積雪深	気温
2031～2050	2.6	84.7%～97.7%	2.3%～15.6%
	8.5	84.7%～97.7%	2.3%～15.6%
2081～2100	2.6	80.2%～97.7%	2.3%～19.8%
	8.5	49.8%～73.4%	26.6%～50.2%

　現在多くのスキー場で稼働実績を持っている。しかし，桁の異なる後者の導入に関しては，そのスキー場の経営規模と温暖化の被害如何によって損益分岐点は異なるであろう。ここでは適応策の効果分析と，人工造雪機の将来的な導入可能性について調べてみよう。

　ここでは気温上昇と積雪深の減少，それぞれによる被害の寄与率（いわゆる貢献度）を算出した。結果を図表11-11に示す。ここで，積雪深の減少による寄与率については，一般に人工降雪機でカバーが可能，つまり適応策の効果が期待できる範囲として考えることができる。一方で，気温上昇による被害への寄与率とは，人工降雪機では対応は不可能であり，ゲレンデに雪を固着させるようなより大がかりかつ費用の高額な設備を導入するか，あるいはそもそも適応策が既に効果的でない範囲を意味する。

　中期的な被害への寄与率では，ほとんどが積雪深のため人工降雪機によりカバーが可能かと思われる。しかし，長期的かつRCP8.5シナリオ下では，気温による寄与率が50%を超え，少なくとも人工降雪機ではどうにもならない状況となるスキー場が支配的となり，人工造雪機の導入やあるいはスキー場自体の閉鎖まで勘案することが必要となるであろう。

学習課題

　本章では，温暖化は主に気温上昇と積雪深減少を通してスキー場に被害を与え，その適応策として人工降雪機や造雪機の導入の是非を検討していた。筆者らはまた既往研究において，温暖化は海面上昇を通して砂浜を浸食・消失し，海水浴に訪れる人たちを減少させ，その適応策として養浜事業を取り上げ，その費用便益比などを吟味している。

　同様なロジックや手法論が適用できそうな例は他にないであろうか？　また，その時，どのような結果が予想されるであろうか？

【注】

1）供田豪・森・森杉雅・大野・中嶌・坂本「近年のスキー場来客数の慢性的な減少と気候変動に関する統計的解析」『土木学会論文集G』Vol.74，No.5，2018年，pp. I_349-I_357。

2）供田豪・森杉雅・大野「スキー場の経済的価値と温暖化による被害の推計」『土木学会論文集G（環境）』Vol.75，No.5，2019年，pp. I_57-I_64。

3）大野栄治・林山・森杉壽・野原「地球温暖化による砂浜消失の経済評価：旅行費用法によるアプローチ」『地球環境14』2，2009年，pp. 291-297。

4）佐尾博志・供田・森・森杉雅・大野・中嶌・坂本「砂浜侵食に伴うレクリエーション価値の損失と適応政策の効果の推計」『土木学会論文集G』Vol.73，No.5，2017年，pp. I_191-I_199。

5）栗山浩一『環境の価値と評価手法』北海道大学出版会，1998年。

《著者紹介》 (執筆順)

鎌田　繁則	（かまた・しげのり）	担当：第1部第1章	名城大学都市情報学部教授
酒井　順哉	（さかい・じゅんや）	担当：第1部第2章	名城大学都市情報学部教授
張　　昇平	（ちょう・しょうへい）	担当：第1部第3章	名城大学都市情報学部教授
赤木　博文	（あかぎ・ひろぶみ）	担当：第1部第4章	名城大学都市情報学部教授
宇野　　隆	（うの・たかし）	担当：第1部第5章	名城大学都市情報学部教授
手嶋　正章	（てしま・まさあき）	担当：第1部第6章	名城大学都市情報学部教授
山谷　　克	（やまたに・かつ）	担当：第1部第7章	名城大学都市情報学部教授
水野　隆文	（みずの・たかふみ）	担当：第1部第8章	名城大学都市情報学部准教授
鈴木　淳生	（すずき・あつお）	担当：第1部第9章	名城大学都市情報学部教授
杉浦　　伸	（すぎうら・しん）	担当：第1部第10章	名城大学都市情報学部准教授
島田　康人	（しまだ・やすひと）	担当：第1部第11章	名城大学都市情報学部教授
岡林　　繁	（おかばやし・しげる）	担当：第1部第12章	名城大学都市情報学部教授
昇　　秀樹	（のぼる・ひでき）	担当：第2部第1章	名城大学都市情報学部教授
若林　　拓	（わかばやし・ひろし）	担当：第2部第2章	名城大学都市情報学部教授
雑賀　憲彦	（さいが・のりひこ）	担当：第2部第3章	名城大学都市情報学部教授
大野　栄治	（おおの・えいじ）	担当：第2部第4章	名城大学都市情報学部教授
亀井　栄治	（かめい・えいじ）	担当：第2部第5章	名城大学都市情報学部教授
宮本　由紀	（みやもと・ゆき）	担当：第2部第6章	名城大学都市情報学部准教授
福島　　茂	（ふくしま・しげる）	担当：第2部第7章	名城大学都市情報学部教授
小池　　聡	（こいけ・さとし）	担当：第2部第8章	名城大学都市情報学部教授
海道　清信	（かいどう・きよのぶ）	担当：第2部第9章	名城大学都市情報学部教授
杉浦真一郎	（すぎうら・しんいちろう）	担当：第2部第10章	名城大学都市情報学部教授
森杉　雅史	（もりすぎ・まさふみ）	担当：第2部第11章	名城大学都市情報学部教授

（検印省略）

2020 年 3 月 31 日　初版発行　　　　　　略称－都市情報

都市情報学入門

編　者　都市情報学研究会

発行者　塚 田 尚 寛

発行所　東京都文京区
　　　　春日2－13－1　　**株式会社　創 成 社**

電　話 03（3868）3867　　Ｆ Ａ Ｘ 03（5802）6802
出版部 03（3868）3857　　Ｆ Ａ Ｘ 03（5802）6801
http://www.books-sosei.com　振　替 00150-9-191261

定価はカバーに表示してあります。

©2020 Shigenori Kamata　　　組版：亜細亜印刷　印刷：亜細亜印刷
ISBN978-4-7944-2564-5 C3034　製本：亜細亜印刷
Printed in Japan　　　　　　落丁・乱丁本はお取り替えいたします。